TOP 10 MÜNCHEN

ELFI LEDIG

DK
DORLING KINDERSLEY

Links **Deutsches Museum** Mitte **Frauenkirche** Rechts **Hof der Alten Münze**

EIN DORLING KINDERSLEY BUCH

www.travel.dk.com

Produktion *Dorling Kindersley Verlag*
Texte *Dr. Elfi Ledig, München*
Fotografien *Vera Gaudermann, München*
Kartografie *Casper Morris, Dorling Kindersley, London*

Zuerst erschienen 2005 bei Dorling Kindersley Ltd., London
A Penguin Company

Für die deutsche Ausgabe:

Aktualisierte Neuauflage 2010 / 2011

Programmleitung *Dr. Jörg Theilacker*
Projektleitung *Dr. Elfi Ledig, München*
Redaktion *Gerhard Bruschke, München*
Schlussredaktion *Philip Anton, Köln*
Satz und Produktion *DK Verlag*
Lithografie *Colourscan, Singapur*
Druck *Leo Paper Products, China*

ISBN 978-3-8310-1651-8
2 3 4 5 6   13 12 11 10

Die Top-10-Listen in diesem Buch sind nicht nach Rängen oder Qualität geordnet. Alle zehn Einträge sind in den Augen des Herausgebers von gleicher Bedeutung.

Inhalt

Top 10 München

Die Informationen in diesem Top-10-Reiseführer werden regelmäßig überprüft.

Wir haben uns intensiv bemüht, die Informationen in diesem Buch zum Zeitpunkt der Drucklegung auf den neuesten Stand zu bringen. Angaben wie Telefonnummern, Öffnungszeiten, Preise, Ausstellungen und Fahrpläne unterliegen jedoch Veränderungen. Der Herausgeber kann für eventuell hieraus entstehende Schäden nicht haftbar gemacht werden. Für Hinweise, Verbesserungsvorschläge und Korrekturen ist der Verlag dankbar. Bitte richten Sie Ihr Schreiben an:

Dorling Kindersley Verlag GmbH
Redaktion Reiseführer
Arnulfstraße 124
80636 München

München im Internet **www.muenchen.de**

Links **Antiquarium, Residenz** Mitte **Schloss Nymphenburg** Rechts **Auf dem Oktoberfest**

Stadtteile

Kurztrips & Tagesausflüge

Reise-Infos

Links **Theatinerkirche** Rechts **Fischbrunnen vor dem Neuen Rathaus am Marienplatz**

Folgende Doppelseite **München bei Föhn mit Blick auf die Alpen**

TOP 10 MÜNCHEN

Top 10 in der Stadt

TOP 10 MÜNCHEN

TOP 10 Highlights

»München leuchtete« – so charakterisierte Thomas Mann in Gladius Dei *seine Wahlheimat. Und tatsächlich ist in der »nördlichsten Stadt Italiens« der Himmel öfter weiß-blau, die legere, bisweilen barocke Münchner Lebensart trägt zum südlichen Flair bei. Der Englische Garten und die Isarauen befinden sich mitten in der Stadt, der Starnberger See und die Berge liegen fast vor der Haustür. Doch München ist auch eine Kunst- und Kulturstadt mit historischen Bauwerken, Museumsschätzen und einem regen Kulturleben. Kunstgenuss, hoher Freizeitwert, Liberalitas Bavariae und das gute Leben machen die Stadt einmalig.*

1 Deutsches Museum
Es genießt den Ruf, das älteste und größte Wissenschafts- und Technikmuseum der Welt zu sein. Jährlich zieht es über 1,3 Millionen Besucher in seinen Bann *(siehe S. 8–11).*

Schloss Nymphenburg 2
Die Schönheitsgalerie von Ludwig I. zeigt nicht nur Adlige, sondern die Schönen der Stadt, hier die Schneiderstochter Helene Sedlmayr *(siehe S. 12f).*

3 Museumsviertel
Im Museumsviertel liegen jetzt drei Pinakotheken dicht beisammen. Die älteste von ihnen, die Alte Pinakothek, ein rekonstruierter Bau von 1836, widmet sich der älteren europäischen Malerei – sie birgt unschätzbare Kunstwerke wie diese Tafelbilder von Albrecht Dürer *(siehe S. 14–17).*

Olympiagelände 4
Es wurde 1972 für die Olympischen Spiele auf einem Hügelgelände errichtet, das aus dem Schutt des Zweiten Weltkriegs besteht. Das charakteristische Zeltdach der Anlage galt seinerzeit als architektonische Innovation *(siehe S. 18f).*

5 Residenz
Die Ursprünge der Residenz gehen auf das Jahr 1385 zurück. Im Lauf der Jahrhunderte entstanden die verschiedenen Flügel und Höfe dieses Komplexes *(siehe S. 20f).*

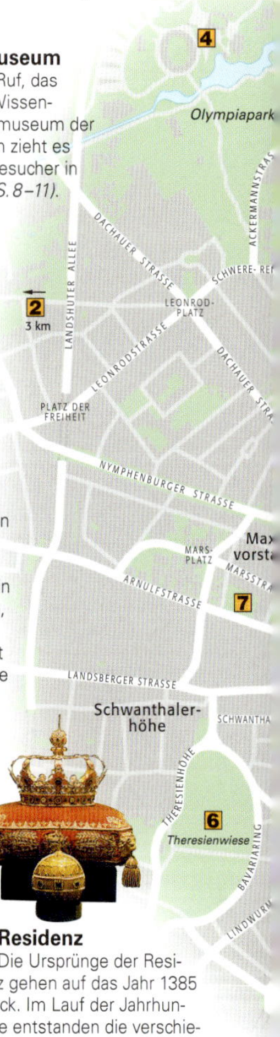

München im Internet **www.muenchen.de**

6 Oktoberfest

Das größte Volksfest der Welt geht auf die Hochzeit von Ludwig I. (1810) zurück. Jährlich strömen etwa sechs Millionen Besucher auf die »Wiesn« *(siehe S. 22f)*.

7 Biergärten

Auf ihre Biergärten lassen die Münchner nichts kommen. Traditionell muss man hier nur sein Bier kaufen, Essen darf man mitbringen *(siehe S. 24f)*.

8 Um den Marienplatz

Am Marienplatz steht das Neue Rathaus. Täglich um 11, 12 und (März–Okt) 17 Uhr führen die Figuren des Glockenspiels am Rathaus den Schäfflertanz auf *(siehe S. 26f)*.

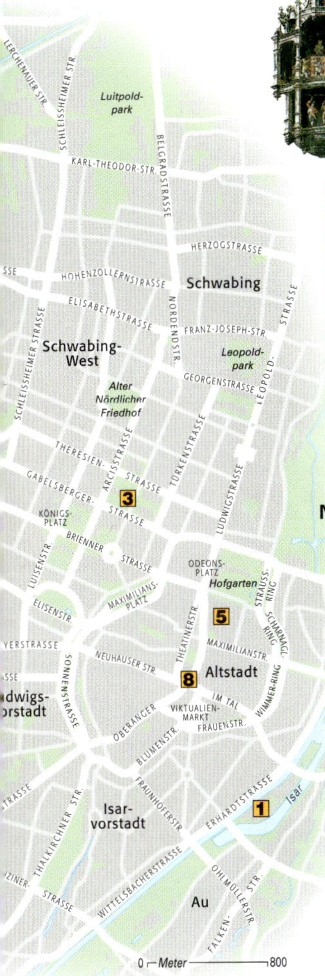

Neuschwanstein 9

Das berühmteste Schloss des Märchenkönigs wurde von Ludwigs II. Bewunderung für Wagner-Opern inspiriert *(siehe S. 28–31)*.

10 Starnberger See

Rings um den Münchner »Haussee« gibt es malerische Orte, Schlösschen und als Publikumsmagnet das Buchheim Museum *(siehe S. 32f)*.

München ist mit über 1,3 Millionen Einwohnern die drittgrößte Stadt Deutschlands.

TOP 10 Deutsches Museum

Das Deutsche Museum wurde 1903 von Oskar von Miller gegründet, 1925 wurde der erste Sammlungsbau auf der Museumsinsel eröffnet. Das weltgrößte Technikmuseum ist eine Tour de Force – an einem Tag kann man nur einen Bruchteil der Exponate sehen. Erwerben Sie am besten den Ausstellungsführer, und planen Sie die Besichtigung im Voraus.

Das Museum auf der Museumsinsel in der Isar

Eine Alternative zur Cafeteria des Museums ist das Café im Jugendstilbau des Müller'schen Volksbads gegenüber.

Der Museumsshop bietet technische Modelle (z.B. Roboter), Spiele, Bausätze, Instrumente, Poster, Literatur etc.

- *Museumsinsel 1*
- *S-Bahn: Isartor (S1–8), U1/U2: Fraunhoferstraße, dann Tram 17, 18 (bis Isartor)*
- *Karte M6*
- *(089) 21 79-1*
- *www.deutsches-museum.de*
- *tägl. 9–17 Uhr*
- *geschl. 1. Jan, Faschingsdienstag, Karfreitag, 1. Mai, 1. Nov, 24., 25. u. 31. Dez*
- *Eintritt 8,50 € (ermäßigt 3 € bzw. 7 €), Kombi-Ticket (für Museumsinsel, Flugwerft und Verkehrszentrum) 17 €, Abendvorträge 3 €*

Top 10 Sehenswert

1. Galileis Werkstatt
2. Pharmazie
3. »Enigma«-Maschine
4. Planetarium
5. Bergbau
6. Musikinstrumente
7. Luft- & Raumfahrt
8. Kraftmaschinen
9. Telekommunikation
10. Schifffahrt

3 »Enigma«-Maschine

Frühzeit der Informatik: die Chiffriermaschine »Enigma« aus dem Zweiten Weltkrieg *(oben)*.

1 Galileis Werkstatt

In der Abteilung »Physik« findet sich ein Nachbau der Werkstatt Galileo Galileis mit verschiedenen Geräten des großen Astronomen und Physikers *(oben)*.

2 Pharmazie

Highlight der im Jahr 2000 eröffneten Abteilung ist eine 350 000fach vergrößerte menschliche Zelle *(unten)*.

Zur Orientierung

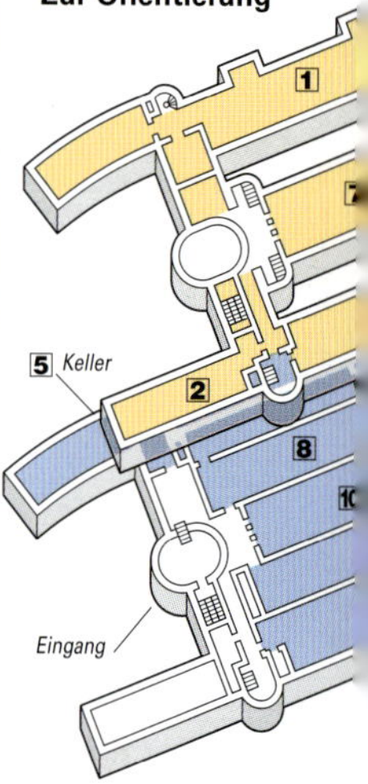

4 Planetarium

In die Kuppel (sechster Stock) mit 15 Metern Durchmesser wird ein künstlicher Himmel projiziert. Zu sehen sind u. a. die Planeten und die etwa 5000 mit bloßem Auge sichtbaren Fixsterne.

Im Planetarium in der Kuppel des sechsten Stocks finden unterschiedliche Vorführungen statt (Eintritt 2 €).

7 Luft- & Raumfahrt

Zu bestaunen sind Dutzende von – teilweise begehbaren – Flugzeugen, z. B. ein Original der Brüder Wright und die berühmte *Ju 52*. (Die Flugwerft Schleißheim ist eine Außenstelle des Museums zur Luftfahrt.)

9 Telekommunikation

Von den ersten Schreibtelegrafen des 19. Jahrhunderts über Edisons Grammophon bis zu modernster Nachrichtentechnik: der AEG-Funksender von 1913 ist ein Höhepunkt der Abteilung Telekommunikation.

5 Bergbau

In der Mine gibt es Bergwerkstechnik aus fünf Jahrhunderten zu besichtigen *(oben)*.

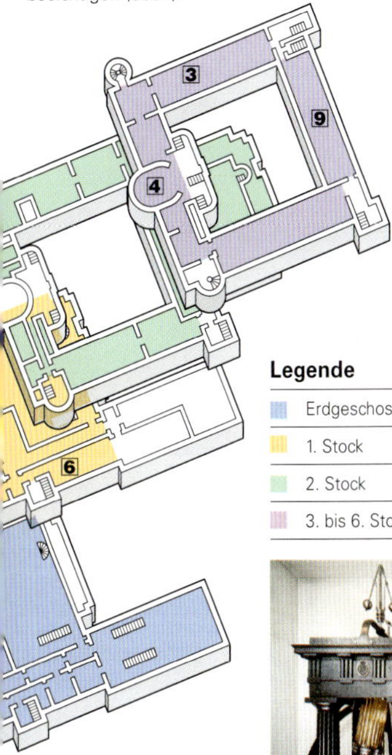

10 Schifffahrt

Neben vielen Schiffsmodellen stehen in der riesigen Ausstellungshalle mehrere originale Segel- und Dampfschiffe, z. B. der Dampfschlepper *Renzo* von 1932 und der hölzerne Fischerei-Ewer *Maria* *(oben)*.

Legende

- Erdgeschoss
- 1. Stock
- 2. Stock
- 3. bis 6. Stock

Kurzführer

Die über 100 000 Exponate des Deutschen Museums werden auf sechs Stockwerken präsentiert. In den unteren Geschossen findet man u. a. Kraftmaschinen und die Abteilungen Chemie, Physik, wissenschaftliche Instrumente und Luftfahrt. Die mittleren Etagen zeigen Kunsthandwerk, in den oberen gibt es u. a. Astronomie, Informatik und Mikroelektronik. In der Kuppel im sechsten Stock befindet sich das Planetarium.

6 Musikinstrumente

Auf dem Trautonium von 1930 wurden Geräusche für Hitchcocks *Vögel* komponiert *(unten)*.

8 Kraftmaschinen

Hier findet man Dampfmaschinen, Motoren und Generatoren. Manche der Kolosse sind wahre Kunstwerke, z. B. die Alban-Hochdruck-Dampfmaschine *(oben)*.

Zu den Zweigmuseen des Deutschen Museums **siehe S. 11**

Links **Luftfahrthalle** Mitte **Zeiss-Planetarium** Rechts **Modell der Seinebrücke bei Neuilly**

TOP 10 Sammlungen

1 Physik & Astronomie
Die Abteilung Physik zeigt mechanische Hilfsmittel (u. a. Flaschenzüge, Pumpen), Mess- und Beobachtungsgeräte. Durch Umberto Ecos Roman berühmt wurde das Foucaultsche Pendel. Die Astronomieabteilung vermittelt einen Eindruck von Größe und Alter unseres Universums.

2 Pharmazie, Umwelt, Chemie & Zeitmessung
Alte Handwerkskunst zeigt die umfangreiche Uhrenausstellung. Die Chemieabteilung besticht durch beeindruckende Experimente und durch einen Nachbau von Liebigs Labor. Die Entwicklung der Arzneimittelforschung kann in den Pharmazieräumen nachvollzogen werden. Ökologische Fragen werden in der Umweltausstellung diskutiert.

3 Bergbau, Metalle & Agrartechnik
Das spektakuläre Bergwerk im Untergeschoss wird ergänzt durch Ausstellungen über die 12 000 Jahre alte Geschichte der Metallverarbeitung. Die Agrartechnik illustriert Getreideanbau, Brauereiwesen und Zuckergewinnung.

4 Werkzeug, Keramik & Glas
Hier werden Werkstoffe sowie Produktionstechniken unterschiedlicher Industrien gezeigt: die Herstellung von Papier und Glas, die ganze Palette der Keramik vom Ziegelstein bis zu edlem Geschirr sowie Werkzeugmaschinen vom steinzeitlichen Bohrer bis zu computergesteuerten Drehbänken.

5 Energietechnik
Von original Windmühlen bis hin zu Plasma- und Fusionstechnologie kann man hier sehen, was dem Menschen das Leben leichter macht. Spektakulär: riesige Dampfmaschinen und die Starkstromexperimente.

6 Kommunikation
Neben Telegrafie- und Funkgeräten gibt es hier komplette Abteilungen zur Drucktechnik, zu Fotografie und Film sowie zur Informatik. Zu bewundern sind zimmergroße Computer aus den 1940er und 1950er Jahren.

Azimutal-Quadrant von G. F. Brander, 1760

7 Schifffahrt
Unzählige Schiffsmodelle illustrieren mehrere Tausend Jahre Seefahrt. Im Freigelände südlich des Museums steht der Seenotrettungskreuzer *Theodor Heuss*.

8 Luft- & Raumfahrt
220 Jahre Luftfahrt, von den Ballons der Brüder Montgolfier bis zu modernen Düsenmaschinen, sind in der riesigen Halle nachzuerleben.

Der Überblick kann nur kursorisch sein. Es gibt viele singuläre Highlights, etwa die Nachbildung der Altamira-Höhle.

Die Raumfahrtabteilung zeigt eine Replik des Weltraumlabors Spacelab.

9 Wasser- & Brückenbau
Eine echte Hängebrücke dominiert den Ausstellungssaal: Bildschirme an der Wand zeigen das Schwingungsverhalten des Bauwerks, während der Besucher darüberläuft.

10 Kinderreich
Kein Zutritt für Erwachsene ohne Kinder: Diese Abteilung ist für Forscher ab drei Jahren gedacht. An interaktiven Exponaten können Kinder Phänomene wie Wasser, Kommunikation, Energie, Optik und Akustik erleben. Entspannung nach der Forscherarbeit gibt's in der Ausstellung »Technisches Spielzeug«.

Top 10 Flugwerft & Verkehrszentrum

1. Fokker D VII Jagdflugzeug (Erster Weltkrieg)
2. Douglas DC-3 Verkehrsflugzeug, 1943
3. Heinkel He 111, Bomber (Zweiter Weltkrieg)
4. Lockheed F-104 Starfighter
5. Dornier Do 31 Senkrechtstarter
6. Puffing Billy (die erste Lokomotive der Welt)
7. Drais'sches Laufrad
8. Benz Motorwagen (das erste Auto der Welt)
9. Rumpler Tropfenwagen (Stromlinienauto, 1921)
10. NSU Delphin III (Motorrad von 1956)

Ausstellungshalle Verkehrszentrum
Ein Blick in die Kraftfahrtabteilung des Verkehrszentrums gibt einen Eindruck von der Qualität der ausgestellten Objekte.

Zweigmuseen

Flugwerft Schleißheim – Blick in die Ausstellungshalle

Die Außenstelle des Deutschen Museums für die Geschichte der Luftfahrt liegt auf dem historischen Fluggelände der alten Flugwerft Schleißheim (Effnerstraße 18, Oberschleißheim, Tel. 089/31 57 14-0). Neben den alten Gebäuden und dem historischen Flugplatz sind hier auf einer 7800 Quadratmeter großen Fläche über 50 Flugzeuge, Hubschrauber, Hängegleiter sowie zahlreiche Gerätschaften ausgestellt. Sonderausstellungen, Kinderführungen und Fachführungen ergänzen das Programm. Zum Museum gehört auch ein Werftladen. Das Restaurant Pegasus liegt gleich neben der Flugwerft. Regelmäßig finden im Museum auch künstlerische Ausstellungen statt.

2003 wurde das Verkehrszentrum auf der Theresienhöhe in München (Theresienhöhe 14a, Tel. 089/500 806 762) eröffnet. In drei denkmalgeschützten Hallen der einstigen Münchner Messe stehen nun historische Lokomotiven, Kraftfahrzeuge, Kutschen und Fahrräder. Mit diesem Zweigmuseum hat das Deutsche Museum das weltweit größte Verkehrsmuseum geschaffen, das sich ausführlich mit Themen wie Stadtverkehr, Reisen, Mobilität und Verkehrstechnik beschäftigt. Sonderausstellungen, Vorträge, Führungen und ein Museumsshop ergänzen das Angebot.

Zu den Exponaten der Zweigmuseen kommen Sie über Links von der Website **www.deutsches-museum.de**

Schloss Nymphenburg

Aus Freude über die Geburt ihres Sohnes beauftragten Kurfürst Ferdinand Maria und seine Gattin Henriette Adelaide von Savoyen 1664 Agostino Barelli mit dem Bau eines Sommerschlosses westlich von München. Ab 1701 kamen die Seitenflügel und weitere Bauten hinzu. Neben dem Schloss lädt der historische Schlosspark zu Spaziergängen ein. Aus dem ursprünglichen Ziergarten entstand über 300 Jahre hinweg eine riesige Anlage mit Barockgärten, einem Kanalsystem und im Landschaftspark »verstreuten« Parkschlösschen.

Am Kanal im Nymphenburger Schlosspark

Das Café im Palmenhaus bietet sich für eine Erholungspause an (089/17 53 09).

Gegen Gebühr ist ein Audio-Führer erhältlich. Zudem gibt es Themenführungen rund um die Anlage.

- *Schloss Nymphenburg*
- *Tram 12, 16, 17, Metro-Bus 51*
- *Karte A2–3/B2–3*
- *(089) 179 08-0*
- *www.schloss-nymphenburg.de*
- *Schloss, Parkburgen & Marstallmuseum: Apr–Mitte Okt: tägl. 9–18 Uhr; Mitte Okt–März: tägl. 10–16 Uhr*
- *geschl. 1. Jan, Faschingsdienstag, 24., 25. und 31. Dez*
- *Eintritt: Kombi-Ticket (Schloss, Parkburgen, Marstallmuseum) 10 € (ermäßigt 8 €); im Winter 8 € (ermäßigt 6 €)*
- *Schlosspark: Jan, Feb, Nov: tägl. 6.30–18 Uhr; März: tägl. 6–18 Uhr; Apr, Sep: tägl. 6–20.30 Uhr; Mai–Aug: tägl. 6–21.30 Uhr; Okt: tägl. 6–19 Uhr; Dez: tägl. 6.30–17.30 Uhr*

Top 10 Ansichten

1. Schloss
2. Schönheitsgalerie
3. Steinerner Saal
4. Lackkabinett
5. Schlosspark
6. Marstallmuseum
7. Amalienburg
8. Pagodenburg
9. Badenburg
10. Magdalenenklause

1 Schloss

Der schlichten Villa von 1664 folgten unter den Kurfürsten Max Emanuel und Karl Albrecht Erweiterungsbauten von Enrico Zuccalli und Joseph Effner. Die verbindenden Arkadengebäude schaffen eine harmonische Einheit der Anlage *(Mitte)*.

2 Schönheitsgalerie

Die von Ludwig I. bei Joseph Stieler in Auftrag gegebene Galerie birgt Porträts von adligen Damen, Bürgerinnen und Tänzerinnen. Die Abbildung zeigt die schöne Schneiderstochter Helene Sedlmayr *(oben)*.

3 Steinerner Saal

Die gewaltige Prunkhalle erhielt ihre Rokoko-Dekoration von Johann B. Zimmermann und Cuvilliés d. Ä. zur Zeit von Kurfürst Max III. Joseph.

4 Lackkabinett

Schwarze Lackarbeiten verzieren die Holztäfelung. Ihre Motive werden in der Rokoko-Deckenbemalung wieder aufgenommen *(unten)*.

Das Museum »Nymphenburger Porzellan« in einem Nebengebäude dokumentiert die Entwicklung der Manufaktur seit 1747.

5 Schlosspark

Der symmetrisch angelegte französische Garten hinter dem Schloss geht in einen englischen Landschaftspark über, der aus dem vorhandenen Wald der Umgebung geformt wurde. Im Park finden sich die Parkburgen sowie verschiedene Anlagen.

Zur Orientierung

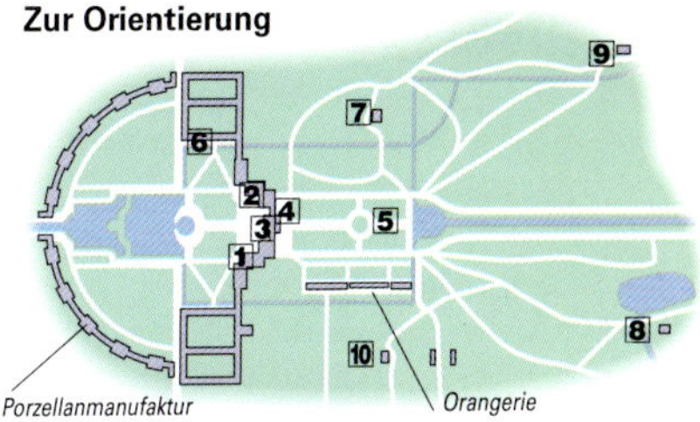

9 Badenburg

Sehenswert sind der Festsaal und der zweigeschossige Baderaum – schon damals mit einem beheizbaren Becken. Drei Räume der Parkburg sind mit chinesischen Papiertapeten ausgestattet.

10 Magdalenenklause

Romantische Grotten und Ruinen waren Ausdruck der Sehnsucht des 18. Jahrhunderts. Die »Ruinenarchitektur« der Magdalenenklause weist neben der Grottenkapelle klösterlich strenge Wohnräume auf – sie waren der Rückzugsort für Maximilian II. Emanuel.

6 Marstallmuseum

Hier stehen die Kutschen und Schlitten der bayrischen Herrscher, beispielsweise die vergoldete Prunkkutsche von Ludwig II. *(unten)*.

8 Pagodenburg

In dem Pavillon aus dem 18. Jahrhundert mit oktogonalem Grundriss mischen sich westliche und östliche Dekorationselemente. Das Erdgeschoss ist mit Delfter Kacheln verziert *(oben)*.

7 Amalienburg

Das 1734–39 von Cuvilliés d. Ä. für die Kurfürstin Amalia erbaute Jagdschlösschen ist ein Paradebeispiel für das europäische Rokoko *(rechts)*.

Vom Ziergarten zum Schlosspark

1664 befand sich hier nur ein Ziergarten, der ab 1701 erweitert wurde. Zudem wurde ein Kanal angelegt. 1715 setzte unter Dominique Girard und Joseph Effner der Ausbau zur Barockanlage ein. Das Kanalsystem entstand, ebenso Wasserfontänen, Heckengärten und der waldartige Park. Im Verlauf des 18. Jahrhunderts wurden die Burgen gebaut. Ziervasen und Götterfiguren kamen hinzu. Friedrich L. von Sckell formte die Anlage im Stil eines Landschaftsparks um.

Das Museum »Mensch und Natur« im rechten Schlossflügel präsentiert Naturgeschichte. Infos unter **www.musmn.de**

TOP 10 Museumsviertel – Alte Pinakothek

Das Museumsviertel an der Barer Straße umfasst die drei große Museen Alte Pinakothek, Neue Pinakothek, Pinakothek der Moderne (siehe S. 16f) *sowie seit 2009 das Museum Brandhorst. Nicht weit entfernt liegen Glyptothek, Antikensammlungen und Lenbachhaus. Die Alte Pinakothek wurde von Ludwig I. gegründet, nach Plänen von Leo von Klenze erbaut und 1836 eröffnet. Sie beherbergt Sammlungen der bayrischen Herzöge, Kurfürsten und Könige und die Schätze aufgelöster Klöster – unschätzbare Meisterwerke alter Kunst.*

Löwe am Aufgang zur Alten Pinakothek

Alle Pinakotheken haben Cafés. Das Café der Neuen Pinakothek hat auch Tische im Freien.

Audio-Führer sind erhältlich, teilweise sind sie im Eintritt eingeschlossen.

- *Alte Pinakothek (AP): Barer Str. 27, (089) 23 80 52 16*
- *Neue Pinakothek (NP): Barer Str. 29, (089) 23 80 51 95*
- *Pinakothek der Moderne (PdM): Barer Str. 40, (089) 23 80 53 60*
- *U2: Theresienstraße, Tram 27*
- *Karte K2*
- *www.pinakothek.de*
- *AP: Di–So 10–18, Di 10–20 Uhr (geschl. Mo, einige Feiertage)*
- *Eintritt: 7 € (ermäßigt 5 €); So 1 €*
- *NP: Mi–Mo 10–18, Mi 10–20 Uhr (geschl. Di, einige Feiertage)*
- *Eintritt: 7 € (ermäßigt 5 €); So 1 €*
- *PdM: Di–So 10–18, Do 10–20 Uhr (geschl. Mo, einige Feiertage)*
- *Eintritt: 10 € (ermäßigt 7 €); So 1 €*
- *www.pinakothek.de*

Top 10 Gemälde

1. Altdorfers *Alexanderschlacht*
2. Rembrandts *Kreuzabnahme*
3. Brueghels *Schlaraffenland*
4. Botticellis *Beweinung Christi*
5. Tizians *Kaiser Karl V.*
6. Rubens' *Raub der Töchter des Leukippos*
7. Hals' *Willem van Heythuysen*
8. El Grecos *Entkleidung Christi*
9. Dürers *Die vier Apostel*
10. Holbeins *Darbringung im Tempel*

1 Altdorfers *Alexanderschlacht*

Albrecht Altdorfers Gemälde von 1529 zeigt den Sieg Alexanders des Großen über den Perserkönig Darius *(unten)*.

2 Rembrandts *Kreuzabnahme*

Dramatische Lichteffekte charakterisieren Rembrandts Werk von 1633. Es ist Teil der Abteilung »Holländische Malerei«, die auch Landschafts- und Genremalerei umfasst.

3 Brueghels *Schlaraffenland*

Der bekannteste Vertreter der flämischen Schule bildet hier Völlerei und Faulheit satirisch ab *(großes Bild)*. Die Abteilung hat auch eine große Rubens-Sammlung.

4 Botticellis *Beweinung Christi*

Sandro Botticellis Bild von 1490 ist durch faszinierend intensive Rottöne und starke Kontraste gekennzeichnet. Es zählt zu den Meisterwerken der Abteilung »Italienische Malerei«.

5 Tizians *Kaiser Karl V.*

Tizian porträtierte 1548 den Kaiser auf dem Augsburger Reichstag.

Kombi-Tageskarte für alle drei Pinakotheken, Museum Brandhorst & Schack-Galerie: 12 Euro

6 Rubens' *Raub der Töchter des Leukippos*

Das hochbarocke Bild stammt von 1618 *(oben)*.

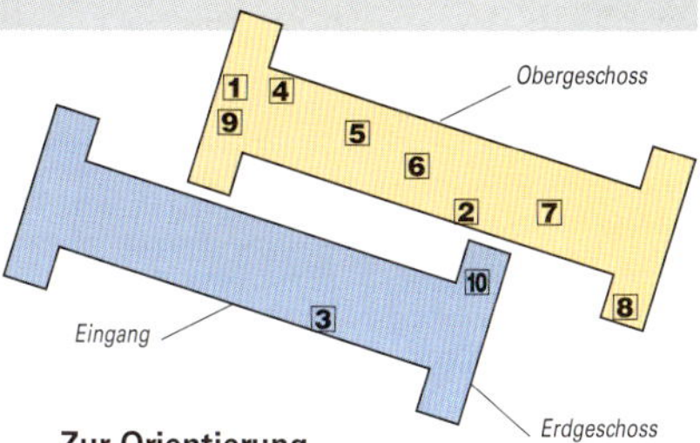

Zur Orientierung

Legende

▪	Erdgeschoss
▪	1. Stock

9 Dürers *Die vier Apostel*

Die Dürer-Sammlung dokumentiert die Entwicklung des Künstlers vom *Selbstbildnis im Pelzrock* (1500) bis zu den *Vier Aposteln* (1526), zwei Jahre vor seinem Tod.

10 Holbeins *Darbringung im Tempel*

Das spätgotische Werk von Hans Holbein d. Ä. von 1502 ist Teil des Kaisheimer Altars

7 Hals' *Willem van Heythuysen*

Frans Hals' Bild (um 1625) ist ein Highlight der holländischen Porträtkunst *(oben)*. Die Abteilung zeigt auch Landschafts- und Genremalerei.

8 El Grecos *Entkleidung Christi*

El Greco malte das düstere Werk um 1606–1608. Es ist Teil der kleinen, aber exquisiten Sammlung spanischer Malerei *(unten)*.

Kurzführer

Die Sammlungen der Alten Pinakothek sind auf zwei Stockwerke verteilt. Im Erdgeschoss ist vor allem deutsche Malerei bis 1500 untergebracht. Im ersten Stock findet man deutsche Maler nach 1500, die altniederländische Malerei, die italienische Renaissance-Malerei und die französische, flämische und holländische Malerei des 17. Jahrhunderts. Etwas kleiner ist die spanische Sammlung. Die Dauerausstellung bietet über 700 Kunstwerke in 19 Sälen und 47 Kabinetten.

Der überwiegende Teil des heutigen Gebäudes der Alten Pinakothek entstand durch Wiederaufbau nach dem Zweiten Weltkrieg.

Links **Cranes *Rosse des Neptun*** Mitte **Spitzwegs *Armer Poet*** Rechts **Böcklins *Spiel der Wellen***

TOP 10 Neue & Pinakothek der Moderne

1 Cranes *Die Rosse des Neptun* (NP)

Walter Crane vermischt in seinem Gemälde von 1892 präraffaelitische Ausdrucksmittel mit Einflüssen des Jugendstils und des Symbolismus.

2 Spitzwegs *Der arme Poet* (NP)

Carl Spitzwegs bekanntes Gemälde von 1839 setzt das Biedermeier in Szene.

3 Liebermanns *Badende Knaben* (NP)

Max Liebermanns Bild von 1898 ist ein Beispiel für die Lichtspiele des deutschen Impressionismus.

4 Manets *Frühstück im Atelier* (NP)

Mit seinen Lichtkontrasten läutete Édouard Manet den Impressionismus ein: Sein Gemälde von 1868 gehört zu den Highlights der Neuen Pinakothek.

5 Böcklins *Spiel der Wellen* (NP)

Seine Werke waren stark mythologisch geprägt. Arnold Böcklins Bild von 1883 stellt Nixen, Najaden und Wassergötter in erotisch-barocker Weise dar.

Manets *Frühstück im Atelier*, NP

Design-Sammlung, PdM

6 Sammlung Klassische Moderne (PdM)

Die Kunstsammlung ist in zwei Bereiche geteilt; die Klassische Moderne umfasst den Zeitraum bis 1960 und präsentiert Kirchner, Nolde, Braque, Picasso, Klee, Beckmann u. a. Daneben werden Künstlergruppen und Stilrichtungen gezeigt.

7 Sammlung Kunst der Gegenwart (PdM)

Die Abteilung zeigt die Kunstszene ab 1960, darunter Werke von Beuys, Baselitz, Warhol, de Kooning, Twombly u. a.

8 Grafik-Sammlung (PdM)

Hier findet sich etwa Franz Marcs Tuschezeichnung *Der Turm der blauen Pferde* (1912), doch der Fundus reicht von Altmeistern wie Rembrandt und Tizian über Cézanne bis zu Grafiken von Baselitz oder Wols. Die Samm-

Die Neue Pinakothek präsentiert ihre Sammlung in Wechselausstellungen von jeweils rund 400 Bildern.

lung beherbergt um die 400 000 Blätter, darunter befinden sich ungefähr 45 000 Zeichnungen und 350 000 Druckgrafiken. Zu sehen sind sie in Wechselausstellungen.

Olaf Metzels *Reise nach Jerusalem* (2002), PdM

9 Architektur-Sammlung (PdM)

Etwa 350 000 Zeichnungen und Pläne, rund 100 000 Fotografien und um die 500 Modelle werden im Erdgeschoss der Pinakothek der Moderne jeweils in Wechselausstellungen präsentiert.

10 Design-Sammlung (PdM)

Moderne Gebrauchsgegenstände – die Design-Sammlung besitzt etwa 60 000 Objekte. Die Spannbreite reicht von Stühlen (Thonet-Raum) über Pop-Möbel der 1960er Jahre bis zum Thema »Aerodynamik« oder Computerdesign.

Top 10 Bau-Chronik der Pinakothek der Moderne

1. 1990: Planung des Baus an der Türkenkaserne
2. 1992: Stephan Braunfels gewinnt Wettbewerb
3. 1993: Bayern fordert zehn Prozent der Bausumme als Spende
4. 1994: Stiftung PDM erbringt 30 Millionen DM
5. 1995: Entscheidung, das Museum zu bauen
6. 1996: Erster Spatenstich
7. 1998: Richtfest
8. 2000: Streit um Mehrkosten (30 Mio. DM)
9. 2001: Baumängel am Dach; Rattenplage
10. 16. Sep 2002: Eröffnung

Museumsviertel & Kunstareal

Seit 2002 gibt es drei Pinakotheken im Museumsviertel. 2009 kam das Museum Brandhorst hinzu (siehe S. 37). Weitere Museen werden folgen. Nur wenige Straßenzüge weiter liegen Glyptothek, Antikensammlungen und das Lenbachhaus. Alle zusammen formen das künftige »Kunstareal«. Nicht zu vergessen: Dutzende von Privatgalerien liegen innerhalb dieses Museumsviertels.

Neue Pinakothek: Das von Ludwig I gegründete Museum öffnete 1853 seine Tore, 1944 wurde es zerstört. Erst 1981 wurde der Neubau nach den Plänen von Alexander von Branca eröffnet. Mit einem Bestand von über 4500 Bildern und 300 Skulpturen zählt die Neue Pinakothek zu den bedeutendsten Museen zur Kunst des 19. Jahrhunderts.

Pinakothek der Moderne: Das großzügige Gebäude nach den Plänen von Stephan Braunfels wurde 2002 als Ort für die Kunst des 20. und 21. Jahrhunderts eröffnet. Mit über 20 000 Quadratmetern steht für Dauer- und Wechselausstellungen viel Platz zur Verfügung. Alle Säle sind um die zentrale Rotunde gruppiert und über die Treppenanlage verbunden. Wegen der hohen Baukosten von 121 Millionen Euro lange in der Kritik, ist das Museum mittlerweile als eine der beeindruckendsten Kunstsammlungen akzeptiert.

Rotunde, Pinakothek der Moderne

Eine Einführung in die Pinakothek der Moderne finden Sie unter **www.pinakothek-der-moderne.de**

Olympiagelände

1966 bis 1972 entstand auf dem Oberwiesenfeld, einem ehemaligen Exerzier- und Flugplatz, das Olympiagelände – eine knapp drei Quadratkilometer große Anlage mit Hügeln, künstlichem See, Fernsehturm und Sportstätten. Das elegante, luftige Ensemble ist das Werk der Architekten Behnisch & Partner. Vor allem das transparente, geschwungene Zeltdach, das Teile des Stadions, der Olympiahalle und der Schwimmhalle überspannt, gilt noch immer als architektonisches Meisterwerk. Seit 1998 steht das Gelände unter Denkmalschutz.

Das Olympiagelände aus der Vogelperspektive

Das Drehrestaurant bietet exzellentes Essen und fantastische Aussicht.

In der Sommersaison gibt es Zeltdach-Klettertouren – mit Seil und Karabiner (089-30 67 24 14).

- *U3: Olympiazentrum*
- *Karte D1/E1*
- *(089) 30 67-0*
- *Olympiaturm: tägl. 9–24 Uhr (letzte Auffahrt: 23.30 Uhr), Eintritt: 4,50 € (bzw. 2,80 €)*
- *Zeltdach-Tour: Apr–Okt: Fr–So 16 Uhr, Eintritt: 45 € (Kinder 10–15 Jahre 35 €)*
- *Erlebnis-Tour (Gelände): Apr–Okt: tägl. 14 Uhr, Eintritt: 8 € (Kinder 6–15 Jahre 5,50 €)*
- *Info: www.olympiapark-muenchen.de*
- *BMW Welt: tägl. 9–18 Uhr, frei*
- *www.bmw-welt.com*
- *Sea Life: tägl. 10–19 Uhr (letzter Einlass: 18 Uhr), Eintritt: 14,95 € (Kinder 9,95 €)*
- *Olympia-Schwimmhalle: tägl 7–23 Uhr, Eintritt: 3,80 € (für 3 Std.), Tageskarte 7 € (Kinder 6–14 Jahre 2,90 €)*

Top 10 Attraktionen

1. Olympiaturm
2. BMW Welt
3. Olympiastadion
4. Olympiahalle
5. See & Park
6. Olympia-Eissportzentrum
7. Sea Life
8. Olympia-Schwimmhalle
9. Kapelle von Väterchen Timofej
10. Theatron & weitere Anlagen

1 Olympiaturm

Der 290 Meter hohe Olympiaturm ist weithin sichtbar. Mit einem Schnellaufzug gelangt man zu Aussichtsplattform und Drehrestaurant. Von oben hat man eine fantastische Sicht auf das Gelände, auf die Stadt und – bei Föhn – sogar auf die Alpen *(rechts)*. Das Drehrestaurant auf 180 Meter dreht sich einmal in 49 Minuten um 360 Grad.

2 BMW Welt

Das futuristische Auslieferungszentrum von BMW vermittelt sowohl Dynamik als auch Eleganz. Es bietet Gastronomie, Läden und ist zugleich ein Forum für Tagungen und kulturelle Events.

3 Olympiastadion

Das Stadion fasst etwa 67 000 Zuschauer und war lange die Heimstätte des FC Bayern *(rechts)*. Nach dem Bau der Allianz Arena muss das Stadion jetzt ein neues Profil finden.

4 Olympiahalle

Die Olympiahalle bietet für etwa 14 000 Zuschauer Platz. Sie wurde schon von vornherein als Mehrzweckhalle konzipiert. Über ihr hängt ein Großteil des spektakulären Zeltdachs – »aufgehängt« an seinen 58 Pylonen. In der Olympiahalle finden – neben diversen Sportveranstaltungen – auch Konzerte, Kongresse oder Messen statt.

Familienkarten & Bonussystem – für den Olympiaturm & verschiedene Sportanlagen gibt es Kombi-Tickets.

5 See & Park

Die Hügel des Geländes – aufgehäufter Kriegsschutt – wurden begrünt. Hinzu kamen Alleen und ein künstlicher See. Das Ganze ergibt ein parkähnliches Ambiente, in dem man spazieren gehen kann. Vom Olympiaberg hat man eine gute Aussicht.

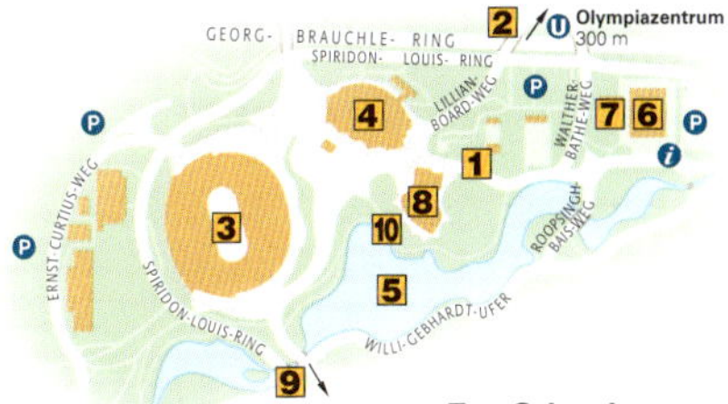

Zur Orientierung

10 Theatron & weitere Anlagen

Auf dem Olympiagelände gibt es eine Tennisanlage, eine Radsporthalle, einen Beachvolleyball-Platz, einen Streetball-Court, Ruderboote am See, Sommerstockbahnen und weitere Attraktionen. Im Theatron *(oben)*, dem Amphitheater für 6000 Zuschauer, finden Pfingsten und Sommer kostenlose Open-Air-Konzerte statt.

6 Olympia-Eissportzentrum

In der Eissporthalle kann man bei Musik Eislaufen oder Eistanz üben. Die Schlittschuhe können ausgeliehen werden.

7 Sea Life

Hier leben viele Meeresbewohner – von Seepferdchen bis zu Rochen. Es gibt Fühlbecken und einen Hai-Glastunnel.

8 Olympia-Schwimmhalle

Die Schwimmhalle gehört zu den größten Europas. Es gibt Tauchbecken, vier Saunen, eine Dampfgrotte, Liegewiesen, Gymnastikräume sowie Wellness-Angebote *(rechts)*.

9 Kapelle von Väterchen Timofej

Die russischen Exilanten Timofej und Natascha bauten auf dem Gelände illegal eine russisch-orthodoxe Kapelle. Sie steht noch heute *(oben)*.

5. September 1972

Ein schwarzer Tag für München: Palästinensische Terroristen dringen ins olympische Dorf ein, erschießen zwei Mitglieder der israelischen Mannschaft und nehmen neun als Geiseln. Auf dem Flughafen Fürstenfeldbruck scheitert der Befreiungsversuch der Polizei. Die neun israelischen Geiseln, fünf Palästinenser und ein Polizist sterben. Die Spiele wurden trotz dieser Ereignisse nach einer Unterbrechung fortgesetzt.

Der Olympiapark ist der größte Fitnessanbieter der Stadt. Infos unter **www.olympiapark-muenchen.de**

Residenz

Die Residenz entwickelte sich aus einer Wasserburg (1385) zu einem weitläufigen Komplex um sieben Höfe. Bis 1918 war sie Wohn- und Regierungssitz der Wittelsbacher. Hier finden sich der größte Renaissance-Profanbau (das Antiquarium) nördlich der Alpen, Räume aus dem frühen 17. Jahrhundert und aus dem Rokoko sowie der von Leo von Klenze geschaffene klassizistische Königsbau. Zudem gibt es Spezialsammlungen wie die Silber- und Paramentenkammern sowie Porzellansammlungen aus dem 18. und 19. Jahrhundert.

Blick in den Grottenhof der Residenz

Das Café Tambosi am Hofgarten ist ein altes Café. Die Pfälzer Residenzweinstube (Residenzstr. 1) bietet Herzhaftes.

Rund um die Residenz werden zahlreiche Themenführungen angeboten.

- *Residenzstr. 1*
- *U3/U6: Odeonsplatz*
- *Karte L3/M3*
- *(089) 29 06 71*
- *Residenz: Apr–Mitte Okt: tägl. 9–18 Uhr; Mitte Okt–März: tägl. 10–17 Uhr (gesonderter Vormittags- und Nachmittagsrundgang; Audio-Führer erhältlich)*
- *geschl. 1. Jan, Faschingsdienstag, 24., 25. und 31. Dez*
- *Eintritt: 6 € (ermäßigt 5 €), Kombi-Ticket »Residenzmuseum/ Schatzkammer« 9 € (ermäßigt 8 €)*
- *Cuvilliés-Theater: Apr–Mitte Okt: Mo–Sa 14–18, So, Feiertage 9–18 Uhr (Winter bis 17 Uhr, Sommerferien ganztägig), Eintritt: 3 € (ermäßigt 2 €)*
- *alle Örtlichkeiten für Rollstühle nicht geeignet*

Top 10 Glanzstücke

1. Antiquarium
2. Cuvilliés-Theater
3. Schatzkammer
4. Hofkapelle
5. Innenhöfe
6. Reiche Kapelle
7. Reiche Zimmer
8. Staatliches Museum Ägyptischer Kunst
9. Staatliche Münzsammlung
10. Hofgarten

1 Antiquarium

Herzog Albrecht V. ließ das Antiquarium 1568–71 errichten. Allegorische Fresken, Groteskmalereien und Ansichten von Landschaften Bayerns zieren das 69 Meter lange Tonnengewölbe. 1995–2000 wurde das Renaissance-Kleinod renoviert *(Mitte)*.

3 Schatzkammer

Die Schatzkammer (16. Jh.) beherbergt u. a. Goldschmiedearbeiten, Porzellan, die Kronjuwelen der Wittelsbacher und antike Schätze *(links)*.

2 Cuvilliés-Theater

Das 1751–55 von François Cuvilliés d. Ä. erbaute Haus gilt als Europas schönstes Rokoko-Theater *(unten)*.

4 Hofkapelle

Die reich stuckierte Kapelle wurde 1601–14 von Krumpper erbaut.

Die Staatliche Münzsammlung und das Staatliche Museum Ägyptischer Kunst haben eigene Öffnungszeiten und Eintrittspreise.

5 Innenhöfe
Über das nördliche Renaissance-Portal gelangt man in den Kaiserhof, über das südliche in den manieristischen Grottenhof. Der Brunnenhof besitzt eine achteckige Form. Der Apothekenhof ist der größte, der Innenhof des Cuvilliés-Theaters der kleinste Hof.

Zur Orientierung

6 Reiche Kapelle
Die Privatkapelle (1607) von Maximilian I. ist mit ihrem Altar aus Ebenholz und den Silberreliefs ein Beispiel des Manierismus *(unten)*.

7 Reiche Zimmer
Durch den Rittersaal gelangt man in diese Zimmerflucht. Sie ist im Stil des Frührokoko gestaltet. Beeindruckend sind u. a. das Reiche Zimmer (1730 von François Cuvilliés entworfen) und die Grüne Galerie *(rechts)*.

8 Staatliches Museum Ägyptischer Kunst
Das 1970 eröffnete Museum in einem Seitentrakt der Residenz (beim Hofgarten) beherbergt altägyptische und koptische Objekte *(rechts oben)*.

9 Staatliche Münzsammlung
Das Museum birgt die weltweit größte Münzsammlung, dazu kommen Maße und Gewichte.

10 Hofgarten
Der ab 1613 angelegte Renaissance-Garten mit Blumenrabatten und Linden auf der Nordseite der Residenz strahlt italienisches Flair aus. Im Zentrum des Kreuz- und Diagonalwege-Systems steht ein 1615 von Heinrich Schön d. Ä. entworfener Pavillon (Dianatempel). An zwei Seiten wird der Hofgarten von Arkadengängen eingerahmt. Im Osten erhebt sich die Staatskanzlei mit der in den Bau integrierten Ruine des ehemaligen Armeemuseums.

Wiederaufbau der Residenz

Jahrhundertelang bauten die bayrischen Herrscher die Residenz aus – im Zweiten Weltkrieg wurde sie in kurzer Zeit zusammengebombt. Doch gleich nach Kriegsende begann der Wiederaufbau. Viele der Kunstschätze waren ausgelagert worden und kamen nach teilweise abenteuerlichen »Irrwegen« zurück. Heute sind etwa 130 Räume mit fürstlicher Wohnkultur aus vier Jahrhunderten zu besichtigen.

Der Herkulessaal der Residenz (ehemals großer Thronsaal) ist aufgrund seiner guten Akustik ein beliebter Konzertsaal.

TOP 10 Oktoberfest

Über sechs Millionen Besucher, über sechs Millionen Maß Bier, mehr als 450 000 Brathendl und 100 ganze Ochsen – das Münchner Oktoberfest ist das größte Volksfest weltweit. Auf der Theresienwiese (daher auch der Name »Wiesn«) zu Füßen der Bavaria stehen die Festzelte der Traditionsbrauereien, dazwischen breiten sich Fahrgeschäfte und Schaustellerbetriebe, Herzen-, Hendl- und Brezen-Verkäufer aus. Einheimische und Besucher, in Tracht oder ohne, geben sich 16 Tage lang dem bayrischen »Nationalrausch« hin.

Souvenir oder Liebesbeweis: Wiesn-Herzen

An Kaffeeständen wird für den Koffeinnachschub gesorgt.

Es gibt verschiedene Verbilligungen, etwa für Fahrgeschäfte am Familientag.

- *Theresienwiese*
- *U4/5: Theresienwiese, S-Bahn: Hackerbrücke (S1–8), U3/U6: Goetheplatz*
- *Karte D5*
- *www.oktoberfest.de*
- *16 Tage lang Mitte Sep–Anfang Okt: Mo–Fr 10–23.30, Sa, So 9–23.30 Uhr (Bierausschank jeweils bis 22.30 Uhr; manche Zelte sind länger geöffnet)*
- *Achtung: Rechtzeitige Platzreservierung für die Bierzelte, insbesondere bei Gruppen, ist erforderlich.*

Top 10 Originale

1. Einzug der Wiesn-Wirte
2. »O'zapft is!«
3. Bierzelte
4. Ochsenbraterei
5. Steckerlfisch
6. Beim Schichtl
7. Flohzirkus
8. Fahrgeschäfte
9. Denkmal
10. Bavaria

1 Einzug der Wiesn-Wirte

Den Auftakt zum Oktoberfest bilden der Einzug der Wiesn-Wirte (Sa) und seit 1925 ein Umzug der Trachten- und Schützenvereine (So). Herausgeputzte Brauereipferde ziehen blumengeschmückte Festwagen *(unten)* durch die Stadt. Blaskapellen und Trachtengruppen aus der ganzen Welt marschieren mit.

2 »O'zapft is!«

Auf den Einzug (Sa) folgt die Eröffnungszeremonie im ältesten Zelt auf der Wiesn: beim Schottenhamel. Punkt 12 Uhr zapft der Oberbürgermeister das erste Fass an und verkündet: »O'zapft is!«

3 Bierzelte

In den großen Bierzelten geht es mit steigendem Alkoholkonsum hoch her. Die Blasmusik spielt, die Schunkellaune steigt, und Kampftrinken ist angesagt. Wer es weniger bierselig mag, sollte auf kleinere Zelte wie die Fischer Vroni ausweichen. Ansonsten gilt: Jedem steht sein eigener Bierhimmel zu *(oben)*.

Kaffee, Wein und Schampus gibt es z. B. im Café Kaiserschmarrn oder im Promi-Treff Käfers Wies'n-Schenke.

4 Ochsenbraterei

Hier drehen sich vor aller Augen die Ochsen am Spieß. Eine Portion Ochsenfleisch gehört – wie die Schweinshaxe – zu den deftigen bayrischen Genüssen, die auf dem Oktoberfest serviert werden. Etwa 100 Ochsen müssen jedes Jahr dran glauben.

7 Flohzirkus

Ein weiterer Oldtimer: Schon seit über 50 Jahren gastieren die dressierten Tierchen mit ihrem Herrn und Meister auf der Wiesn. Der Flohzirkus ist ein Muss für alle Nostalgie-Fans.

9 Denkmal

Am 26. September 1980 explodierte gegen 22.30 Uhr eine Bombe beim Wiesn-Ausgang. 13 Menschen starben, über 200 wurden verletzt. An das Attentat eines Neonazis erinnert heute eine Stele *(links)*.

10 Bavaria

1843 beauftragte Ludwig I. Leo von Klenze, auf der Theresienhöhe eine Ruhmeshalle zu bauen. Sie beherbergt die Büsten bedeutender Bayern. Davor steht die kolossale Bavaria von Ludwig Schwanthaler (in Erz gegossen von Ferdinand von Miller). Vom Kopf der Figur aus hat man einen grandiosen Blick auf die Szenerie des Oktoberfests *(unten)*.

5 Steckerlfisch

Nicht nur Bierschwaden, sondern auch Düfte von gebratenem Fisch durchziehen die Luft. Steckerlfische werden traditionell auf Holzkohle zubereitet *(rechts)*.

6 Beim Schichtl

Hereinspaziert ins Varieté – seit 1871 auf der Wiesn! Damals wie heute wird u. a. die »Enthauptung einer lebendigen Person mit der Guillotine« geboten *(unten)*.

8 Fahrgeschäfte

Traditionsgeschäfte wie Kettenkarussell, Hau den Lukas, Tonscheiben-Schießen oder die gemütliche Krinoline, aber auch die neuesten Hits der Branche wie der »Silberturm« und Achterbahnen mit Loops – für jeden ist etwas dabei, für Kinder ebenso wie für Adrenalin-Junkies. Einen fantastischen Überblick über den Trubel genießt man auf dem Riesenrad.

Geschichte des Oktoberfests

Zur Vermählung von Kronprinz Ludwig und Therese von Sachsen-Hildburghausen wurde am 12. Oktober 1810 ein fünftägiges Volksfest gefeiert. Die Festwiese nannte man nach der Braut »Theresienwiese«. Das abschließende Pferderennen wollte man im folgenden Oktober wiederholen. Schnell vergrößerte sich das Fest: Es kamen Fahrgeschäfte und Bierbuden hinzu – 1896 die ersten »Bierburgen«. Wegen des besseren Wetters startet das Oktoberfest heute schon im September.

Infos über den Zeitpunkt des Oktoberfests, über Unterkünfte etc. finden Sie unter **www.muenchen.de** *oder* **www.oktoberfest.de**

Top 10 Biergärten

Bier, Bayerns »flüssige Nahrung«, gibt es im Sommer in den Biergärten, wobei der Sommer quasi schon zur Fastenzeit im März eingeläutet wird, wenn die Brauereien ihre Starkbiere präsentieren: Salvator, Maximator, Triumphator … Doch ob Helles, Dunkles, Weißbier (= Weizenbier), ob Augustiner, Löwenbräu oder Paulaner: Wer nicht an einem lauen Sommerabend unter Kastanien auf einer Holzbank saß, wer keine Maß Bier getrunken hat mit dem Geruch von Schweinswürsteln und Steckerlfisch in der Nase – der kennt München nicht.

Bayrische Bedienungen haben viel zu tragen

In allen Biergärten werden auch nichtalkoholische Getränke angeboten.

Biergärten haben Selbstbedienungsbereiche. Hier darf jeder seine Brotzeit selbst mitbringen.

- *tägl. von morgens (10 oder 11 Uhr) bis – offiziell – 23 Uhr (teilweise länger)*
- *Bitte benutzen Sie die öffentlichen Verkehrsmittel, wenn Sie Bier trinken wollen!*

Top 10 Biergärten

1. Augustiner-Keller
2. Löwenbräukeller
3. Flaucher
4. Hirschgarten
5. Chinesischer Turm
6. Seehaus
7. Sankt Emmeramsmühle
8. Paulaner
9. Biergarten Muffathalle
10. Hofbräukeller

1 Augustiner-Keller

Nahe dem einstigen Richtplatz gibt es seit Mitte des 19. Jahrhunderts diesen riesigen Biergarten unter uralten Kastanien. Witzig sind die 200 verzierten Stammtische *(oben)*. An schönen Sommerabenden ist der Garten bis auf den letzten Platz voll. Absolutes Plus: Augustiner Edelstoff vom Holzfass. *Arnulfstr. 52 • Karte E4 • 5000 Plätze (2500 mit Bedienung) • Spielplatz*

2 Löwenbräukeller

Sehr münchnerischer Biergarten mit alten Kastanien. Im historischen Gasthaus am Stiglmaierplatz finden Faschingsbälle und der Triumphator-Anstich statt. *Stiglmaierplatz • Karte E4 • 1000 Plätze*

3 Flaucher

Eine Biergarten-Idylle in den Isarauen mit schönem altem Baumbestand, der wie ein Park anmutet. Hier findet man Sonnenanbeter vom Isarstrand, Radfahrer, Volleyballer, aber auch Familien mit Kindern. Romantisch: am Abend bei Kerzenlicht. *Isarauen 8 • 2000 Plätze • Spielplatz*

4 Hirschgarten

Beim Nymphenburger Schloss – mit Rehen in einem Gehege – liegt Münchens größter Biergarten. Der Augustiner Edelstoff kommt aus dem riesigen »Hirschen«-Holzfass. *Hirschgarten 1 • Karte B4 • 8000 Plätze • großer Spielplatz*

Die über 100 Biergärten in München und Umgebung bieten weit über 100 000 Personen Platz.

5 Chinesischer Turm

Der »Chinaturm« ist ein Wahrzeichen. Im ersten Stock der »Pagode« spielt am Wochenende eine Blaskapelle. Hier trifft man auf Studenten, Besucher und Münchner Originale *(rechts)*. *Ⓢ Englischer Garten • Karte N2 • 7000 Plätze • Spielplatz, altes Holzkarussell nahebei*

9 Biergarten Muffathalle

Der neueste Biergarten – ohne traditionelle Kastanien, dafür mit Sonnenschirmen. Das Konzept des Biergartens entspricht dem Programm der Muffathalle: Es ist abwechslungsreich. *Ⓢ Zellstr. 4 • Karte N5 • 300 Plätze*

10 Hofbräukeller

Der Hofbräukeller in Haidhausen ziert seit 1892 das Isarhochufer. Früher lagen hier auch die Brauerei und die Bierkeller. Der Biergarten besitzt ein so dichtes Kastaniendach, dass man auch bei Regen im Trockenen sitzen kann *(unten)*. *Ⓢ Innere Wiener Str. 19 • Karte P5 • 1700 Plätze (400 mit Bedienung) • Spielplatz*

6 Seehaus

Mitten im Englischen Garten direkt am Kleinhesseloher See liegt einer der angesagtesten Biergärten – ideal, um Leute zu beobachten. Die Terrasse zum See hin ist »edler«, der Biergarten *(Mitte)* ist lauschig. *Ⓢ Englischer Garten • Karte G2 • 2600 Plätze (400 auf der Terrasse) • Spielplatz, Bootsverleih am See*

7 Sankt Emmeramsmühle

Szenetreff und hübscher Biergarten. *Ⓢ St. Emmeram 41 • 1200 Plätze (teilweise mit Selbstbedienung) • Spielplatz*

8 Paulaner

Der Paulaner am Nockherberg hat einen kleineren Biergarten. Berühmt ist er für sein Bier. Im Wirtshaus findet im März (zur Fastenzeit) eine urtümliche Veranstaltung statt: die Salvator-Probe mit dem »Politiker-Derblecken«. Dabei trifft sich die Politprominenz, lässt sich veräppeln und genießt das Starkbier *(links)*. *Ⓢ Hochstr. 77 • Karte F6 • 2500 Plätze • historisches Salettl • Spielplatz*

Reinheitsgebot für bayrisches Bier

München ist die Hauptstadt der Bierbrauer-Dynastien. Und die Einheimischen wählen ihre Lieblingswirtshäuser und -biergärten nach den jeweiligen Biersorten aus, die dort ausgeschenkt werden. Doch unabhängig vom persönlichen Geschmack: Für alle Biere gilt das Reinheitsgebot von 1516. Danach handelt es sich nur um reines Bier, wenn dieses ausschließlich aus Malz (gekeimtem Getreide aus Weizen, Gerste oder Dinkel), Hopfen, Hefe und Wasser gebraut wurde.

Mehr Infos über Biergärten in München? **www.biergarten.com**

Top 10 Um den Marienplatz

Heinrich der Löwe machte den Marienplatz zum Zentrum Münchens – das er noch heute ist. Hier steht das Rathaus, hier kreuzen sich U- und S-Bahn. Einheimische und Besucher sind unterwegs, Straßenkünstler und -musiker mischen sich unters Volk. Die Restaurants haben Tische im Freien. Westlich des Platzes beginnt die Fußgängerzone, nördlich die edlere Wein- und Theatinerstraße, östlich geht es zum Isartor und zur Maximilianstraße und südlich zum Viktualienmarkt. Anders gesagt: Am Marienplatz kommt jeder vorbei.

Fassade des Neuen Rathauses

Am und um den Marienplatz gibt es jede Menge Cafés und Restaurants.

Gute Aussicht: Turm des Rathauses, »Alter Peter« und Südturm der Frauenkirche.

- *U3/U6: Marienplatz, S-Bahn: Marienplatz (S1–8)*
- *Karte L4*
- *Rathaus: Marienplatz 8; Turmbesteigung: Mai–Okt: Mo–Fr 8–19, Sa, So, Feiertage 10–19 Uhr; Nov–Apr: Mo–Fr 10–17 Uhr*
- *www.muenchen.de*
- *Frauenkirche: Frauenplatz 1; Turmbesteigung (Südturm, Eingang Westportal, nach einigen Treppenstufen Aufzug vorhanden): Apr–Okt: Mo–Sa 10–17 Uhr; Eintritt*
- *Sankt Peter, Rindermarkt 1; Turmbesteigung: Mo–Sa 9–19, So, Feiertage 10–18 Uhr, im Sommer bis 19 Uhr (je nach Wetter); Eintritt*
- *Keine Kirchenbesichtigung während der Gottesdienste*

Top 10 Bauwerke

1. Marienplatz
2. Neues Rathaus
2. Altes Rathaus
4. Fußgängerzone
5. Sankt Peter
6. Frauenkirche
7. Asamkirche
8. Viktualienmarkt
9. Feldherrnhalle
10. Theatinerkirche

1 Marienplatz

Dominiert wird der Platz vom Neuen Rathaus. Davor steht die Mariensäule mit goldener Marienfigur (1638). Im Fischbrunnen (1886) waschen Oberbürgermeister und Stadträte am Aschermittwoch ihre Geldbeutel – auf dass der Stadtsäckel immer voll sein möge *(Mitte)*.

2 Neues Rathaus

Das neugotische Rathaus wurde zwischen 1867 und 1908 erbaut. Hoch auf dem Turm steht das Münchner Kindl. Im Turmerker findet täglich um 11, 12 und (März–Okt) 17 Uhr das berühmte Glockenspiel statt. Durch das Eingangstor mit schwarz-gelbem Stadtwappen gelangt man in den Prunkhof.

3 Altes Rathaus

Das gotische Gebäude (1474) an der Ostecke des Marienplatzes ist ein Saalbau mit Ratsturm (früheres Stadttor). Im Turm befindet sich heute das Spielzeugmuseum.

4 Fußgängerzone

Die Fußgängerzone mit ihren Läden beginnt an der Westseite des Platzes und erstreckt sich bis zum Karlsplatz. Sehenswert: die Michaelskirche (Spätrenaissance).

5 Sankt Peter

Münchens älteste Pfarrkirche (13. Jh.) steht am höchsten Punkt der Altstadt. Ihr Renaissance-Turm, der »Alte Peter«, ist ein Wahrzeichen der Stadt und bietet eine schöne Aussicht *(links)*.

In der Nähe des Marienplatzes, am St.-Jakobs-Platz, wurde am 9. November 2006 die Synagoge Ohel Jakob geweiht **siehe S. 41**

6 Frauenkirche

Die »welschen Hauben« der Frauenkirche prägen das Stadtbild. Die größte gotische Hallenkirche Süddeutschlands wurde 1468–88 erbaut. Highlights: die Chorfiguren von Erasmus Grasser, die Christopherus-Statue und das Kaisergrab von Ludwig IV.

Zur Orientierung

10 Theatinerkirche

Die Theatinerkirche (1663–1768) steht am Anfang von Münchens »italienischer Meile« – ein Mix aus barocken Turmhelmen, überbordenden Voluten, einer voluminösen Kuppel und Rokoko-Fassade *(oben)*.

7 Asamkirche

Das Vermächtnis der Asam-Brüder ist ein spätbarockes Juwel (1733–46) – außen aus unbehauenem Fels emporstrebend, innen eine prunkvolle Grotte. Egid Quirin Asam baute die Kirche auf eigene Kosten bei seinem Wohnhaus in der Sendlinger Straße *(unten)*.

8 Viktualienmarkt

Der Markt für Viktualien (Lebensmittel) entstand 1807. Ein Bummel entlang der 140 Marktstände ist für Besucher ein Muss *(oben)*.

9 Feldherrnhalle

Die Halle markiert die Grenze zwischen Altstadt und Schwabing. Nach Florentiner Vorbild (Loggia dei Lanzi) schuf Friedrich von Gärtner 1844 dieses Ehrenmonument für die bayrischen Militärs.

Münchner Kindl

Es steht als Bronzefigur auf der Spitze des Rathausturms. In der linken Hand hält es ein Evangelienbuch, mit der rechten macht es einen Segnungsgestus – das Münchner Kindl in seiner Kutte erinnert an die mönchischen Ursprünge der Stadt. Bei offiziellen Festumzügen (auch zum Oktoberfest) reitet es in gelbschwarzer Kutte (den Stadtfarben) auf einem Pferd mit. Man findet das Münchner Kindl auf Postkarten, Bierflaschen, Kanaldeckeln … Sein Geschlecht ist umstritten – doch live ist es immer eine schöne Frau.

Am südlichen Ende des Viktualienmarkts steht die Schrannenhalle, ein alter Glas-Eisen-Bau, der wiederaufgebaut wurde.

Top 10 Neuschwanstein & Ludwig II.

Außen die Apotheose einer Ritterburg, innen eine Huldigung an Wagner-Opern – Neuschwanstein war das ehrgeizigste Schlossprojekt von Ludwig II. Nahezu zeitgleich ließ er die eher »französischen« Schlösser Linderhof und Herrenchiemsee errichten. Über 50 Millionen Besucher haben mittlerweile die Märchenschlösser des menschenscheuen Regenten bewundert. Vor allem auf Neuschwanstein herrscht Hochbetrieb – doch dieser Tagesausflug von München Richtung Füssen ins Schwangau ist ein absolutes Muss.

Hohenschwangau unterhalb von Neuschwanstein

In der Schlossanlage gibt es eine Cafeteria, in der Umgebung mehrere Restaurants.

Eine Führung ist obligatorisch: Man erwirbt Tickets mit Tournummer und genauer Einlasszeit.

- *Schwangau bei Füssen*
- *Karte Q4*
- *(083 62) 930 83-0*
- *www.neuschwanstein.de*
- *Tickets im Ticketcenter Neuschwanstein-Hohenschwangau*
- *Apr–Sep: tägl. 9–18 Uhr (Kassenöffnung 8–17 Uhr), Okt–März: tägl. 10–16 Uhr (Kassenöffnung 9–15 Uhr)*
- *geschl. 1. Jan, Faschingsdienstag, 24., 25. und 31. Dez*
- *Eintritt: 9 € (ermäßigt 8 €, Kinder und Jugendliche unter 18 Jahren frei); Eintritt mit Hohenschwangau: 17 € (ermäßigt 15 €)*
- *Sonderführungen für Rollstuhlfahrer immer Mi nach Voranmeldung*
- *Längere Wartezeiten in der Hauptsaison*

Top 10 Ansichten

1. Bau
2. Thronsaal
3. Schlafzimmer
4. Hauskapelle
5. Arbeitszimmer
6. Sängersaal
7. Grotte
8. Speisezimmer
9. Wintergarten
10. Hohenschwangau

1 Bau

1869 war die Grundsteinlegung, 1873 wurde der Torbau fertiggestellt, erst 1884 war der Palas vollendet. Bis zum Tod des Königs, der oft die Pläne änderte, wurde weiter gebaut. Der Bergfried und das »Ritterbad« blieben unvollendet *(Mitte)*.

2 Thronsaal

Gold, Heiligenfiguren und ein Hauch von Byzanz – der Thronsaal ist von der Münchner Allerheiligen-Kirche und der Hagia Sophia inspiriert. Der Thron sollte ursprünglich – altargleich – in der Apsis stehen *(unten)*.

3 Schlafzimmer

Im Gegensatz zur Romanik der Wohnräume ist das Schlafgemach in gotischem Stil mit üppigen Eichenholzschnitzereien gestaltet. An den Wänden: Szenen aus *Tristan und Isolde*.

4 Hauskapelle

Altar und Wandbilder zeigen Ludwig IX., den heiliggesprochenen König von Frankreich und Namenspatron des Märchenkönigs.

5 Arbeitszimmer

In Ludwigs Arbeitszimmer ist man von Tannhäuser-Bildern umgeben. Auf dem Schreibtisch steht eine Schreibgarnitur, die Lohengrin zeigt.

Wer es bequemer will: Zum Schloss gibt es einen Busservice. Man kann auch – romantischer – in einer Pferdekutsche fahren.

7 Grotte

Zwischen Wohn- und Arbeitszimmer liegt dieser »Grottenraum«, in dem zu Lebzeiten des Königs ein kleiner Wasserfall plätscherte *(links)*. Die größere Venusgrotte mit einem künstlichen See befindet sich im Park von Schloss Linderhof *(siehe S. 30)*.

9 Wintergarten

Von der Grotte gelangt man in den Wintergarten, der durch die großen Fenster einen wunderbaren Blick auf das Allgäu bietet *(oben)*.

10 Hohenschwangau

In diesem Sommerschloss in wildromantischer Landschaft verbrachte Ludwig einen Teil seiner Kindheit und Jugend. Sein Vater, Kronprinz Maximilian II., hatte es 1832 wiederherstellen lassen. Das Wappen von Hohenschwangau zeigt einen Schwan – später, oft als Schwan Lohengrins, ein Leitmotiv in Neuschwanstein.

6 Sängersaal

Der größte Saal des Schlosses ist vom Festsaal der Wartburg bei Eisenach beeinflusst. Die Gemälde bebildern die Parzival-Sage mit der Gralssuche. Allerdings wurde hier nie Wagners Musik gespielt *(unten)*.

8 Speisezimmer

Mit einem Aufzug kamen die Speisen von der drei Etagen tiefer liegenden Küche ins Speisezimmer, in dem der menschenscheue König meist ganz allein speiste. Die Wandbilder thematisieren den Minnesang.

Neue Technik in der »alten« Burg

Trotz des mittelalterlichen Ambientes – auf Neuschwanstein gab es Hightech der damaligen Zeit. Das Speisezimmer besaß einen Speisenaufzug (über drei Stockwerke). Die Küche hatte fließend warmes Wasser und elektrische Drehspieße. Die Räume des Palas wurden durch eine Heißluft-Zentralheizung erwärmt, die Toiletten besaßen Automatikspülung. Über eine elektrische Rufanlage konnte Ludwig die Diener verständigen. Dritter und vierter Stock hatten Telefonanschlüsse.

Auf dem Bergrücken links der Pöllat lagen die Ruinen zweier kleiner Burgen. Auf ihnen ließ Ludwig II. Neuschwanstein errichten.

Links **Venusgrotte** Mitte **Schlosspark Linderhof, Kaskade** Rechts **Maurischer Saal, Am Schachen**

TOP 10 Linderhof & Herrenchiemsee

1 Schloss Linderhof
Linderhof geht auf ein Jagdhaus von Maximilian II. zurück. Ludwig II. ließ es abtragen und im Park wiederaufbauen. Das Schloss (Baubeginn 1872) war ursprünglich als ein zweites Versailles geplant, fiel aber wesentlich kleiner aus. Es ist im Stil des »zweiten Rokoko« ausgestattet.

2 Schlosspark
Er entstand ab 1870 nach Entwürfen von Carl von Effner. Der französisch angelegte Schlossgarten mit barockisierenden Parterres und renaissanceartigen Terrassen ist von einem Landschaftspark umgeben.

3 Neptunbrunnen mit Kaskade
An der Schlossnordseite findet sich die über 30 Stufen ansteigende Kaskade, unten begrenzt vom Neptunbrunnen, oben vom Musikpavillon. Der Wasserfall wird von Laubengängen flankiert.

4 Venusgrotte
Die künstliche Tropfsteinhöhle ist dem Hörselberg in Wagners *Tannhäuser* nachempfunden. Im vergoldeten Muschelkahn ließ sich der König gern auf dem See der Grotte umherrudern.

5 Maurischer Kiosk
Der Pavillon wurde 1867 für die Pariser Weltausstellung errichtet. 1876 kaufte ihn Ludwig II. für Linderhof.

6 Kapelle
Sie ist der älteste Bau der Schlossanlage. 1668 wurde sie als St.-Anna-Kapelle errichet.

7 Schloss Herrenchiemsee
Auf der Herreninsel im Chiemsee ließ Ludwig II. ab 1878 tatsächlich ein »Neues Versailles« errichten. Doch nach sieben Jahren ging ihm das Geld aus. Die bis dahin fertiggestellten 20 Prunkräume können heute besichtigt werden.

8 König Ludwig II. Museum
Das Museum befindet sich im Südflügel des Neuen Schlosses und zeigt in zwölf Räumen den Lebensweg des »Kini«.

9 Spiegelgalerie
Die Spiegelgalerie übertrifft mit 90 Metern Länge ihr Vorbild in Versailles. Die üppigen De-

Weitere Informationen über Schloss Linderhof finden Sie unter www.linderhof.de

ckenfresken zeigen Darstellungen von Louis XIV, dem französischen »Sonnenkönig«.

Spiegelgalerie in Schloss Herrenchiemsee

10 Schlossgarten
Die Gartenanlage vor der Westseite des Schlosses kopiert diejenige von Versailles. Ihre Wasserspiele sind von Mai bis Oktober in Betrieb. Die Anlagen mit Ausblick auf Schloss und Chiemsee laden zu Spaziergängen ein. Von der Fähranlegestelle fahren Pferdekutschen zum Schloss.

Top 10 Leben & Tod von Ludwig II.

1. 25. Aug 1845: Geburt
2. 1864: Thronbesteigung
3. 1864: Erste Begegnung mit Richard Wagner
4. 1866: Niederlage gegen Preußen
5. 1867: Verlobung mit Sophie (und Auflösung)
6. 1869: Grundsteinlegung in Neuschwanstein
7. 1870/71: Deutsch-Französischer Krieg
8. 1873: Kauf der Insel Herrenchiemsee
9. 9. Juni 1886: Entmündigung von Ludwig
10. 13. Juni 1886: Tod im Starnberger See

Ludwig II. & seine Schlösser

Ludwig II. (1865) von F. von Piloty

Die Bautätigkeit des »Kini« begann 1867/68. Zunächst wirkte er noch in München und gestaltete seine Gemächer in der Residenz um. Gleichzeitig plante er schon seine Märchenschlösser. 1868 entwickelte er Bauprojekte für Schloss Linderhof – das einzige Schloss, das vollendet wurde. Mit der Grundsteinlegung von Neuschwanstein 1869 konzentrierte sich Ludwig ganz auf den Hohenschwangau. Ab 1878 begann der Bau von Schloss Herrenchiemsee. Es blieb unvollendet, Ludwig verbrachte nur neun Tage dort. Auch in München sollte gebaut werden – ein Festspielhaus für Wagner-Opern (1876 in kleinerer Form in Bayreuth errichtet). 1886 stand die Kabinettskasse mit 14 Millionen Mark Schulden vor dem Bankrott. Ludwig II. wurde entmündigt.

Brunnen mit vergoldeten Skulpturen im Schlosspark von Linderhof

Weitere Infos über Schloss Herrenchiemsee finden Sie unter **www.herren-chiemsee.de**

Starnberger See

Vor allen anderen Seen der Münchner Umgebung avancierte der Starnberger See zum »Haussee« der Münchner. Er ist das größte der Gewässer (21 km lang, 5 km breit, bis zu 127 m tief) und bietet attraktive Bade-, Segel- und Surfmöglichkeiten. Der Münchner Adel baute hier seine Sommerresidenzen. Kaiserin Elisabeth (Sisi) wohnte im Sommer im Schloss Possenhofen, während ihr Cousin Ludwig II. in Schloss Berg residierte. Der richtige »Einstieg« für den See ist eine Fahrt auf einem Schiff der »Weiß-blauen Dampferflotte«.

Ausflugsschiff der Bayerischen Seenschifffahrt

Zum Häring (Midgardhaus) in Tutzing liegt direkt am See und serviert fantastische hausgemachte Strudel (Midgardstr. 3–5, 081 58/12 16).

Die »Weiß-blaue Flotte« bietet verschiedene Thementouren.

- *S6: Starnberg, Possenhofen, Feldafing, Tutzing*
- *Karte S3*
- *www.starnberg.de*
- *Buchheim Museum: Bernried, Am Hirschgarten 1, (081 58) 99 70-0, www.buchheimmuseum.de*
- *Apr–Okt: Di–So 10–18 Uhr; Nov–März: Di–So 10–17 Uhr (inkl. Feiertage)*
- *Eintritt: 8,50 € (ermäßigt 3,50 €), Kinder unter 5 Jahren frei*
- *Bayerische Seenschifffahrt: Anlegestellen in Starnberg, Bernried (Museumslinie), Berg, Tutzing u. a.; verschiedene historische Rundfahrten, Erlebnisfahrten, Gourmet-Fahrten*
- *(081 51) 80 61*
- *www.seenschifffahrt.de*

Top 10 Sehenswert

1. Starnberg
2. Possenhofen
3. »Weiß-blaue Dampferflotte«
4. Feldafing & Roseninsel
5. Schloss Tutzing
6. Buchheim Museum
7. Seeshaupt
8. Schloss Ammerland
9. Schloss Berg
10. Gedenkkreuz für Ludwig II.

1 Starnberg

Das einstige Fischerdorf entwickelte sich im 19. Jahrhundert zur beliebten Sommerfrische. In den letzten Jahrzehnten ließen sich viele »Promis« hier nieder und verbauten die Zugänge zum See. Gleichwohl kann man an der Seepromenade einen hübschen Spaziergang machen. Wenige Kilometer entfernt liegt ein Golfplatz.

2 Possenhofen

Possenhofen besitzt einen hübschen Badestrand und viele alte Villen. Das »Sisi-Schloss« Possenhofen mit seinen vier Zinnentürmen (1536, Wiederaufbau im 17. Jh.) war das Refugium von Kaiserin Elisabeth.

3 »Weiß-blaue Dampferflotte«

Die Schiffe der Bayerischen Seenschifffahrt sind sowohl Transportmittel als auch »Ausflugsdampfer«. Es gibt verschiedene Themenfahrten.

4 Feldafing & Roseninsel

Die kleine Insel vor Feldafing war schon in vorgeschichtlicher Zeit besiedelt und ist heute ein romantisches Ausflugsziel. 1853 schufen Peter J. Lenné und Franz J. Kreuter ein Casino mit Gartenanlage und Rosarium *(unten)*.

Man kann den Starnberger See im Auto, mit dem Fahrrad oder zu Fuß umrunden (Länge: 55 km).

5 Schloss Tutzing

Das hufeisenförmig angelegte Schloss mit Park beherbergt heute die Evangelische Akademie Tutzing *(rechts)*. Vom Tutzinger Bahnhof aus kommt man zur Ilkahöhe mit dem Restaurant Forsthaus Ilkahöhe. Der Fernblick – bei guter Sicht bis zu den Alpen – ist traumhaft.

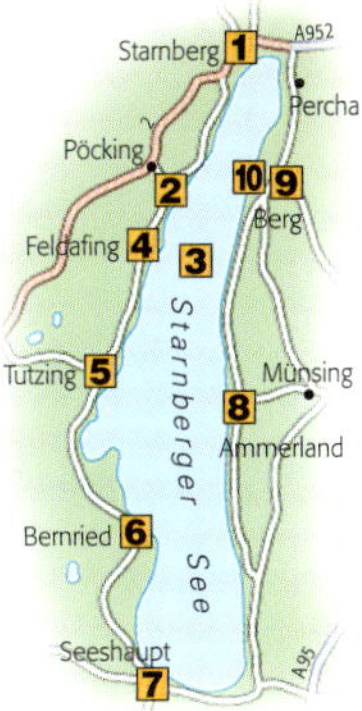

Zur Orientierung

6 Buchheim Museum

In einem Park nördlich von Bernried liegt das Buchheim Museum mit einer grandiosen Expressionisten-Sammlung. Zudem gibt es mehr als 3000 volks- und völkerkundliche Exponate, darunter Briefbeschwerer, Masken aus Afrika u. a.

7 Seeshaupt

Seeshaupt liegt schön am Südende des Starnberger Sees und besitzt einen Yachthafen und eine Uferpromenade. Es hat sich einen gewissen ländlichen Charakter bewahrt. Von hier aus ist es nicht weit zum südlich gelegenen Naturschutzgebiet der Osterseen.

8 Schloss Ammerland

König Ludwig I. vermachte das hübsch am Ostufer des Starnberger Sees gelegene Schloss Ammerland (1683–85) dem Musiker, Autor und Illustrator Franz Graf von Pocci *(unten)*.

9 Schloss Berg

Berg ist der Geburtsort des Autors Oskar Maria Graf. Schloss Berg war die Sommerresidenz der Wittelsbacher. Hierher kam auch Ludwig II. Ganz in der Nähe starb der Märchenkönig.

10 Gedenkkreuz für Ludwig II.

Das Kreuz im See markiert die Stelle, an der Ludwig II. tot im Wasser aufgefunden wurde. Die Fans des »Kini« versammeln sich hier alljährlich an seinem Todestag.

Der mysteriöse Tod von Ludwig II.

War es ein Mordkomplott, war es Selbstmord, oder war es Herzversagen im kalten Wasser? Am Abend des 13. Juni 1886 bricht Ludwig II. mit seinem Arzt von Gudden zu einem Spaziergang auf. Später werden beide tot im See treibend gefunden – von Gudden mit Kratzspuren im Gesicht. Seither brodelt die Gerüchteküche, doch es gilt das Diktum von Ludwig II.: »Ein ewiges Rätsel bleiben will ich mir und anderen.«

In Starnberg-Landstetten starten im Sommer bei gutem Wetter Ballonfahrten über das Fünf-Seen-Land; Infos unter (081 57) 91 04.

Links **Otto I.** Mitte **Ludwig der Bayer** Rechts **Hitler unterzeichnet das »Münchner Abkommen«**

TOP 10 Historische Ereignisse

1 1158: Stadtgründung

Der Welfe Heinrich der Löwe, Herzog von Bayern, zerstörte 1157/58 die alte Salzbrücke und ließ einige Kilometer südlich eine neue Isarüberquerung errichten. Dort entwickelte sich aus dem kleinen Marktflecken »Munichen« die spätere Residenzstadt München. Der Tag, an dem der Stauferkaiser Friedrich I. Barbarossa das Markt- und Münzrecht bestätigte (14. Juni 1158), wird als Stadtgeburtstag gefeiert.

2 1240–1918: Dynastie der Wittelsbacher

Ab 1240 bestimmten die Wittelsbacher maßgeblich die Geschicke Münchens. Aus einfachen Herzögen wurden sie zu Kurfürsten und schließlich zu Königen. Ludwig I. ließ in München klassizistische Prachtbauten errichten, Ludwig II. baute überdimensionierte Märchenschlösser. Nach dem Ersten Weltkrieg musste der letzte Wittelsbacher (Ludwig III.) aus Bayern flüchten.

3 1328: Ludwig der Bayer – deutscher Kaiser

1314 wurde Herzog Ludwig IV. (der Bayer) zum deutschen König gewählt, 1328 wurde er zum Kaiser des Heiligen Römischen Reichs ernannt.

4 1442: Vertreibung der Juden aus München

Nachdem es schon im 13. und 14. Jahrhundert zu Judenpogromen gekommen war, wurden 1442 durch Herzog Albrecht III. alle Juden aus Oberbayern vertrieben. Erst im 18. Jahrhundert ist wieder jüdisches Leben in München nachweisbar.

5 1806: Hauptstadt des Königreichs Bayern

Durch die napoleonische Umgestaltung Europas wurde das Kurfürstentum Bayern zum Königreich. München wurde Haupt- und Residenzstadt des flächenmäßig stark erweiterten Staats. Bayern hatte damals schon in etwa seine heutigen Ausmaße.

6 1848: Märzrevolution – Abdankung von Ludwig I.

Im März 1848 kam es auch in München zu revolutionären Aufständen, die in der Erstürmung des Zeughauses (heute Stadtmuseum) gipfelten. Ludwig I. musste abdanken. Er hatte das Vertrauen des Adels und des

Bebilderter Stammbaum der Wittelsbacher

In München wurden von 1328 bis 1350 die sogenannten Reichskleinodien aufbewahrt.

städtischen Bürgertums verloren (auch durch seine Affäre mit der Tänzerin Lola Montez).

7 1918/19: Novemberrevolution & Räterepublik

In der Nacht zum 8. November 1918 rief der Sozialist Kurt Eisner im Mathäserbräu (heute Kino mit Eisner-Gedenkstele) den »Freistaat Bayern« aus. Eisner wurde für kurze Zeit Ministerpräsident. Nach Eisners Ermordung am 21. Februar 1919 durch einen rechtsextremen Monarchisten kam es in München und anderen bayrischen Städten zur Errichtung von Räterepubliken, die jedoch bald von Regierungstruppen niedergeschlagen wurden.

8 1935–45: »Hauptstadt der Bewegung«

Hitlers Partei, die NSDAP, entstand aus einer kleinen Münchner Keimzelle. Schon 1923 versuchte Hitler von München aus einen ersten Staatsstreich (»Hitlerputsch«) gegen die Weimarer Republik. Als »Dank« erhielt München nach der Machtübernahme der Nazis 1935 den Titel »Hauptstadt der Bewegung«.

9 1962: Schwabinger Krawalle

Harmlose Straßenmusiker lösten im Sommer 1962 eine mehrtägige Massenschlägerei zwischen jungen Leuten und der Münchner Polizei aus. Stadt- und Polizeispitze nahmen dies zum Anlass, ihre »harte Linie« bei Polizeieinsätzen zu überdenken.

10 1972: Olympische Spiele

In und um München wurden 1972 die XX. Olympischen Sommerspiele ausgetragen. Überschattet wurden sie von einem Terroranschlag gegen die israelische Olympiamannschaft.

Top 10 Berühmte Münchner(innen)

1 Asam-Brüder
Cosmas Damian (1687–1739) und Egid Quirin (1692–1750) Asam waren Hauptvertreter des bayrischen Rokoko.

2 Maximilian Joseph von Montgelas
Montgelas (1759–1838) gilt als eigentlicher Schöpfer des modernen bayrischen Staats.

3 Ludwig I.
Unter König Ludwig I. (1786–1868) entstanden zahlreiche Prachtbauten. 1826 holte er die Universität von Landshut nach München.

4 Lola Montez
Lola Montez (1818–1861) war die Mätresse Ludwigs I. und beeinflusste ihn.

5 Ludwig II.
»Kini« Ludwig II. (1845–1886) ging in die Geschichte als »Märchenkönig« ein.

6 Franz von Lenbach
Der »Malerfürst« (1836–1904) hatte großen Einfluss auf die Münchner Kunstszene.

7 Franz von Stuck
Stuck (1863–1928) war Mitbegründer der »Münchner Secession«. Seine Jugendstil-Villa ist heute ein Museum.

8 Thomas Mann
Der Literaturnobelpreisträger (1875–1955) emigrierte 1933. Er kehrte nicht mehr nach München zurück.

9 Karl Valentin
Kabarettist, Schauspieler und Münchner Original (1882–1948). Er trat lange Zeit mit Liesl Karlstadt auf.

10 Geschwister Scholl
Hans (1918–1943) und Sophie (1921–1943) waren in der Widerstandsgruppe »Weiße Rose« aktiv. Sie wurden 1943 denunziert und hingerichtet.

Historische Stadtrundgänge bietet Stattreisen München e.V. (Tel. 089-54 40 42 30) an. Infos unter **www.stattreisen-muenchen.de**

Links und Mitte **Lenbachhaus, innen und außen** Rechts **Bauernstube, Nationalmuseum**

Top 10 Museen & Sammlungen

1 Museumsviertel – Pinakotheken

Alte und Neue Pinakothek und Pinakothek der Moderne beherbergen die großen Gemäldesammlungen der Stadt *(siehe S. 14–17)*.

2 Deutsches Museum

Das Museum ist das größte Technikmuseum der Welt *(siehe S. 8–11)*.

3 Bayerisches Nationalmuseum

Es ist eines der größten Museen Europas über Kunst, Kunsthandwerk und Volkskunde – von gotischen Skulpturen, kostbaren Wandteppichen, Uhren bis hin zu Krippen. *Prinzregentenstr. 3 • Karte N3 • Di–So 10–17 Uhr (Do bis 20 Uhr) • Eintritt (So 1 €) • für Rollstühle geeignet • www.bayerisches-nationalmuseum.de*

4 Münchner Stadtmuseum

Stadt- und Kulturgeschichte Münchens mit Puppentheaterabteilung, Instrumentensammlung, Fotomuseum und Filmmuseum *(siehe S. 54)*. *St.-Jakobs-Platz 1 • Karte L5 • Di–So 10–18 Uhr • geschl. Mo, Faschingsdienstag und einige Feiertage • Eintritt (So, Feiertage frei) • für Rollstühle geeignet • www.stadtmuseum-online.de*

Moriskentänzer, Stadtmuseum

5 Glyptothek & Staatliche Antikensammlungen

In der Glyptothek verbirgt sich eine exquisite Sammlung griechischer und römischer Skulpturen und Reliefs, darunter die 2500 Jahre alten Äginaten, deren ursprüngliche Farbigkeit rekonstruiert wurde. In den Antikensammlungen gibt es antiken Schmuck, Bronzen und griechische Keramik. *Königsplatz 1 und 3 • Karte K2 und J3 • Glyptothek: Di–So 10–17 Uhr (Do bis 20 Uhr) • geschl. Faschingsdienstag und einige Feiertage • Eintritt (So 1 €) • für Rollstühle geeignet • Antikensammlungen: Di–So 10–17 Uhr (Mi bis 20 Uhr) • Eintritt (So 1 €) • www.antike-am-koenigsplatz.mwn.de*

6 Städtische Galerie im Lenbachhaus

Das Lenbachhaus – Villa des Malerfürsten Franz von Lenbach – genießt aufgrund der »Blauen-Reiter«-Sammlung Weltruhm. Die Wohnräume spiegeln die Gründerzeit wider, der Nordflügel beherbergt die Kunstsammlung. Der unterirdische Kunstbau kam 1994 hinzu. *Luisenstr. 33 • Karte J2 • wg. Renovierung bis 2012 geschl., Kunstbau offen • www.lenbachhaus.de*

Klassizistische Fassade der Glyptothek am Königsplatz

Der StadtBus 100 (Museumslinie) fährt u. a. zu Villa Stuck, Nationalmuseum, Schack-Galerie und Haus der Kunst.

Vase mit Sonnenblumen (1888) von Vincent van Gogh, Neue Pinakothek

7 Jüdisches Museum

Die Dauerausstellung zeigt jüdische Kultur und Geschichte Münchens. Sonderausstellungen. *St.-Jakobs-Platz 16 • Karte K/L5 • Di–So 10–18 Uhr • Eintritt • www.juedisches-museum-muenchen.de*

8 Museum Villa Stuck

Die Jugendstil-Villa des Secessionisten Franz von Stuck (1863–1928) ist originalgetreu erhalten. Ständige Jugendstil-Ausstellung und Sonderausstellungen. *Prinzregentenstr. 60 • Karte P4 • Di–So 11–18 Uhr • Eintritt • für Rollstühle geeignet • www.villastuck.de*

9 Haus der Kunst

Der Repräsentationsbau Adolf Hitlers (1932–37) ist heute ein Ort für internationale Kunstausstellungen. *Prinzregentenstr. 1 • Karte M/N3 • tägl. 10–20 Uhr (Do bis 22 Uhr) • Eintritt • www.hausderkunst.de*

10 Staatliches Museum für Völkerkunde

Kulturgeschiche – vom ältesten Kajak Nordamerikas bis zum Nachbau eines Shiva-Tempels. *Maximilianstr. 42 • Karte M4 • Di–So 9.30–17.30 Uhr • Eintritt (So 1 €) • www.voelkerkundemuseum-muenchen.de*

Weitere Museen & Sammlungen

1 Archäologische Staatssammlung

Prähistorische, römische und mittelalterliche Exponate. *Lerchenfeldstr. 2 • Karte N3*

2 Staatliches Museum Ägyptischer Kunst

Kunstwerke aus dem Land der Pyramiden *(siehe S. 21)*. *Residenz, Eingang Hofgartenstr. 1 • Karte L3*

3 Deutsches Theatermuseum

Geschichte des deutschsprachigen Theaters mit großer Spezialbibliothek. *Galeriestr. 4a und 6 • Karte M3*

4 Paläontologisches Museum

Dinos & Co. Eines der Highlights ist der Urvogel Archaeopteryx bavarica. *Richard-Wagner-Str. 10 • Karte J2*

5 Valentin-Musäum

Kuriositäten rund um Karl Valentin; mit Café. *Isartorturm, Im Tal 50 • Karte M5*

6 Schack-Galerie

Deutsche Malerei des 19. Jahrhunderts (u. a. Böcklin, Spitzweg, Schwind). *Prinzregentenstr. 9 • Karte N/P3*

7 Alpines Museum

»Der Berg ruft«; mit Schausammlung im Garten. *Praterinsel 5 • Karte N5*

8 Museum Brandhorst

Zeitgenössische Kunst mit 700 Werken von Cy Twombly, Andy Warhol, Joseph Beuys, Damien Hirst u. a. *Theresienstraße 35a • Karte L2*

9 Kunsthalle der Hypo-Kulturstiftung

Exzellente Ausstellungen. *Theatinerstr. 8 • Karte L4*

10 lothringer 13

Aktuelle (Medien-)Kunst. *Lothringer Str. 13 • Karte G6*

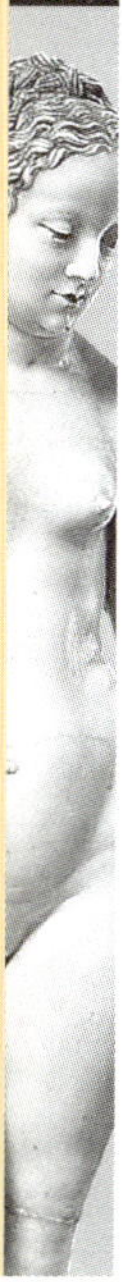

Ausgestopfte Wildtiere und legendäre Wolpertinger gibt es im Deutschen Jagd- und Fischereimuseum (Neuhauser Str. 2, Karte K4).

Links **Eisbach im Englischen Garten** Mitte **Pagode im Westpark** Rechts **Botanischer Garten**

Top 10 Gärten & Parks

1 Schlosspark Nymphenburg

Die von einer Mauer umschlossene Parkanlage erstreckt sich vom Schloss aus etwa 1,5 Kilometer nach Westen und hat eine Nord-Süd-Ausdehnung von rund zwei Kilometern. Der Park mit seinem über 300 Jahre alten Baumbestand steht unter Naturschutz. Die Parkburgen laden zur Besichtigung ein *(siehe S. 13)*.

2 Englischer Garten

Der Englische Garten ist mit 373 Hektar die größte innerstädtische Parkanlage Deutschlands und die grüne Lunge der Stadt. Für die Münchner ist er ein Freizeitparadies. Im Sommer liegen Tausende auf den Rasenflächen, Radfahrer, Jogger und Skater sind unterwegs, der Kleinhesseloher See ist voller Boote. Im Eisbach am Haus der Kunst wird gesurft. Ein kühles Bier gibt es in den Biergärten *(siehe S. 24f)* am

Monopteros im Englischen Garten

Chinesischen Turm, beim Seehaus, in der Hirschau und am Aumeister. Den Englischen Garten verdankt München dem Amerikaner Benjamin Thompson, später Graf Rumford (1753–1814). Gestaltet wurde er von Ludwig von Sckell als Musterbeispiel eines klassischen Landschaftsparks. 1837 wurde der Monopteros auf einem künstlichen Hügel errichtet. *Karte G4–H1*

3 Botanischer Garten

Der Botanische Garten gehört zu den bedeutendsten der Welt. Er wurde 1914 am Nymphenburger Schlosspark errichtet. Rund 14 000 Pflanzenarten aus aller Welt werden hier kultiviert. In den Gewächshäusern kann man sich auf eine Reise in tropische Regenwälder oder heiße Wüsten begeben. *Apr, Sep: 9–18 Uhr; Mai–Aug: 9–19 Uhr; Feb, März, Okt: 9–17 Uhr; Nov–Jan: 9–16.30 Uhr • Karte A2 • Eintritt*

4 Westpark

Auf 72 Hektar Fläche gruppieren sich zahlreiche künstliche Hügel mit Wanderwegen, einem See und Teichen. Der Westpark wurde 1983 für die IGA (Internationale Gartenbauausstellung) angelegt. Im westlichen Teil steht ein schönes ostasiatisches Ensemble mit chinesischen und japanischen Gärten, Thai-Skala und einer Nepalesischen Pagode. Im Sommer gibt es auf der Seebühne Konzerte, Theater und Open-Air-Kino. *Karte B6–C6*

Im Winter kann man auf dem zugefrorenen Kleinhesseloher See Schlittschuh laufen und Eisstock schießen.

5 Hofgarten

Der Hofgarten im Norden der Residenz wurde im 17. Jahrhundert nach dem Vorbild italienischer Renaissance-Gärten angelegt. Er ist auf zwei Seiten von langen Arkaden umsäumt. Mehrere Reihen von Linden-, Kastanien- und Ahornbäumen spenden im Sommer Schatten für die Boule-Spieler. Beim Dianatempel, einem zwölfseitigen Rundpavillon mit flacher Kuppel, treffen sich in lauen Sommernächten die Tango-Fans zum Tanzen *(siehe S. 21).*

Dianatempel, Hofgarten

6 Alter Botanischer Garten

In dieser kleineren Anlage befand sich im 19. Jahrhundert der ehemalige Botanische Garten. Heute kann man sich hier nach einem Einkaufsbummel entspannen. Der Park liegt ganz in der Nähe von Stadtzentrum und Fußgängerzone. *Karte J3*

7 Bavariapark

Der kleine Park ersteckt sich gleich hinter der Bavaria und der Ruhmeshalle in westlicher Richtung auf der Theresienhöhe. Er wurde 1826–31 auf Anweisung von König Ludwig I. gestaltet. Nach der Fertigstellung der Bavaria (1850) erhielt er seinen heutigen Namen. Ein idealer Ort für eine Pause beim Bummel übers Oktoberfest. *Karte D5*

8 Luitpoldpark

Dieser Park wurde 1911 zum 90. Geburtstag von Prinzregent Luitpold angelegt. In den 1950er Jahren kam ein Schuttberg – der Luitpoldhügel – dazu. Er bietet eine sehr schöne Aussicht auf die Stadt und (bei klarem Wetter) auf die Alpen. *Karte F1*

9 Hofgarten Schleißheim

Dieser große Park, der sich zwischen dem Neuen Schloss Schleißheim und Schloss Lustheim erstreckt, ist einer der wenigen kaum veränderten Gärten der Barockzeit. Enrico Zuccalli (1642–1724) legte bereits 1684 die Grundstruktur mit den Kanälen an. Ab 1715 kamen Parterre und Kaskade von Dominique Girard mit vielen barocken Verfeinerungen hinzu. Außerdem wurde die enorme Tiefenwirkung der Hauptachse des Parks geschaffen. 1999 wurde die Kaskade saniert.
Oberschleißheim, Neues Schloss

10 Isarauen mit Rosengarten

Die ausgedehnten Isarauen sind eine zweite grüne Lunge der Stadt. Südlich der Wittelsbacherbrücke liegt hier der Rosengarten, eine Oase der Ruhe mitten in der Stadt. In der kleinen Anlage gibt es außer den vielen Rosenarten auch einen Tastgarten für Blinde. Auf dem Gelände befindet sich zudem ein kleiner Spielplatz. *Mai–Aug: tägl. 7–20 Uhr; März, Apr, Sep, Okt: tägl. 7–18 Uhr; Nov–Feb: 7–15 Uhr • Karte E6*

Neptunbrunnen, Alter Botanischer Garten

Grüne Oasen mit altem Baumbestand sind auch der Alte Nördliche und der Alte Südliche Friedhof. Ein Bummel lohnt sich.

Links **Kaisergrab, Frauenkirche** Mitte **St. Maria in Ramersdorf** Rechts **Alter Peter und Frauenkirche**

TOP 10 Kirchen, Kapellen & Gotteshäuser

1 Frauenkirche
Der Münchner Dom aus dem 15. Jahrhundert prägt mit seinen Zwillingstürmen das Stadtbild *(siehe S. 27)*.

2 Asamkirche
Eigentlich heißt die Kirche der Asam-Brüder Sankt Johann Nepomuk. Der spätbarocke Bau (1733–46) zeigt den Heiligen etwa in den Malereien des Deckenfreskos *(siehe S. 27)*.

3 Sankt Peter (Alter Peter)
Die älteste Pfarrkirche (13. Jh.) der Stadt ist volkstümlich. Im Innern finden sich Gotik (Schrenk-Altar), Barock (Taufstein) und Rokoko (Seitenaltäre). Auf den Renaissance-Turm führen 302 Stufen *(siehe S. 26)*.

4 Ludwigskirche
Friedrich von Gärtner erbaute die von zwei Spitztürmen flankierte Kirche im Stil der italienischen Romanik (1829–43). Sehenswert: das Fresko *Jüngstes Gericht* von Peter von Cornelius, das zweitgrößte Kirchenfresko der Welt. *Ludwigstr. 20 • Karte M2 • tägl. 7.30–20 Uhr*

Die romanisch-byzantinische Ludwigskirche

5 Michaelskirche
Dieses größte Gotteshaus der Spätrenaissance nördlich der Alpen (1583–97) mit dem zweitgrößten Tonnengewölbe der Welt (nach dem des Petersdoms) wurde für den Jesuitenorden erbaut. In der Fürstengruft finden sich die Sarkophage von Kurfürst Maximilian I. und Ludwig II. Sehenswert: Die Bronzefigur des hl. Michael im Kampf mit dem Drachen (1585). *Neuhauser Str. 6 • Karte K4 • tägl. 7–21 Uhr*

Putto, Asamkirche

6 Theatinerkirche
Sankt Kajetan entstand anlässlich der Geburt des ersehnten Thronfolgers von Kurfürst Ferdinand (ab 1663). Sie ist die »italienischste« aller Münchner Kirchen *(siehe S. 27)*.

7 Klosterkirche Sankt Anna
Die erste Rokoko-Kirche Münchens wurde 1727–33 von Johann Michael Fischer im Stadtteil Lehel erbaut. Die Innengestaltung stammt von den Asam-Brüdern. Nahebei entstand ab 1887 die Pfarrkirche Sankt Anna in neoromanischer Bauweise. *St.-Anna-Platz 21 bzw. 5 • Karte M4 bzw. N4 • tägl. 6–19 bzw. 8–18 Uhr*

Bitte beachten Sie, dass während der Gottesdienste keine Besichtigungen möglich sind.

Hochaltar der Asamkirche

8 Heiliggeistkirche

Anfang des 13. Jahrhunderts wurde hier eine Hospitalkirche gebaut, 1392 entstand ein gotischer Hallenbau. Ab 1724 wurde die Kirche barockisiert. Der Innenraum zeigt eine Mischung aus Gotik und Spätbarock. Die Stuckarbeiten stammen von den Asam-Brüdern. ⓢ *Im Tal 77 • Karte L5 • tägl. 7–12 und 15–18 Uhr*

9 Damenstiftskirche

Das Damenstift Sankt Anna war ursprünglich ein Kloster der Salesianerinnen, heute ist es eine Schule. Im 18. Jahrhundert entstand die spätbarocke Kirche. Fassade und Innenraum wurden von den Asam-Brüdern gestaltet. Die im Zweiten Weltkrieg zerstörten Malereien wurden in Sepia rekonstruiert. ⓢ *Damenstiftstr. 1 • Karte K4 • tägl. 8–20 Uhr*

10 Synagoge Ohel Jakob & Jüdisches Zentrum

Münchens Hauptsynagoge Ohel Jakob (»Zelt Jakobs«; 2006) ist ein kubusförmiger Bau, der von einem lichtdurchfluteten Glasaufbau mit bronzefarbenem Metallnetz gekrönt wird. ⓢ *St.-Jakobs-Platz • Karte K5 • tel. Anmeldung (Einzel- und Gruppenführungen): (089) 20 24 00 100*

Top 10 Weitere Gotteshäuser

1 Dreifaltigkeitskirche
Spätbarocker Bau (1711–16) mit Asam-Kuppelfresko. ⓢ *Pacellistr. 6 • Karte K4*

2 Salvatorkirche
Friedhofskirche der Frauenkirche (1494), bayrische Backsteingotik. Griechisch-orthodox. ⓢ *Salvatorplatz 17 • Karte L3*

3 Sankt Paul
Basilika mit Zweiturmfassade und Kuppelturm in rheinischer Gotik (1892–1906). ⓢ *St.-Pauls-Platz 11 • Karte E5*

4 Sankt Bonifaz
Torso eines Kirchenbaus (1835–50) unter Ludwig I. Der König ist in der Krypta beigesetzt. ⓢ *Karlstr. 34 • Karte K3*

5 Sankt Elisabeth
Rokoko-Kirche (um 1760) in der Ausstattung von Ignaz Günther. ⓢ *Mathildenstr. 10 • Karte J5*

6 Allerheiligen am Kreuz
Die 1478 als Friedhofskapelle erbaute Kirche erlebte viele Umbauten. Teilweise barock. ⓢ *Kreuzstr. 10 • Karte K5*

7 Sankt Lukas
Historischer Bau gegenüber der Praterinsel. Evangelisch. Kirchenkonzerte. ⓢ *Mariannenplatz 3 • Karte N5*

8 Sankt Georg
Rokoko-Dorfkirche. Auf dem Friedhof sind viele Künstler beerdigt. ⓢ *Bogenhauser Kirchplatz 1*

9 Sankt Michael in Berg am Laim
Ehemalige Hofkirche in bayrischem Rokoko. ⓢ *Clemens-August-Str. 9a*

10 Sankt Maria in Ramersdorf
Spätgotischer Bau mit Barockausstattung. Wallfahrtskirche. ⓢ *Aribonenstr. 9*

Auf dem Bogenhauser Friedhof ruhen u. a. Liesl Karlstadt, Erich Kästner, Oskar Maria Graf und Rainer Werner Fassbinder.

Links und Mitte **Münchner Kammerspiele – innen und außen** Rechts **Cuvilliés-Theater**

TOP 10 Oper, Konzerte & Theater

1 Bayerische Staatsoper

Das klassizistische Nationaltheater wurde 1811 erbaut und nach einem Brand 1823–25 neu errichtet. Es entwickelte sich zu einer der bedeutendsten Musikbühnen; hier fanden in Anwesenheit Ludwigs II. Uraufführungen von Wagner-Opern statt. Nach Kriegsende konnte das Haus erst 1963 wiedereröffnet werden. Der Zuschauerraum mit den fünf Rängen erstrahlt mit Gold und Purpur in »königlicher« Pracht; auf dem Spielplan steht ein beeindruckendes Repertoire. *Max-Joseph-Platz 2 • Karte L4 • (089) 21 85 19 20 • www.staatsoper.de*

2 Bayerisches Staatsschauspiel

Gleich neben der Oper eröffnete 1951 das Neue Residenztheater. Von außen wirkt der Bau nüchtern, innen ist er nach dem Umbau 1988–91 prunkvoll-repräsentativ. Unter Intendant Dieter Dorn gibt es ein breites Spektrum an sehenswerten Inszenierungen.

Nationaltheater mit der Staatsoper

Zum Bayerischen Staatsschauspiel gehört auch das Theater im Haus der Kunst. *Max-Joseph-Platz 1 • Karte L4 • (089) 21 85 19 40 • www.bayerischesstaatsschauspiel.de*

3 Cuvilliés-Theater

In dem wunderschönen Rokoko-Theater scheint die Zeit seit über 250 Jahren stillzustehen. Den Krieg überstand die Ausstattung in Kisten verpackt. Am 14. Juni 2008 wurde das Theater nach gründlicher Renovierung mit Mozarts *Idomeneo* wiedereröffnet. Hier finden Aufführungen der Bayerischen Staatstheater *(siehe oben)* statt. Eine Besichtigung lohnt sich *(siehe S. 20)*.

4 Münchner Kammerspiele

Das von Richard Riemerschmid 1901 errichtete Schauspielhaus wurde 1926 Heimat der Münchner Kammerspiele. Im Inneren dominiert Jugendstil mit verschlungenen Ornamenten und Dutzenden Lämpchen in Form von Blütenknospen. In den 1920er Jahren galten die Kammerspiele als wichtigste Bühne außerhalb Berlins und sorgten u. a. mit Inszenierungen von Brecht für Furore. *Maximilianstr. 28 • Karte M4 • (089) 23 39 66 00 • www.muenchner-kammerspiele.de*

5 Staatstheater am Gärtnerplatz

In der Isarvorstadt liegt die Spielstätte für alle, die eher traditionell inszenierte Opern, Operetten und Musicals lieben. Das Haus

Karten für die Staatstheater können Sie auch im Internet vorbestellen: **www.staatstheater-tickets.bayern.de**

wurde 1865 als bürgerliches Pendant zu den Hoftheatern erbaut und ist bis heute ein Ort der leichten Muse geblieben. ✎ *Gärtnerplatz 3 • Karte L6 • (089) 21 85 19 60 • www.staatstheateramgaertnerplatz.de*

6 Gasteig

In dem klotzigen Ziegelbau finden über 1700 Veranstaltungen im Jahr statt – von Konzerten der Münchner Philharmoniker bis zum Filmfest. Die Philharmonie mit 2500 Plätzen ist für ihre hervorragende Akustik bekannt. Hinzu kommen noch einige kleinere Säle. ✎ *Rosenheimer Str. 5 • Karte N6 • (089) 480 98-0 • www.gasteig.de*

7 Herkulessaal

Der Saal in der Residenz bietet den Rahmen für Konzerte. Vor allem das Symphonieorchester des Bayerischen Rundfunks, die Münchner Symphoniker und das Münchner Kammerorchester erfüllen den Raum (über 1200 Plätze) regelmäßig mit klassischen Klängen. ✎ *Residenzstr. 1 (Eingang Hofgarten) • Karte L/M3 • (089) 29 06 71*

8 Prinzregententheater

1901 wurde es als »Wagner-Festspielhaus« erbaut. Heute ist der wie ein Amphitheater konzipierte Raum u. a. Spielstätte der Bayerischen Theaterakademie

Das Kulturzentrum Gasteig

August Everding. ✎ *Prinzregentenplatz 12 • Karte H4 • (089) 21 85 28 99 • www.prinzregententheater.de*

9 Münchner Volkstheater

Hier ist keineswegs schlichtes Volkstheater zu sehen, sondern ein anspruchsvolles Repertoire in unterhaltsamen, »volksnahen« Inszenierungen. ✎ *Brienner Str. 50 • Karte J2 • (089) 523 46 55 • www.muenchner-volkstheater.de*

10 Deutsches Theater

Wer durch das unauffällige Portal in der verkehrsreichen Schwanthalerstraße tritt, hat Vergnügliches vor sich: In dem großen Gastspieltheater gibt es Starauftritte und Musicals. In der Faschingssaison verwandelt es sich in ein Ballhaus. ✎ *Schwanthalerstr. 13 • Karte J4 • (089) 55 23 44 44 • www.deutsches-theater.de*

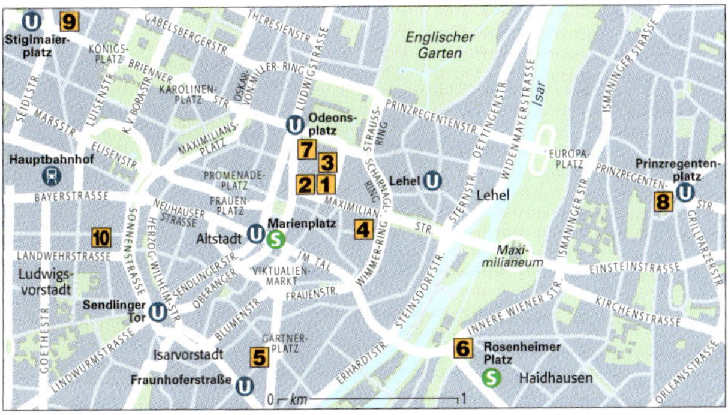

Zu Beginn der Ferienzeit (Ende Juli) schließen die meisten Theater, die neue Spielzeit beginnt in der Regel im September.

Links **Alternative Szene: Pasinger Fabrik** Rechts **Gänsehaut inbegriffen: Blutenburgtheater**

TOP 10 Kleine Bühnen & Kabarett

1 Pasinger Fabrik

»Theater Viel Lärm um Nichts« heißt die größte Spielstätte des alternativen Kulturzentrums direkt an der Pasinger S-Bahn-Station. Hier findet man auch einen Raum für Kinder- und Jugendtheater, kann Musik hören und gut essen. *München-Pasing, August-Exter- Str. 1 • (089) 82 92 90 79 • www.pasinger-fabrik.com*

2 Komödie im Bayerischen Hof

Komödien, musikalische Lustspiele und Revuen stehen hier auf dem Programm. Ideal für einen vergnüglichen Abend. *Promenadeplatz 6 • Karte K/L4 • (089) 29 16 05 30 • www.komoedie-muenchen.de*

3 i-camp

Hier gibt es innovatives Theater, Tanz, Performance, Neue Musik, Videokunst, Bildende Kunst, Elektronische Medien und all ihre Mischformen im Münchner Stadtteil Au. *Entenbachstraße 37 • Karte F6 • (089) 65 43 25 • www.i-camp-muenchen.de*

4 TamS-Theater

In einem Hinterhof im Herzen Schwabings findet man das TamS, das eigentlich Theater am Sozialamt heißt. Gegründet wurde es 1970 von Philip Arp, bekannt wurde es mit Arps *Valentinaden*, die an den skurrilen Humor des großen Volksschauspielers anknüpften. Bis heute bekommt man im TamS Ungewöhnliches und Paradoxes zu sehen. *Haimhauserstr. 13a • Karte G2 • (089) 34 58 90 • www.tamstheater.de*

5 TeamTheater

»Teamtheater Tankstelle« heißt der größere Raum, »Teamtheater Comedy« die kleinere Schwester, in der man neben dem Bühnenspektakel auch Kulinarisches genießen kann. *Am Einlass 2a bzw. 4 • Karte L5 • (089) 260 43 33 und 260 66 36 • www.teamtheater.de*

6 Schauburg

Das Kinder- und Jugendtheater der Stadt München ist eine der renommiertesten Bühnen mit Inszenierungen für junge Leute – doch nicht nur für diese. Das Theater in einem ehemaligen Kino wird als Ort der Erfindung neuer theatraler Formen gerühmt. *Elisabethplatz • Karte F3 • (089) 23 33 71 55 • www.schauburg.net*

Schauburg – bekannt für engagiertes Jugendtheater

Karten für viele Theater- und Musikveranstaltungen erhalten Sie über München Ticket: ***www.muenchenticket.de***

Theater 44 – Münchens ältestes Privattheater wurde 2009 geschlossen

7 Blutenburgtheater

Auf dem Spielplan von »Deutschlands erster Kriminalbühne« stehen ausschließlich Krimis – spannende Unterhaltung auf hohem Niveau. *Blutenburgstr. 35 • Karte D3 • (089) 123 43 00 • www.blutenburg-theater.de*

8 Metropol

Das ehemalige Kino mit der Ästhetik der 1950er Jahre besticht mit gefeierten und ausgezeichneten Aufführungen, oft mit Musik. *München-Freimann, Floriansmühlstr. 5 • (089) 32 19 55 33 • www.metropoltheater.com*

9 Lach- und Schießgesellschaft

Bekannt geworden ist das Kabarett in den 1950er Jahren mit Dieter Hildebrandt. Heute hat sich die Besetzung geändert, nicht aber das Programm: politisches Kabarett mit spitzer Zunge. *Ursulastr. 9 (nahe Haimhauserstr.) • Karte G2 • (089) 39 19 97 • www.lachundschiess.de*

10 Theater im Fraunhofer

Das »urige« Münchner Wirtshaus präsentiert nicht nur bayrische Schmankerln, sondern im Hinterhaus auch ein Kleinkunstprogramm zwischen Musik, Kabarett und Satire. *Fraunhoferstr. 9 • Karte L4 • (089) 26 78 50 • www.fraunhofertheater.de*

Top 10 Musik- & Theaterprominenz

1 Richard Strauss
Strauss (1864–1949) wurde in München geboren und komponierte hier.

2 Frank Wedekind
1896 gründete der Dramatiker (1864–1918) in München die Satire-Zeitschrift *Simplicissimus*. Er schrieb Couplets für die »Elf Scharfrichter«.

3 Otto Falckenberg
1917–44 leitete Falckenberg (1873–1947) die Münchner Kammerspiele.

4 Karl Valentin
Bis heute gilt der »Linksdenker« und Wortakrobat (1882–1948) als Urmünchner.

5 Weiß Ferdl
Ferdinand Weisheitinger (1883–1949) leitete 20 Jahre lang das Kabarett »Am Platzl«.

6 Liesl Karlstadt
Karlstadt (1892–1960) war die kongeniale Bühnenpartnerin von Karl Valentin.

7 Carl Orff
Der Münchner Komponist (1895–1982) lehrte an der hiesigen Hochschule für Musik. Er vertonte u. a. die *Carmina Burana*.

8 Bertolt Brecht
Die Karriere des Augsburger Dramatikers (1898–1956) begann 1922 an den Münchner Kammerspielen.

9 August Everding
Die Münchner Musiktheaterszene wurde lange von August Everding (1928–1999) geprägt. Er war Regisseur und Intendant der Staatsoper.

10 Rainer Werner Fassbinder
Bekannt wurden seine Filme *(siehe S. 55)*. Seine Karriere begann mit der Gründung des »antiteater« 1968 in München.

Aktuelle Spielpläne hängen an allen Litfaßsäulen aus und stehen täglich in den Tageszeitungen.

Links **Nationaltheater – Ort der Opern-Festspiele** Rechts **Logo der Münchener Biennale**

TOP 10 Festivals & Open-Air-Events

1 Münchener Biennale

Sie entstand 1988 unter Leitung des Komponisten Hans Werner Henze als weltweit einzigartiges Musiktheaterfestival mit Auftragsopern der Stadt München an junge Komponisten. Mittlerweile ist die alle zwei Jahre stattfindende Veranstaltung zur festen Institution mit breit gefächertem Rahmenprogramm geworden. *alle 2 Jahre 2 Wochen Ende Apr/Anfang Mai (2010, 2012 …)* • *www.muenchenerbiennale.de*

Löwenbräu-Löwe, Oktoberfest

2 Blade Nights

Seit 1999 nehmen zwischen Mai und September jährlich über 45 000 Skater an den Blade Nights teil. Auf fünf wechselnden Strecken haben sie montagabends freie Fahrt. *Mai–Sep* • *www.muenchner-blade-night.de*

3 Filmfest München

Kleiner als die Berlinale und mit weniger Filmprominenz, dafür ein Publikumsfestival. Das Filmfest München bietet seit über 25 Jahren einen Überblick über das aktuelle internationale Filmschaffen in mehreren Kinos der Stadt. Zentrum des Ereignisses ist der Gasteig. Auf dem Gasteig Forum gibt es spätabends kostenloses Open-Air-Kino. *9 Tage Ende Juni* • *www.filmfest-muenchen.de*

4 Tollwood

Musik, Tanz und Theater in Zelten – zweimal jährlich als Sommer- und Winterfestival. Aus dem einstigen Alternativfestival ist mittlerweile eine Großveranstaltung geworden mit Rahmenprogramm, Verkaufsständen und einer vielfältigen Gastronomie. *Sommerfestival (Juni/Juli) im Olympiapark-Süd, Winterfestival (Nov–Silvester) auf der Theresienwiese* • *0700-38 38 50 24 (Tickets)* • *www.tollwood.de*

5 Opern-Festspiele

Unter Ludwig II. entwickelte sich München zur Musikstadt. Hier wurden zunächst Wagners Opern uraufgeführt. Es gab auch Mozart-Festspiele. 1910 fand die erste Richard-Strauss-Festwoche statt. Die Opern-Festspiele sind die Fortsetzung dieser Tradition mit »Klassikern« und zeitgenössischen Werken. Hinzu kommt das äußerst innovative Beiprogramm »Festspiel+«. *Ende Juni–Ende Juli* • *www.bayerische.staatsoper.de*

Zuschauer beim Open-Air-Kino des Filmfests

Bücherfans können auf der Münchner Bücherschau (Nov/Dez) im Gasteig stöbern.

6 Königsplatz Open Air

Die pompöse Kulisse des Königsplatzes ist für Freiluft-Veranstaltungen wie geschaffen. Im Sommer (meist im Juli) finden hier klassische Konzerte und bisweilen auch Opernaufführungen statt. Außerdem gibt es Rock- und Popkonzerte. Der weitläufige Platz wird auch für eine Reihe von Open-Air-Filmvorführungen genutzt. ⊗ *Juli • www.kinoopenair.de*

7 THEATRON MusikSommer & Pfingst Open Air

Das längste Open-Air-Festival der Welt (laut Guinnessbuch der Rekorde) musste abspecken. Doch es gibt immer noch 24 Tage kostenloses Musikvergnügen im Amphitheater des Olympiaparks im Sommer und auch an Pfingsten. Die Bandbreite reicht von lokalen Rock- und Popgruppen bis hin zu Klassikkonzerten.
⊗ *Pfingsten, Aug • www.theatron.de*

8 Oktoberfest

Das größte Volksfest der Welt dauert 16 Tage. Es endet am ersten Sonntag im Oktober (oder am 3. Oktober) *(siehe S. 22f)*.

9 Dance

Innovatives Tanzfestival der Landeshauptstadt München in Zusammenarbeit mit lokalen und internationalen Partnern. Die Produktionen sind oft spartenübergreifend und jedes Mal überraschend. ⊗ *alle 2 Jahre Ende Okt/Anfang Nov (2010, 2012 …) • www.muenchen.de*

10 SpielArt

Münchens »Fenster in die Theaterwelt« zeigt neue Theaterproduktionen aus aller Welt, meist mit einem Länderschwerpunkt, an verschiedenen Spielorten in der Stadt. ⊗ *alle 2 Jahre Mitte Nov/Anfang Dez (2011, 2013 …) • www.spielart.org*

Top 10 Weitere Events

1 Ballettwoche
Eigenproduktionen des Staatsballetts und Gastspiele. ⊗ *Mai • www.bayerische.staatsoper.de*

2 Frühlingsfest
Kleine Schwester des Oktoberfests auf der Theresienwiese. ⊗ *Mitte Apr–Anfang Mai*

3 Internationales Dokumentarfilmfestival
Internationale Dokumentarfilme, Erstaufführungen, Nachwuchsfilme. ⊗ *Mai • www.dokfest-muenchen.de*

4 Stadtgründungsfest
Kulturprogramm zwischen Marien- und Odeonsplatz. ⊗ *1. Juni-Wochenende*

5 Brunnenhofkonzerte
Klassik, aber auch Tango, Filmmusik u. a. an lauen Sommerabenden im Brunnenhof der Residenz. ⊗ *Juli • www.muenchen.de*

6 Krimifestival
Hochkarätige Krimi-Autoren aus aller Welt strömen an die Isar. Lesungen an originellen (Tat-)Orten. ⊗ *März • www.krimifestival-muenchen.de*

7 Christopher Street Day
Parade und Showprogramm der Gay Community. ⊗ *Juli • http://muenchen.gay-web.de/csd*

8 Fantasy Filmfest
Horrorfilme, Trash und mehr für Fans. ⊗ *Nov • www.fantasyfilmfest.com*

9 Stadtteilwochen
In verschiedenen Stadtteilen finden Kulturveranstaltungen mit Gastronmie statt. ⊗ *Sommer, einzelne Stadtteile • www.muenchen.de*

10 Lange Nächte
Lange Nacht der Musik (Mai), der Museen (Okt) … ⊗ *www.muenchner.de*

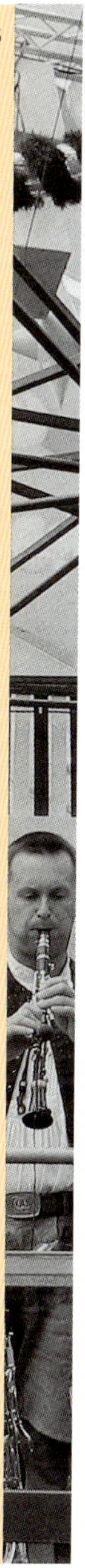

Links **Hofbräuhaus** Mitte **Muschelsaal des Augustinerbräu** Rechts **Weißes Bräuhaus**

TOP 10 Traditionelle Wirtshäuser

1 Hofbräuhaus

Das berühmteste Wirtshaus der Welt und Wahrzeichen aller bayrischen Wirtshäuser ist ein Muss für München-Besucher *(siehe S. 80)*. Doch auch die Einheimischen zieht es hierher. Blasmusik gibt es live zur Mittagszeit und dann noch einmal ab 18 Uhr. *Am Platzl 9 • Karte M4 • (089) 29 01 36 10 • www.hofbraeuhaus.de*

2 Augustinerbräu

Die Großgaststätte in einem Traditionsgebäude in der Fußgängerzone (in dem bis 1885 noch Bier gebraut wurde) bietet eine Bierhalle und ein Restaurant in sehenswerten Räumlichkeiten (darunter der Muschelsaal). Es gibt typisch bayrische Speisen – und vor allem: Augustiner Edelstoff. Im Sommer kann man sowohl vorn in der Fußgängerzone als auch im schönen Arkadenhof sitzen. *Neuhauser Str. 27 • Karte K4 • (089) 23 18 32 57 • www.augustiner-restaurant.com*

3 Löwenbräukeller

Das historische Haus (1883) mit schönem Schankraum, mehreren Sälen, Festsaal und großem Biergarten *(siehe S. 24)* dominiert den Stiglmaierplatz. Hier finden auch Faschingsbälle, Ausstellungen und Kongresse statt. Im März wird mit dem Triumphator-Anstich die »fünfte Jahreszeit« eingeläutet. Über dem Eingang thront ein steinerner Löwe, das Wahrzeichen von Löwenbräu. *Stiglmaierplatz • Karte E4 • (089) 54 72 66 90 oder 54 72 68 90 • www.loewenbraeukeller.com*

4 Weißes Bräuhaus

Das Weiße Bräuhaus bietet Münchner Küche, wie sie sein sollte: Ob Pfannkuchensuppe, Innereien, »G'schwollne« oder Schweinsbraten – die Gerichte sind hervorragend und preiswert. Die resoluten Bedienungen meistern den Ansturm meist mit links. Ausgeschenkt wird der »Aff«, ein Weißbierbock. Hervorragend ist außerdem die Schneider Weiße. *Im Tal 10 • Karte L4 • (089) 29 01 38-0 • www.weisses-braeuhaus.de*

5 Nockherberg

1999 brannte der traditionelle Biertempel am Isarhochufer ab. Doch seit 2003 versammelt sich im wiederaufgebauten Paulanerkeller die Politprominenz aller deutschen Parteien traditionell zum Salvator-Anstich, bei dem mit dem »Politiker-Derblecken« offiziell die Starkbierzeit eingeläutet wird. Anschließend pilgert die »normale« Bevölkerung auf den Münchner Bierberg und genießt das dunkle süffige Bier mit einer Stammwürze von 18 Prozent. *Hochstr. 77 • Karte G4 • (089) 45 99 13-0 • www.nockherberg.com*

Löwenbräukeller am Stiglmaierplatz

In München gibt es alles – von Spitzenküche bis zur Hausmannskost; weitere Restaurants siehe S. 64f, S. 85, S. 93, S. 103, S. 111

Arkadenhof des Augustinerbräu

6 Beim Sedlmayr

Rustikales Wirtshaus des ermordeten Volksschauspielers Walter Sedlmayr mit traditionell bayrischer Küche. *Westenriederstr. 14 • Karte L5 • (089) 22 62 19*

7 Franziskaner Fuchsenstuben

200 Jahre altes Traditionslokal mit den angeblich besten Weißwürsten und dem besten Leberkäse der Stadt. *Perusastr. 5 • Karte L4 • (089) 23 18 12-0*

8 Augustinerbräustuben

Hier kann man zur Wiesn-Zeit die Brauereipferde sehen. Urbayrisches Ambiente in den ehemaligen Bierkellern und Pferdeställen der Brauerei. *Landsberger Str. 19 • Karte D4 • (089) 50 70 47*

9 Fraunhofer

Authentische Bierwirtschaft mit einer Einrichtung aus der Zeit um 1900. Studentisches und alternatives Publikum. Im Hinterhof gibt es eine Kabarettbühne *(siehe S. 45)*. *Fraunhoferstr. 9 • Karte L6 • (089) 26 64 60*

10 Paulaner Bräuhaus

Die wiederhergestellte Wirtshauseinrichtung aus dunklem Holz und die Braugerätschaften geben dem Lokal einen heimeligen Charakter. Ausgeschenkt wird das Hausgebraute. Gut: die Wildgerichte. *Kapuzinerplatz 5 • Karte E6 • (089) 544 61 10 • www.paulaner-brauhaus.de*

Top 10 Biere

1 Augustiner
Gebraut wird es seit 1328 im Kloster nahe dem Dom, ab 1516 nach dem Reinheitsgebot. Der Augustiner Edelstoff gilt als Spitzenbier.

2 Franziskaner Weißbier
Seit 1363 von den Franziskanern im einstigen Kloster in der Residenzstraße gebraut. Heute gehört die Marke zur Spaten-Löwenbräu-Gruppe.

3 Paulaner
1634 begannen die Paulaner Mönche in der Au mit dem Bierbrauen. Berühmtester Braumeister war Bruder Barnabas (18. Jh.) – nach seiner Rezeptur entstand der Salvator.

4 Löwenbräu
Die Anfänge reichen bis ins 14. Jahrhundert. Im 19. Jahrhundert stieg die Brauerei zur größten Münchens auf.

5 Hofbräu
Herzog Wilhelm V. gründete 1589 seine eigene Hofbrauerei. 1607 entstand am Platzl eine neue Sudstätte (Hofbräuhaus).

6 Spaten
Die Wurzeln der Brauerei liegen im 14. Jahrhundert. Der Name geht auf die Familie Spatt (16. Jh.) zurück.

7 Unertl Weißbier
Unertl aus Haag in Oberbayern ist für manche das Weißbier schlechthin.

8 Erdinger Weißbier
Unter den etwa 1000 bayrischen Weißbiersorten ist das Erdinger hoch angesiedelt.

9 Ayinger
Die kleine Brauerei in Aying braut ein Dutzend weltbekannter Biere.

10 Andechser
In der Benediktinerabtei auf dem »heiligen Berg« wird seit dem Mittelalter Bier gebraut.

Informationen über Restaurants in München gibt es beim Bayerischen Hotel- und Gaststättenverband unter **www.bhg-online.de**

Links und Mitte **Gewürze und Valentinbrunnen auf dem Viktualienmarkt** Rechts **Marktstand**

TOP 10 Märkte & Dulten

1 Viktualienmarkt

Der 1807 entstandene Viktualienmarkt *(siehe S. 27)* strömt eine ganz besondere Atmosphäre aus. Aus dem ehemaligen Bauernmarkt wurde allmählich ein Einkaufsort für Feinschmecker. Außer sonntags gibt es hier immer frischestes Gemüse und Obst, Fleisch, Eier, Honig, Blumen, aber auch exotische Gewürze und andere Spezialitäten. Zum Markt gehören ein Biergarten mit Maibaum und verschiedene Brunnen mit Skulpturen von Münchner Originalen. *Karte L5*

2 Markt am Elisabethplatz

Der Elisabethplatz *(siehe S. 90)* und die Elisabethstraße in Schwabing wurden nach der österreichischen Kaiserin Sisi benannt. Der tägliche Markt (außer sonntags) besteht seit 1903 und ist nach dem Viktualienmarkt der zweitgrößte Münchens. Hier findet man neben Obst, Gemüse, Käse, Wurst und Wein auch viele Hausmacher-Spezialitäten. Hübsch ist das kleine Markt-Café. *Karte F3*

3 Markt am Wiener Platz

Die festen Marktbuden am Wiener Platz in Haidhausen waren schon oft Kulisse für Fernsehfilme. An den Ständen machen auch Handwerker und Geschäftsleute des Viertels bei einem Kaffee oder einem Imbiss kurz Pause. *Karte P5*

4 Großmarkthalle

Der Münchner Großmarkt ist weniger ein Ort zum Bummeln, doch die Atmosphäre ist unvergleichlich. 1912 wurde der Komplex mit vier Hallen eröffnet. Im und um den Großmarkt haben sich einige sehr gute Gaststätten etabliert. *Thalkirchnerstr. (gegenüber Heizkraftwerk Süd)*

5 Auer Dulten

Geschirr, Wachswaren, Hühneraugenpflaster, Nippes – lautstark preisen die Händler ihre Waren an. Der Duft von gebrannten Mandeln und Steckerlfisch liegt in der Luft. Einst waren die Dulten Kirchenfeste (seit dem 14. Jh.), später wurden sie zu Jahrmärkten. Heute gibt es drei neuntägige Dulten (Maidult ab Ende April, Jakobidult ab 25. Juli und Kirchweihdult ab Mitte Oktober). *Mariahilfplatz • Karte F/G6 • www.auerdult.de*

6 Antikmärkte

Antike Möbel gibt es im Antikpalast (Rosenheimer Str. 143). Zwei »Antikhäuser« mit Glas, Silber, Prozellan, Bauernmöbeln etc. stehen auf dem Floh- und Antikmarkt Daglfing (Traberstr. 1). Interessante Entdeckungen können Sie auch auf dem Floh- und Antikmarkt in München-Freimann machen (Lilienthalallee 29). *www.antikpalast-muenchen.de • www.flohmarkt-daglfing.de • www.zenith-die-kulturhalle.de*

Schnupftabakdose vom Flohmarkt

In allen Münchner Stadtteilen finden an bestimmten Wochentagen Märkte statt.

Brunnen mit Roider Jackl, Viktualienmarkt

7 Trödel- & Flohmärkte
Sie laden zum Bummeln und Stöbern ein. Für Fans ein Muss ist der Riesen-Flohmarkt auf der Theresienwiese (April). Der größte Freiflächen-Flohmarkt Bayerns findet auf dem Neuen Messegelände (Alfons-Goppel-Str. 3) statt. *Infos über Termine und Orte: www.muenchen.de*

8 Secondhand-Center
In den letzten Jahren schossen Gebrauchtwaren-Kaufhäuser wie Pilze aus dem Boden. *Städtisches Gebrauchtwarenhaus, Sachsenstr. 25 • diakonia – GebrauchtWarenhaus, Landshuter Allee 38 • Listen auf www.muenchen.de/service/branchenbuch oder www.jiz-muenchen.de*

9 Weihnachtsmärkte
Der größte Weihnachtsmarkt findet auf dem Marienplatz statt. Viel stimmungsvoller sind jedoch der Schwabinger und der Haidhauser Weihnachtsmarkt. *Marienplatz, Karte L4 • Münchner Freiheit, Karte G2 • Weißenburger Platz, Karte P6*

10 Magdalenenfest
Das kleine Volksfest findet jährlich im Juli im Hirschgarten statt. Es bietet einen hübschen Markt. *Hirschgarten • Karte B4*

Top 10 Münchner Originale

1 Julius Thannhauser
Der Büttenredner (1860–1921) war weit über München hinaus bekannt.

2 Elise Aulinger
Die Volksschauspielerin (1881–1965) war Rundfunkpionierin und erfand die Rolle der »Ratschkathl«.

3 Hans Blädel
Der gelernte Schuhmacher (1871–1937) begeisterte als komischer Musikvirtuose.

4 Minna Reverelli
Die gebürtige Hermina Knapp (1892–1941) war die Jodlkönigin des Platzl.

5 Ida Schumacher
Die Kabarettistin (1894–1956) war die beste »Ratschkathl«. Von ihr stammt die »Trambahnschienenritzenreinigungsdame«.

6 Roider Jackl
Der Bauernsohn (1906–1975) trug »Gstanzln« vor und war ein Meister des Politiker-»Derbleckens« beim Starkbier-Anstich.

7 Blasius
Unter diesem Pseudonym schrieb Sigi (Siegfried) Sommer (1915–1996) eine gern gelesene Rubrik in der Münchner *Abendzeitung*.

8 Bally Prell
In schriller Verkleidung gab die »Schönheitskönigin von Schnaizlreuth« (1922–1982) ihre Couplets zum Besten.

9 Walter Sedlmayr
Das Münchner »Gwachs« (1926–1990) reüssierte als Volksschauspieler und Werbeträger für Paulaner Bier.

10 Helmut Fischer
Der Münchner Schauspieler (1926–1997) wurde als »Monaco-Franze« bekannt.

Der stadtbekannte Münchner Modehändler Rudolph Mooshammer, der als Reinkarnation des »Kini« auftrat, wurde 2005 ermordet.

Links **Plakat des Dokumentarfilmfestivals** Mitte **Arri Kino** Rechts **Mathäser**

TOP 10 Filmstadt München

1 Geiselgasteig & Bavaria Filmstadt

Neben Berlin war Geiselgasteig ab den 1910er Jahren Zentrum der Filmindustrie. Auch später entstanden hier Großproduktionen, etwa Wolfgang Petersens »Das Boot« sowie Filme von Fassbinder und Bergman. Auf dem Gelände bietet die Bavaria Filmstadt Führungen und Shows an. ✎ *Geiselgasteig, Bavariafilmplatz 7 • (089) 64 99 20 00 • März–Okt: tägl. 9–16 Uhr; Nov–Feb: tägl. 10–15 Uhr • www.bavaria-filmstadt.de*

2 Filmfest München

Seit 1983 zeigt das größte deutsche Publikumsfestival Ende Juni aktuelle internationale Filmproduktionen. Bei den »Moviemad Maniacs« besonders beliebt sind die »Indies«, eine Reihe über unabhängiges amerikanisches Kino. Festivalzentrum ist der Gasteig, die Vorstellungen sind auf mehrere Kinos verteilt. Im Rahmen des Filmfests findet im November das Internationale Festival der Filmhochschulen statt.
✎ *www.filmfest-muenchen.de*

Programmheft des Filmfests von 1991

3 Hochschule für Fernsehen und Film

Seit 1967 ist die HFF eine Kaderschmiede für Filmemacher – egal ob Drehbuchautoren, Fernsehjournalisten oder Dokumentarfilmer. Absolventen waren u. a. Wim Wenders und Roland Emmerich. Im hauseigenen Kino gibt es auch Filmvorführungen. ✎ *Frankenthaler Str. 23 • (089) 68 95 70 • www.hff-muenchen.de*

4 Münchner Filmmuseum im Stadtmuseum

Ein Traum für Cinephile – jetzt renoviert und mit perfekter Vorführtechnik für alle Filmformate. Seit über 40 Jahren laufen hier Filme in Originalfassung, Reihen, Filme aus der eigenen Sammlung und die berühmten Stummfilm-Rekonstruktionen (oft mit Live-Musik), die meist noch auf den früheren Leiter Enno Patalas zurückgehen.
✎ *St.-Jakobs-Platz 1 • Karte L5 • (089) 23 32 23 48 • für Rollstühle geeignet*

5 Internationales Dokumentarfilmfestival

Im Mai steht München im Zeichen des Dokumentarfilms. Geboten werden u. a. internationale Dokumentarfilme, Filme aus Bayern, Themenschwerpunkte, Diskussio-

Einen Überblick über Münchner Kinos, das aktuelle Programm und sonstige Filmevents bietet **www.artechock.de/film**

nen mit Filmemachern und ein Best-of-Programm. ✆ *(089) 51 39 97 oder 233 24 888 (Festivalzeit) • www.dokfest-muenchen.de*

6 Fantasy Filmfest
Eine gewisse Gruselneigung ist ein Muss für das Festival der Horrorfilme und Thriller (Nov). ✆ *www.fantasyfilmfest.com*

7 Mathäser
Münchens alter Filmpalast wurde 2003 neu eröffnet – nun als modernes Multiplex- und Premierenkino. ✆ *Bayerstr. 5 • Karte J4 • (089) 51 56 51 • für Rollstühle geeignet*

8 Arri Kino
Traditionsreiches Kino mit großem Foyer plus Bar auf dem Gelände von Arnold & Richter. ✆ *Türkenstr. 91 • Karte L1 • (089) 38 89 96 64 • für Rollstühle nicht geeignet*

9 Maxim
Anspruchsvolles Kino des Münchner Cinephilen Sigi Daiber. Alternatives, Dokus, Tarkowskij. ✆ *Landshuter Allee 33 • Karte D3 • (089) 16 87 21 • für Rollstühle geeignet*

10 Werkstattkino
Das Hinterhof-Kellerkino ist ein echtes Kino-Biotop. Filme jenseits des Mainstreams. ✆ *Fraunhoferstr. 9 • Karte L6 • (089) 260 72 50 • für Rollstühle nicht geeignet*

Stunt-Show, Bavaria Filmstadt

Top 10 Münchner Filmemacher(innen)

1 Percy Adlon
Adlon (geb. 1935) arbeitet seit dem Erfolg von *Out of Rosenheim* in Hollywood.

2 Herbert Achternbusch
Der 1938 in München geborene Provokateur macht anarchisch-bayrische Filme – in der Tradition Karl Valentins.

3 Die Verhoevens
Michael Verhoeven (geb. 1938) gehört zu einer Schauspieler- und Filmemacher-Dynastie. Er ist mit der Schauspielerin Senta Berger verheiratet.

4 Joseph Vilsmaier
Erfolgsregisseur (geb. 1939) von Biopics, u. a. *Comedian Harmonists* (1997).

5 Helmut Dietl
Regisseur (geb. 1944), der in Serien die Münchner Szene ironisierte, so in *Monaco Franze* (1983) und *Kir Royal* (1985).

6 Rainer Werner Fassbinder
Das Wunderkind des Neuen Deutschen Films (1945–1982) drehte über 40 Kino- und Fernsehfilme.

7 May Spils
Sie schuf mit *Zur Sache Schätzchen* (1967) den Film, der – mit Werner Enke und Uschi Glas – das »Schwabinger Gefühl« propagierte.

8 Doris Dörrie
Die Regisseurin/Autorin (geb. 1955) erhielt zahlreiche Preise für ihr Werk. Bekannt wurde sie mit *Männer* (1985).

9 Caroline Link
Die Regisseurin (geb. 1964) gewann 2002 den Auslands-Oscar für *Nirgendwo in Afrika*.

10 Florian Gallenberger
Der Münchner (geb. 1972) erhielt 2001 für den Kurzfilm *Quiero ser* einen Oscar.

Folgende Doppelseite **Lenbachhaus**

the opposite

Links **Babylon II, Optimolwerke** Mitte und rechts **Natraj Temple, Kultfabrik München**

TOP 10 Nachtleben

1 The Atomic Café

Seit Jahren ist das Atomic Café – im orangefarbenen Look der 1960er Jahre – ein angesagter Live-Club. Geboten wird ein breites Spektrum von Brit-Pop, Indies, Hip-Hop bis hin zu Rock und Soul. *Neuturmstr. 5 • Karte M4 • (089) 228 30 52 • Di–Sa ab 21 Uhr*

2 Pacha

Im einstigen legendären Nachtcafé ist nun das Pacha eingezogen. Es bietet das ganze Spektrum an House Music und beschäftigt Top-DJs. Hübsch im Sommer: die Außenterrasse. *Maximiliansplatz 5 • Karte K3 • (089) 30 90 50 85-0 • Do ab 18.30, Fr, Sa ab 22 Uhr • www.pacha-muenchen.com*

3 Skyline

Club und Disco an der Münchner Freiheit in Schwabing im Obergeschoss des ehemaligen Hertie-Kaufhauses mit zwei Tanzflächen. Latin- und Salsa-Fans (immer sonntags) sind hier richtig und erhalten auch die entsprechenden Cocktails. Freitags ist Black Music angesagt, Hip-Hop, R&B oder House. *Leopoldstr. 82 • Karte G2 • (089) 33 31 31 • www.skyline-club.de*

4 Paradiso Tanzbar

In den Räumlichkeiten des legendären Drag-Clubs »Old Mrs. Henderson« – hier tanzten Mick Jagger, David Bowie und Freddy Mercury – breitet sich nun das Paradiso aus. Hipper Club im Retro-Stil der 1980er Jahre mit blinkendem Tanzboden und Hits der 1980er. Durchschnittsalter jenseits der 30. *Rumfordstr. 2 • Karte M5 • (089) 26 34 69 • Do–Sa ab 22 Uhr • www.paradiso-tanzbar.de*

5 Muffathalle

Die Halle ist je nach Veranstaltung – Konzerte, Biennale, Theater, Tanz, Lesungen – geöffnet, das Café täglich außer sonntags. Das ehemalige Heizkraftwerk ist eine der schönsten Veranstaltungshallen der Stadt gleich hinter dem Müller'schen Volksbad. Club-Nächte. Bei schönem Wetter lockt der Biergarten Muffathalle. *Zellstr. 4 • Karte N5 • (089) 45 87 50 10 • www.muffathalle.de*

6 P1

Der Hangout des FC Bayern und anderer Promis ist weit über München hinaus berüchtigt. Sehr strenge Türsteher, die »Normalos« nicht reinlassen. Gute Chancen für

Spot für Night Hawks: die Theke im Café Muffathalle

Wenn nicht anders angegeben, muss für Konzerte, Clubs und Discos Eintritt bezahlt werden.

gestylte junge Frauen. Unter der Woche herrscht eher Lounge-Charakter. *Prinzregentenstr. 1 • Karte M3 • (089) 21 11 14-0 • Club: Do–Sa; Lounge: tägl. • www.p1-club.de*

7 Night-Club (Bayerischer Hof)

Live-Acts von Jazz, Blues, Funk und Soul – hier kommen Kenner und Genießer auf ihre Kosten. *Promenadeplatz 2–6 • Karte K4–L4 • (089) 212 09 94 • teilweise frei • www.bayerischerhof.de*

8 Max & Moritz

Im einstigen Schwulen-Club »Soul City« ist nun dieser Mainstream-Club beheimatet. Günstige Getränkepreise. *Maximiliansplatz 5 • Karte K4 • (089) 59 99 89 99 • Do ab 21 (Frauen), ab 22.30 (Männer), Fr, Sa ab 22 Uhr • www.maxundmoritz.tv*

9 Kultfabrik München

Auch nach dem Ende des KPO (Kunstpark Ost) geht die Party weiter – unter dem neuen Namen »Kultfabrik«. Auf dem Amüsier-Areal gibt es über 20 Bars, Clubs, Discos etc. *Grafinger Str. 6. • Karte H6 • (089) 49 00 90 70 • www.kultfabrik.de*

10 Optimolwerke

Gleich neben der Kultfabrik liegen die Optimolwerke mit »Überbleibseln« des KPO, u. a. mit 13 Discos und Clubs. *Friedenstr. 10 • Karte H6 • (089) 45 06 92-0 • www.optimolwerke.de*

Live-Act im Night-Club

Top 10 Spots mit Kennenlern-Faktor

1 Café Glockenspiel Abends Treff von 30- bis 40-Jährigen. Beheizte Terrasse. *Marienplatz 28 (Eingang in der hinteren Passage, Fahrstuhl zum 5. Stock) • Karte L4*

2 Negroni Nachtschwarze kleinere Bar in Haidhausen. Nachtschwärmer-Treff. *Sedanstr. 9 • Karte P5*

3 Café Lotter-Leben Schöne Café-Bar beim Viktualienmarkt. Monatliche Swing-Partys. *Viktualienmarkt/Frauenstr. 4 • Karte L5*

4 Villa Flora Die Villa mit Biergarten ist Hangout der Spaßgesellschaft. *Hansastr. 44 • Karte C5*

5 Sausalitos Hier macht das Jungvolk im Kakteenambiente auf mexikanisch. Gute Cocktails. *Türkenstr. 50 • Karte L1*

6 Lenbach Die Bar des Lenbach ist ein VIP-Treffpunkt. *Ottostr. 6 • Karte K3*

7 Hit the Sky Das Rosa und tiefe Rot der Clubräume scheint Flirts zu fördern. *Baaderstr. 33 • Karte L6*

8 Baader Café Günstige Preise sowie studentisches, kontaktfreudiges Publikum. *Baaderstr. 47 • Karte L6*

9 Vorstadt-Café Junges Publikum – vom Frühstück bis zur Cocktailstunde. *Türkenstr. 83 • Karte L1*

10 The Box Café, Trattoria und Bar direkt am Gärtnerplatz mit großer Sommerterrasse. Italienische Gerichte. *Gärtnerplatz 1 • Karte L5*

Die Clubszene ändert sich schnell. Oft finden sich interessante Locations kurzzeitig in Bauten vor der Renovierung. Infos im Internet.

Links **Im Schumann's** Mitte **Tambosi am Hofgarten** Rechts **Italienisches Flair – Bar Centrale**

TOP 10 Bars & Cafés

1 Schumann's

Seit 1982 *die* Bar schlechthin, jetzt in neuen Räumen am Hofgarten. Achtung: Sitzplätze sind meist nur für Stammgäste. Fragen Sie vorher. Zu essen gibt es nur einige wenige Gerichte. Berühmt sind u. a. Charles Schumanns Bratkartoffeln zum Steak. *Odeonsplatz 6 und 7 • Karte L3 • (089) 22 90 60 • nur abends ab 17 bzw. 18 Uhr geöffnet • www.schumanns.de*

2 Vegabar

Schicke Cocktailbar und gemütliche Party-Lounge, benannt nach Vincent Vega (John Travolta) aus Tarantinos *Pulp Fiction*. Die Musik reicht von Funk, Soul und Jazz bis zu Raritäten. *Georgenstr. 56 • Karte L/M1 • (089) 12 13 83 91 • nur abends geöffnet • geschl. So*

3 Hongkong Bar

An der 40 Meter langen Bar genießt man exotische Drinks in fernöstlichem Ambiente. Daneben gibt es einen Essbereich, der fantasievolle asiatische Gerichte serviert. Gemischtes Publikum. *Kapuzinerstr. 39 • Karte E6 • (089) 20 10 205 • nur abends geöffnet*

Pusser's – eine der ältestens Münchner Bars

4 Julep's

Rustikales, sehr amerikanisches Ambiente. Die Barkeeper mixen 200 Cocktails. Man kann aber auch einfach an der Theke stehen und sein Bier aus der Flasche trinken. Im Essbereich gibt es Hummer oder Tex-Mex-Gerichte. *Breisacher Str. 18 • Karte H5 • (089) 448 00 44 • nur abends geöffnet*

5 Pusser's

Eine der ältesten American Bars in München mit maritimem Dekor. Highlights: die Rum-Cocktails. Daneben gibt es eine große Auswahl an Whiskys, aber auch Guinness und Ayinger-Biere. In der Pianobar kann man klassisches »Bar-Food« und einige karibische Gerichte essen. *Falkenturmstr. 9 (nahe Platzl) • Karte M4 • (089) 22 05 00 • nur abends geöffnet*

6 Bar Centrale

Italienische Tages- und Nachtbar. Im vorderen Teil (mit wenigen Sitzplätzen auf der Straße) zieht einem verlockender Espressoduft in die Nase. Der hintere Bereich hat Sixties-Dekor. Die Cocktails sind hervorragend. Pastagerichte. *Ledererstr. 23 • Karte L4 • (089) 22 37 62*

7 Tambosi

Traditionsreiches, 200 Jahre altes Kaffeehaus am Hofgarten, von morgens bis nachts geöffnet.

In München gibt es keine Sperrstunde mehr. Einige Bars haben bis 3 Uhr oder länger geöffnet.

Palmengarten des Cafés Luitpold

Interieur mit zahlreichen Antiquitäten, die einen ins 19. Jahrhundert zurückversetzen. Draußen sitzt man am Odeonsplatz oder auf der Hofgartenseite unter Linden. An einigen Tagen Live-Musik von Musikstudenten. ✆ *Odeonsplatz 18 • Karte L3 • (089) 29 83 22 • tägl. ab 7.30 Uhr geöffnet*

8 Café Ruffini
Eine Münchner Institution. So lecker sollten Vollwert-Frühstücksvarianten sein. Brot und Kuchen stammen aus der hauseigenen Bäckerei. Besonders begehrt: die Plätze auf der Dachterrasse. Abends oft Lesungen oder Konzerte. ✆ *Orffstr. 22 • Karte D3 • (089) 16 11 60 • geschl. Mo*

9 Café Luitpold
Traditionelles Tagescafé. Hausgemachte Pralinen und Kuchen, auch Tagesgerichte (bis 19 Uhr). Hübscher Innenhof und traumhafter Wintergarten. ✆ *Brienner Str. 11 (Luitpoldblock) • Karte L3 • (089) 242875-0 • geschl. So (Mai–Sep)*

10 Café Frischhut
Die Institution für verkaterte Nachtschwärmer öffnet um 5 Uhr morgens. Besser bekannt unter dem Namen »Schmalznudel« wegen der frischen Schmalznudeln, Krapfen und Striezeln. ✆ *Prälat-Zistl-Str. 8 • Karte L5 • (089) 26 82 37 • tägl. 5–17 Uhr*

Top 10 Bars, Cafés & Co. mit Live-Musik

1 Jazzbar Vogler
Blues- und Jazzkonzerte von Mo bis Sa. ✆ *Rumfordstr. 17 • Karte L5 • (089) 29 46 62*

2 Waldwirtschaft Großhesselohe
Beliebte Wirtschaft mit Biergarten. Live-Jazz. ✆ *Pullach-Großhesselohe, Georg-Kalb-Str. 3 • (089) 74 99 40 30*

3 Café am Beethovenplatz
Münchens ältestes Café mit Klassik und Jazz live. ✆ *Goethestr. 51 • Karte E5 • (089) 54 40 43 48*

4 The Big Easy
New Orleans Bar & Restaurant. Sonntags mit Jazzbrunch. ✆ *Frundsbergstr. 46 • Karte C3 • (089) 15 89 02 53*

5 Night-Club
Im Keller des Bayerischen Hofs. Live-Acts von Funk bis Jazz. ✆ *Promenadeplatz 2–6 • Karte K/L4 • (089) 212 09 84*

6 Podium
30 Jahre alte Institution. Rock, Oldies und Jazz. ✆ *Wagnerstr. 1 (Ecke Siegesstr.) • Karte G2 • (089) 39 94 82*

7 Unterfahrt
Kellerkneipe im Einstein-Kulturzentrum mit Jazzkonzerten. ✆ *Einsteinstr. 42 • Karte H5 • (089) 448 27 94*

8 Wirtshaus zum Isartal
Wirtshaus mit Live-Acts. ✆ *Brudermühlstr. 2 • Karte K3 • (089) 77 21 21*

9 Kaffee Giesing
Von Liedermacher Konstantin Wecker gegründetes Café. Live-Musik ab 21 Uhr. ✆ *Bergstr. 5 • (089) 692 05 79*

10 Hofbräuhaus
Wer bayrische Blasmusik mag – im Hofbräuhaus spielt eine Kapelle *(siehe S. 50).*

Einige Museen haben hübsche Cafés, etwa die Glyptothek, die Kunsthalle der Hypo-Kulturstiftung oder das Lenbachhaus.

Links **Deutsche Eiche** Mitte **Bar des Morizz** Rechts **Internet-Café Kr@ftAkt**

TOP 10 Schwul & lesbisch

1 Deutsche Eiche

Traditionsreiche schwule Gaststätte (mit Hotel und seit 1995 auch einer Gay-Sauna), in der schon Filmemacher Rainer Werner Fassbinder mit Anhang verkehrte. Die Küche serviert bayrische und internationale Gerichte. Das neue »Badehaus« erstreckt sich im Rückgebäude über vier Etagen mit Dampfbad, Whirlpool und Dachgarten. *Reichenbachstr. 13 • Karte L5 • (089) 23 11 66-0 • www.deutsche-eiche.de*

2 Club Morizz

Mit seinem eleganten Ambiente, den witzigen Dekors, der schönen Theke und den roten Clubsesseln zählt das Morizz zu den angesagten Treffpunkten – übrigens nicht nur der schwulen Szene. Das europäische Essen mit vielen Anregungen aus der Thai-Küche ist lecker, die Drinks sind es ebenso. Mehrmals pro Woche sorgt ein DJ für den richtigen Sound. Die Partys des Hauses sind sehr beliebt. *Klenzestr. 43 • Karte L6 • (089) 201 67 76 • www.club-morizz.de*

In Rot getaucht – das Morizz

3 Iwan's Bar

Freundliche Restaurant-Bar im Glockenbachviertel. Das Iwan's bietet feine und frische europäisch-asiatische Küche. Die Cocktails sind exzellent, der Service freundlich. Abends trifft man auf Szenegänger. Hier fühlen sich auch Lesben und Heteros wohl. *Hans-Sachs-Str. 20 • Karte L5 • (089) 20 00 90 90 • nur abends geöffnet • www.iwans-bar.de*

4 Bau

Das Bau ist eine große Bar für Jeans-, Leder-, Gummi-, Uniform-Fans mit moderaten Preisen. Sie erstreckt sich auf zwei Etagen mit Hell- und Dunkelbereichen. Ein Ort für harte Jungs – und solche, die auf sie stehen. *Müllerstr. 41 • Karte K6 • (089) 26 92 08 • www. bau-munich.de*

5 Café Glück

Der einstige Hangout für Schwule und Lesben ist nun auch von Heteros besetzt worden. Die Atmosphäre mit gemischtem Publikum ist allerdings entspannt. Dies ist der richtige Ort, um den Nachmittag bei Kaffee und Kuchen zu verbringen oder einen

SUB, das Schwule Kommunikations- und Kulturzentrum München e.V., betreibt auch ein Café (Müllerstr. 43, 089-260 30 56).

Drink zu nehmen. Gutes Essen auf der Abendkarte. ✎ *Palmstr. 4 • Karte F6 • (089) 201 16 73*

6 Moro

Früher gab es hier eine versumpfte Brauerei-Eckkneipe, nun gibt es eine ansprechende Wirtshaus-Bar mit rustikaler Einrichtung. Das Publikum des Moro ist gemischt. Serviert wird bayrisch-mediterran-asiatische Küche. Auf der Sommerterrasse kann man gut die Münchner Gay-Meile beobachten. ✎ *Müllerstr. 30 • Karte L5 • (089) 23 00 29 92 • www.moro-munich.com*

7 Kr@ftAkt

Münchens schwules Internet-Café mit Bar, Terrasse und vielen Internet-Plätzen liegt gleich am »Eingang« zum Szeneviertel, am Sendlinger Tor. Es gibt auch Cocktails und kleine Speisen. Tagsüber gemischtes Publikum, abends ist es überwiegend gay. ✎ *Thalkirchner Str. 4 • Karte K5 • (089) 21 58 88 81 • www.kraftakt.com*

8 Inges Karotte

Münchens ältester Lesben-Treffpunkt (in den allerdings auch schwule und Hetero-Freunde der Frauen mitkommen dürfen). Viel Stammpublikum. Samstags-Disco mit DJ. ✎ *Baaderstr. 13 • Karte M5 • (089) 201 06 69 • www.inges-karotte.de*

9 Bei Carla

Bei Carla ist den Münchnerinnen schon lange Zeit als Frauenlokal bekannt. Das anheimelnde Ambiente zieht Frauen Ende 20 bis Anfang 40 an. Doch nicht allein lesbi-

Regenbogenbeleuchtung des Bau

sche Frauen sind hier zu sehen, auch Männer sind willkommen und fühlen sich wohl. Tische im Freien und kleiner Biergarten. ✎ *Buttermelcherstr. 9 • Karte F5 • (089) 22 79 01 • www.bei-carla.de*

10 C-Club

Tanzboden für Schwule und Lesben, die gern zum Sound der 1980er Jahre und den Pop Charts abtanzen. Am Wochenende gibt es Transvestiten-Shows. ✎ *Müllerstr. 1 • Karte L5 • (089) 26 34 69*

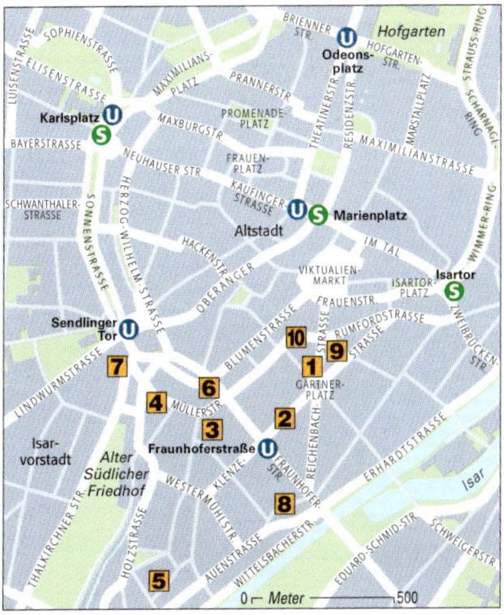

Münchens schwule Buchhandlung »Max & Milian« finden Sie in der Ickstattstr. 2 (089/260 33 20).

Links **Hauptraum des Tantris** Mitte **Eingang zum Lenbach** Rechts **Königshof**

Top 10 Sterne- & Gourmet-Restaurants

1 Tantris

Das Tantris gehört zu den weltbesten Restaurants (bei Gault Millau immer noch höchstprämiert mit 19 Punkten). Hans Haas' Philosophie von Essgenuss sucht ihresgleichen. Ein Ort, an dem man besondere Gelegenheiten feiern kann – bei Spitzenkochkunst und perfektem Service. Als Sommelière wirkt Paula Bosch. *Johann-Fichte-Str. 7 • Karte G1–2 • (089) 36 19 59-0 • Di–Sa 12–15, 18.30–1 Uhr • www.tantris.de • €€€€€*

2 Königshof

Im ersten Stock des gleichnamigen Hotels gelegen, mit Blick über den Stachus (ein Michelin-Stern, 18 Punkte bei Gault Millau). Spitzenküche und geniale Weinauswahl (über 800 Weine). *Karlsplatz 25 • Karte J4 • (089) 55 13 60 • geschl. So, Mo • www. koenigshof-muenchen.de • €€€€€*

3 Ederer

Star-Koch Karl Ederer wirkt im ersten Stock eines Bank-Palais bei den Fünf Höfen. Die Räumlichkeiten sind großzügig und edel. Die Küche verwendet ökologische Zutaten und komponiert sie zu feinsten Kreationen. *Kardinal-Faulhaber-Str. 10 • Karte L4 • (089) 24 23 13 10 • geschl. So • www. restaurant-ederer.de • €€€€–€€€€€*

»Laufsteg« im Restaurant des Lenbach

4 Lenbach

Das 1997 eröffnete Lenbach residiert im vollständig renovierten Bernheimer-Palais am Lenbachplatz. Das Design stammt vom britischen Star-Architekten Sir Terence Conran. Es thematisiert in Restaurant und Bar die Sieben Todsünden. Ein Laufsteg (Eitelkeit) führt mitten durchs Restaurant. Kreative Fusionsküche. Terrasse. *Ottostr. 6 • Karte K3 • (089) 54 91 30–0 • geschl. So • www. lenbach.de • €€€€–€€€€€*

5 Vinaiolo

Das Lokal in Haidhausen hat eine Art Apotheken-Dekor und ist eine Mischung aus Osteria, Bistro und Vinothek. Hier wird inspirierte italienische Küche geboten. Der Padrone, ein Weinhändler, empfiehlt die richtigen (durchaus auch preiswerten) Weine. *Steinstr. 42 • Karte P6 • (089) 48 95 03 56 • geschl. Sa mittags • www.vinaiolo.de • €€€–€€€€*

6 Landersdorfer & Innerhofer

Kulinarisch hohes Niveau in der Innenstadt. Die österreichisch inspirierte Küche von Hans Landersdorfer ist ein Hochgenuss. Berühmt ist sein Kartoffelbrot, das zu Vorspeisen gereicht wird. Robert Innerhofer ist für den

Tipp: Mittags gibt es in Edel-Lokalen oft recht preiswerte (Business-)Menüs. Preiskategorien **siehe S. 85**

Geisel's Vinothek im Hotel Excelsior

Wein zuständig. *Hackenstr. 6–8 • Karte K5 • (089) 26 01 86 37 • geschl. Sa, So • www.landersdorferundinnerhofer.de • €€€–€€€€*

7 Kleinschmidtz
Lokal mit sympathischer Bistro-Atmosphäre im Glockenbachviertel. Die saisonal wechselnden Speisen sind ideenreich und köstlich. Terrasse. *Fraunhoferstr. 13 • Karte L6 • (089) 260 85 18 • tägl. 18–1 Uhr • www.kleinschmidtz.de • €€€*

8 Geisel's Vinothek
Die im Hotel Excelsior gelegene Vinothek bietet 400 Positionen auf der Weinkarte und anspruchsvolle Küche. *Schützenstr. 11 • Karte J4 • (089) 55 137 140 • tägl. 10–1 Uhr (So nur abends) • €€€*

9 Südtiroler Stuben
In Alfons Schubecks Gastro-Tempel neben dem Hofbräuhaus wird edle bayrische Küche serviert. *Platzl 8 • Karte M4 • (089) 21 66 90-0 • Mo erst ab 18 Uhr, geschl. So • www.schuhbeck.de • €€€€€*

10 Rue des Halles
Ältestes französisches Lokal in München mit hervorragender französischer Küche. Bei den Nachspeisen ist die Mousse au Chocolat unübertroffen. *Steinstr. 18 • Karte P5 • (089) 48 56 75 • www.rue-des-halles.de • €€€*

Top 10 Spätes Frühstück

1 Kaffee Giesing
Sonntagsfrühstück mit Live-Musik. Terrasse. *Bergstr. 5 • (089) 692 05 79*

2 Ruffini
Am Wochenende können Morgenmuffel bis 16 Uhr frühstücken. *Orffstr. 22 • Karte D3 • (089) 16 11 60*

3 Vorstadt-Café
Café bei der Uni mit Frühstück bis 16 Uhr. *Türkenstr. 83 • Karte L1 • (089) 272 06 99*

4 Café im Volksbad
Jugendstil-Café im Müller'schen Volksbad mit Tischen im Freien und Frühstückskarte bis 17 Uhr. *Rosenheimer Str. 1 • Karte N5 • (089) 44 43 92 50*

5 Café Lotter-Leben
Große Frühstücksauswahl den ganzen Tag über. *Viktualienmarkt/Frauenstraße 4 • Karte L5 • (089) 26 55 16*

6 Café Neuhausen
Reichhaltige Frühstücksauswahl bis 16 Uhr. *Blutenburgstr. 106 • Karte D3 • (089) 18 97 55 70*

7 Café Altschwabing
Stuck und Jahrhundertwende-Atmosphäre. Frühstück bis 17 Uhr. *Schellingstr. 56 • Karte L2 • (089) 273 10 22*

8 Aroma-Kaffeebar
Frühstücksbüfett, Kaffeemischungen, hausgemachte Kuchen. *Pestalozzistr. 24 • Karte K6 • (089) 26 94 92 49*

9 Café am Beethovenplatz
Sonntags Klassik-Jazz-Frühstück. Terrasse. *Goethestr. 51 • Karte E5 • (089) 55 29 100*

10 Rothmund
Große Auswahl bis 15 Uhr (So Themen-Frühstück). Tische im Freien. *Rothmundstr. 5 • Karte J6 • (089) 53 50 15*

München ist die Stadt der Gourmet-Tempel. Preiswertere Restaurants **siehe S. 50f, S. 85, S. 93, S. 103, S. 111**

Links **In den Fünf Höfen** Mitte und rechts **Läden in der Maximilianstraße**

Top 10 Shopping-Meilen

1 Fußgängerzone
Vom Marienplatz über Kaufingerstraße und Neuhauser Straße bis zum Karlsplatz/Stachus erstreckt sich Münchens Fußgängerzone. Hier findet man alle europaweit bekannten Ketten und viele Kaufhäuser. Und hier wird schätzungsweise der größte Umsatz Deutschlands im Einzelhandel getätigt. Jenseits des Stachus gibt es Läden in der Sonnenstraße, der Schützenstraße sowie im Elisenhof am Hauptbahnhof. *Karte K4–L4*

2 Theatinerstraße
Am Marienhof hinter dem Rathaus beginnt die Theatinerstraße, eine Einkaufsstraße mit Modeboutiquen und Edelläden, mittlerweile zusätzlich aufgewertet durch die Verbindung zu den Fünf Höfen. *Karte L4*

Münchens Fußgängerzone

3 Fünf Höfe
Historische Gebäude und moderne Architektur, Passagen, Innenhöfe, Läden (u. a. Muji Store, Emporio Armani), Kultur (Kunsthalle der Hypo-Kulturstiftung) und Gastronomie (Schumann's Tagesbar, Ederer, Barista, Café Kunsthalle) – der preisgekrönte Komplex der Architekten Herzog und de Meuron erstreckt sich zwischen Theatiner-, Kardinal-Faulhaber-, Maffei- und Salvatorstraße. *Karte L4*

4 Odeonsplatz & Brienner Straße
Am Odeonsplatz und in der davon abzweigenden Prachtstraße gibt es einige Luxusgeschäfte und Boutiquen. Mustergültig saniert wurde der Luitpoldblock (19. Jh.) mit luxuriösen Läden und Galerien sowie dem Café Luitpold *(siehe S. 61)* mit seinem Palmengarten. *Karte L3*

5 Maximilianstraße
Der Prachtboulevard, den Maximilian II. Mitte des 19. Jahrhunderts anlegen ließ, ist zwischen Nationaltheater und Altstadtring eine der exklusivsten Einkaufsmeilen. Armani, Bulgari, Gucci etc. residieren in der von Friedrich Bürklein im Maximilianstil mit typischen Spitzbogenfronten errichteten Flanierstraße. Hier sind auch das Hotel Vier Jahreszeiten und die Kammerspiele zu finden. Attraktion seit Herbst 2003: die Maximilianhöfe mit noch mehr Läden. *Karte M4*

Zu einzelnen Läden in den Stadtteilen **siehe S. 83, S. 91, S. 101, S. 109**

6 Maximilianhöfe

Die Maximilianhöfe, ein imposanter Kubus, umfassen den Wiederaufbau eines Bürklein-Gebäudes an der Maximilianstraße, einen Komplex mit Büros und Luxusläden (u. a. Gianfranco Ferré, Dolce & Gabbana) und die neue Probebühne der Oper mit transluzentem Fassadenvorhang. Im Zentrum der Anlage wurde die historische Säulenhalle der ehemaligen Stallungen der Hofreitschule erhalten. Anziehungspunkt: das Restaurant Brenner. *Karte M4*

In den Maximilianhöfen

7 Sendlinger Straße

Sie ist eine der ältesten Einkaufsstraßen mit einigen Traditionsgeschäften, wird allerdings zunehmend schicker. Noch gibt es hier eine bunte Mischung von ganz unterschiedlichen Läden, vom Modekaufhaus über das Lederfachgeschäft bis zum Teeladen. *Karte K5*

8 Um den Viktualienmarkt

Der Viktualienmarkt selbst ist einen Bummel wert *(siehe S. 52)*. Um den Markt liegen größere und kleinere Fachgeschäfte. Nach Süden hin schließen sich die Läden des Gärtnerplatzviertels an. Viele kleine Antiquitätenläden und der größte Öko-Supermarkt der Stadt finden sich in den Sträßchen Richtung Isartor. Nach Westen, zum Rindermarkt hin, gibt es eine neue Ladenpassage um den mittelalterlichen Löwenturm. *Karte L5*

9 Um die Universität

Im Karree von Amalienstraße, Schellingstraße, Türkenstraße und Adalbertstraße gibt es nicht nur viele Buchhandlungen, sondern auch flippige Boutiquen, Schmuck- und Designgeschäfte sowie Läden jedweder Couleur. *Karte L1–2*

10 Leopoldstraße & Seitenstraßen

In Schwabings Leopoldstraße reihen sich ab Höhe Giselastraße Läden, Restaurants und Cafés aneinander. Interessante Läden liegen links (stadtauswärts) der Leopoldstraße in den Seitenstraßen. Vor allem die Hohenzollernstraße hat sich zu einem Zentrum von kleineren Boutiquen entwickelt. *Karte F/G2*

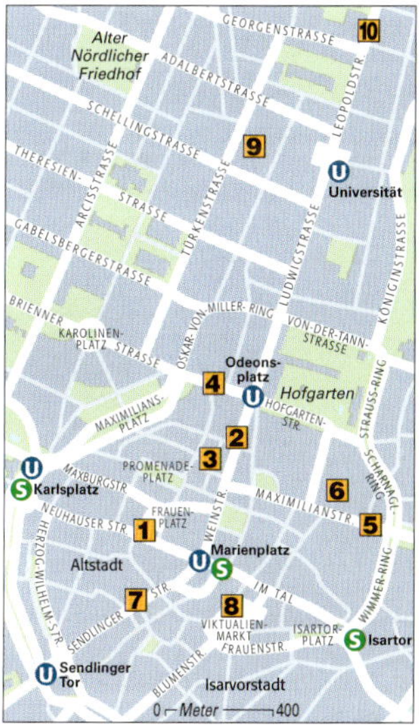

Infos zu den neuen Passagen aus alten Fassaden, Glas und Beton unter **www.fuenfhoefe.de** *bzw.* **www.maximilianhoefe.de**

Links **Nashorn, Tierpark Hellabrunn** Mitte **Logo des Zirkus Krone** Rechts **Bauernhöfe, Glentleiten**

TOP 10 Attraktionen für Kinder

1 Olympiagelände

Sportliche Kinder werden die Angebote des Olympiageländes lieben. Ob Schwimmhalle, Beachvolleyball-Platz, Skipiste, Bootsfahrten, Streetball-Court oder – für ältere Kids – Klettertouren auf dem weltberühmten Zeltdach: Hier gibt es das größte Sport-, Fun- und Fitness-Angebot der Stadt *(siehe S. 18f)*.

2 Deutsches Museum

Für ältere Kinder sind viele Abteilungen des größten Technikmuseums der Welt interessant – von klassischen Baukästen bis zu kompletten Düsenflugzeugen. Für die Kleineren gibt es das »Kinderreich«. Diese Abteilung ist für »Forscher« ab drei Jahren gedacht. An den interaktiven Exponaten können die Kinder physikalische Phänomene erleben. Auch interessant für Kids: die Ausstellung »Technisches Spielzeug« und der etwa einstündige Planetenpfad – von der Sonne bis zum Pluto *(siehe S. 8–11)*.

3 Tierpark Hellabrunn

Der Tierpark Hellabrunn ist bei Kindern sehr beliebt. Highlights sind das Dschungelzelt mit den Raubkatzen und das Urwaldhaus. Für die Kleinen gibt es Streichelgehege und Spielplätze. Erkundigen Sie sich nach den Fütterungszeiten. *Tierparkstr. 30 • Karte E6 • (089) 62 50 80 • Sommer: tägl. 8–18 Uhr; Winter: tägl. 9–17 Uhr • Eintritt • www.tierpark-hellabrunn.de*

4 Marionettentheater

Das Säulen-Giebel-Tempelchen von 1900 beherbergt Münchens ältestes Marionettentheater (1858 gegründet). Die Vorstellungen begeistern Groß und Klein. *Blumenstr. 32 • Karte K5 • (089) 26 57 12 • Eintritt • www.muenchner-marionettentheater.de*

5 Bavaria Filmstadt

Hier werden Film und Fernsehen gemacht. Die Bavaria Filmstadt bietet verschiedene Führungen an. Es knallt und kracht bei den Acts der Stunt-Show, die Stuntmen riskieren Kopf und Kragen. Beim Rundgang kann man die Kulissen berühmter Filme bewundern. Im 4-D-Erlebnis-Kino gibt es Nebel und Wind, die Sitze bewegen sich zur Filmhandlung mit. Achtung: Fürs Kino müssen Kinder mindestens 122 Zentimeter groß sein *(siehe S. 54)*.

Fuchur, der bekannte Filmdrache, Bavaria Filmstadt

Vorschläge für kindergerechte Stadttouren und Erlebniswanderungen finden Sie unter **www.muenchen.kinder-stadt.de**

LEGOLAND – Spaß und spielerisches Lernen

6 Zirkus Krone
Artisten in der Kuppel, Raubtiere in der Manege: Im Sommer ist der Zirkus auf Tour, im Winter hat er ein festes Haus. *Zirkus-Krone-Str. 1–6 • Karte D4 • (089) 545 80 00 • 25. Dez–Ende März: Di–So • Eintritt • www.zirkus-krone.de*

7 Märchenwald im Isartal
Ein Funpark mit Blütenwirbel, Sternschnuppenschaukel, Nostalgiekarussell und hübschen Märchenbauten. *Wolfratshausen, Kräuterstr. 39 • (081 71) 187 60 • Eintritt • www.maerchenwald-isartal.de*

8 Freilichtmuseum Glentleiten
Alte Bauernhäuser, Hammerschmiede, alte Handwerkskünste. Als Führer gibt es für Kinder ein Malbuch *(siehe S. 123)*.

9 Sea Life
Hauptattraktionen für Kinder sind die Seepferdchen und der Gang durch den Glastunnel *(siehe S. 19)*.

10 LEGOLAND Deutschland
Gleich an der A8 bei Günzburg liegt dieser Funpark – mit Bauten, Tieren und Figuren aus über 50 Millionen LEGO-Steinen. Bei über 40 Attraktionen und Shows gibt es für Kinder von drei bis 13 Jahren viel zu entdecken. Teilweise Alters- und Größenbeschränkungen. *Günzburg, Legoland-Allee 1 • (0180) 57 00 75 701 • Eintritt • www.legoland.de*

Top 10 Kinderfreundliche Cafés & Lokale

1 Villa Flora
Beim Sonntags-Brunch zahlen Kinder bis zu zehn Jahren nur den halben Preis. *Hansastr. 44 • Karte C5*

2 Seehaus
Beim Café und Biergarten am Kleinhesseloher See kann man sich Boote ausleihen. *Englischer Garten • Karte G2*

3 Café Ringelnatz
Restaurant/Café mit buntem Hinterzimmer. *Haimhauserstr. 8 • Karte G2*

4 Chinesischer Turm
Beim Biergarten gibt es Kinderspielplätze und ein nostalgisches Karussell. *Englischer Garten • Karte G3*

5 Aumeister
Biergarten mit Abenteuerspielplatz. *Englischer Garten, Sondermeierstr. 1*

6 Waldwirtschaft
Schaukeln, Rutschen und Minigolf – alles für die Kleinen. *Pullach-Großhesselohe, Georg-Kalb-Str. 3*

7 Forsthaus Wörnbrunn
Eine hübsche Idee: Die Speisekarte für Kinder ist ein Malbuch zum Mitnehmen. *Grünwald, Wörnbrunn 1*

8 Hofbräukeller
Hier gibt es den ganzen Tag über kostenlose Kinderbetreuung. *Innere Wiener Str. 19 • Karte P5*

9 Mangostin Asia
Sonntags gibt es im Mangostin ein günstiges Familien-Büfett und eine Spielecke. *Maria-Einsiedel-Str. 2 • (089) 723 20 31 (Reservierung)*

10 Hirschau
Eingezäunter Spielplatz, den man vom Biergarten aus im Auge hat. *Englischer Garten, Gyßlingstr. 15 • Karte H2*

Immer mehr Restaurants bieten familienfreundlichen Service mit Kindergerichten, -stühlen oder gar mit Kinderbetreuung an.

Links **Radler beim Relaxen** Rechts **Schlosspark Nymphenburg – ideal für Spaziergänge**

TOP 10 Spaziergänge & Radtouren

1 Spaziergang im Englischen Garten

Vom Haus der Kunst aus *(siehe S. 37)* geht man durch den älteren, schon vor über 200 Jahren angelegten Teil des Englischen Gartens in Richtung Norden. Am Kleinhesseloher See kommt man über eine Fußgängerbrücke in den jüngeren Teil des Parks. Hier geht es weiter bis zum Biergarten Aumeister, dem Ziel des Spaziergangs. *1,5–2 Std. • Zum Aumeister, Sondermeierstr. 1, (089) 32 52 24*

2 Wanderung an der Isar

Ausgangspunkt ist das Deutsche Museum *(siehe S. 8–11)*. Auf der rechten Isarseite führt die Route flussaufwärts nach Süden. Ein lohnender Abstecher ist der Rosengarten auf halber Wegstrecke. Ziel ist der Flaucher in Thalkirchen. Hier kann man den Zoo *(siehe S. 107)* besuchen. *1,5–2 Std. • Mangostin Asia, Maria-Einsiedel-Str. 2, (089) 723 20 31*

3 Spaziergang im Westpark

Ausgangspunkt ist das östliche Ende des Westparks (Ecke Hansastr./Baumgartnerstr.). Hier geht man Richtung Westen durch die Anlagen im östlichen Teil dieser grünen Oase. Eine Fußgängerbrücke verbindet den östlichen und westlichen Abschnitt des Parks. Dort gibt es kunstvoll gestaltete asiatische Gartenanlagen – und ein Restaurant beim Rosengarten (mit Biergarten). *1–1,5 Std. • Gasthaus am Rosengarten, Westendstr. 305, (089) 57 86 93 00*

4 Spaziergang im Schlosspark Nymphenburg

Ausgangspunkt ist Schloss Nymphenburg *(siehe S. 12f)*. Man orientiert sich zuerst am Plan des Parks, der mehrfach aushängt. Es bietet sich ein Rundgang an: Pagodenburg, Kaskade, Apollotempel, Badenburg, Amalienburg – und zurück zum Schloss. Anschließend kann man noch das Museum Mensch und Natur oder auch den Botanischen Garten besichtigen. *1–1,5 Std. • Schlosscafé im Palmenhaus, Schloss – Eingang 43, (089) 17 53 09*

5 Wanderung zur Ilkahöhe

Ausgangspunkt ist der Tutzinger S-Bahnhof (S6). Der Rundwanderweg zur Ilkahöhe ist gut ausgeschildert (Markierung: weißes Dreieck). Etwa 150 Höhenmeter sind zu überwinden, teilweise auf engen Waldpfaden. Der Ausblick vom Aussichtspunkt Ilkahöhe ist traumhaft. Bei guter Fernsicht sieht man die gesamte Alpenkette. *1,5–2 Std. • Forsthaus Ilkahöhe, Tutzing, (081 58) 82 42*

Blick von der Ilkahöhe

Die Stundenangaben sind ungefähre Geh- bzw. Fahrzeiten, danach steht jeweils ein Tipp für eine Einkehrmöglichkeit.

6 Radtour nach Freising

Vom Aumeister im Englischen Garten aus fährt man auf dem Isarradweg Richtung Freising (ca. 40 km). Bei der Freisinger Isarbrücke geht es links nach Weihenstephan. Das ehemalige Benediktinerkloster ist die älteste noch bestehende Braustätte der Welt. Zurück geht es mit der S1 (zum S-Bahnhof Freising: 2 km). *2,5–3 Std. • Bräustüberl Weihenstephan, (081 61) 130 04*

Brauerei Weihenstephan, Freising

7 Radtour zum Schloss Schleißheim

Vom U-Bahnhof Milbertshofen fährt man etwa 200 Meter rechts nach Norden (kleine Parkanlage). Von hier führt ein Radweg, teilweise auf einer alten Straßenbahntrasse, Richtung Oberschleißheim. Dort bietet sich eine kurze Kulturpause an: Besichtigung der Flugwerft Schleißheim und des Neuen Schlosses. Weiter geht es am Schleißheimer Kanal entlang nach Garching-Hochbrück – und von dort mit der U-Bahn (U6) zurück. *2–2,5 Std. • Schlosswirtschaft Oberschleißheim, Maximilianhof 2, (089) 315 15 55*

Maske, Schloss Schleißheim

8 Tour vom Olympiapark zum Schloss Blutenburg

Vom Olympiapark *(siehe S. 18f)* aus fährt man den Nymphenburger Kanal entlang bis zum Schloss, dann weiter an der südlichen Schlossmauer Richtung Westen (im Park ist Radfahren verboten) und unter einer Eisenbahnunterführung hindurch. Der weitere Radweg zur Blutenburg (heute Internationale Jugendbibliothek) ist gut ausgeschildert. *1,5–2 Std. • Schlossschänke Blutenburg, (089) 811 98 08*

9 Radtour: Die Isar entlang zum Kloster Schäftlarn

Vom Deutschen Museum aus *(siehe S. 8–11)* fährt man auf dem Isarradweg in Richtung Süden. In Grünwald kann man pausieren (Besichtigung der Burg). Weiter geht es bis zum Kloster Schäftlarn. (Vorsicht: Auf dem Weg gibt es holprige Waldstrecken und teilweise hügeliges Gelände.) Zurück nach München geht es mit der S7 (zum S-Bahnhof Hohenschäftlarn: 3 km). *2–2,5 Std. • Klosterbräustüberl Schäftlarn, Ebenhausen, (081 78) 36 94*

10 Radtour: An der Würm zum Starnberger See

Vom S-Bahnhof Pasing aus geht es ein kurzes Stück auf befahrenen Straßen bis zum Würmradweg (gut ausgeschildert). An der Würm entlang fährt man Richtung Süden über Gauting nach Leutstetten (Rast in der Schlossgaststätte mit schönem Biergarten). Weiter geht es am S-Bahnhof Mühlthal vorbei (kleiner Anstieg) durch ein Golfplatzgelände nach Starnberg. Zurück gelangt man am besten mit der S6 (S-Bahnhof Starnberg). *2–2,5 Std. • Undosa Seerestaurant, Starnberg, (081 51) 99 89 30*

In S- und U-Bahn können Sie außerhalb der Sperrzeiten (Mo–Fr 6–9 und 16–18 Uhr) Ihr Rad (Ticket erforderlich) mitführen.

Links **Die Allianz Arena im Modell** Rechts **München ist eine Fahrradstadt**

TOP 10 Sport & Wellness

1 Wandern

Auch für »Flachlandtiroler« gibt es in München und in der näheren Umgebung einige schöne Wanderrouten *(siehe S. 70)*. Wer's extremer mag, fährt in die nahen Alpen zum Bergwandern. Über schöne Wandertouren kann man sich u. a. beim Deutschen Alpenverein informieren.
www.alpenverein.de

2 Inlineskaten

Mit Skates kann man sich wunderbar im Englischen Garten vergnügen. Anlagen gibt es auch im Olympiapark *(siehe S. 18f)*. Wer das Gruppenerlebnis bevorzugt, kann an der Münchner Blade Night teilnehmen (von Mai bis September bei gutem Wetter montags in den Abendstunden).
www.muenchner-blade-night.de

3 Laufen

In München gibt es eine Vielzahl kleinerer und größerer Parkanlagen *(siehe S. 38f)*, die sich ausgezeichnet zum Joggen eignen. Am Schönsten läuft es sich im Englischen Garten und in den Isarauen. Wer nicht gern allein joggt, kann bei den Münchner RoadRunners formlos in einer leistungsgerechten Gruppe mitlaufen. *www.mrrc.de*

4 Radfahren

München besitzt eines der besten Radwegenetze in ganz Europa. Es gibt mehrere »grüne Routen« durch die Stadt, wo man ohne die übliche Abgas- und Lärmbelästigung vergnüglich radeln kann *(siehe S. 71)*. Eine große Auswahl an geführten Radtouren in und um München bietet der ADFC an. *www. adfc-bayern.de*
• (089) 55 35 75

5 Klettern

In solcher Nähe zu den Alpen ist natürlich für Kletterfreaks gesorgt. In München gibt es einige künstliche Kletterwände, damit man nicht aus der Übung kommt. Anschließend geht es hinaus in die Natur – an die reale Felswand. *http://klettern-muenchen.de*

6 Golf

Der Golfsport hat sich im Raum München bereits zu einem wahren Breitensport entwickelt. In der unmittelbaren Umgebung der bayrischen Landeshauptstadt gibt es mehr als 40 Golfplätze.
www.eberle-golf.de

Allianz Arena

Die für die Fußball-WM 2006 erbaute Allianz Arena im Münchner Norden (Fröttmaning) dient beiden Münchner Profi-Fußballclubs. Der von den Architekten Herzog/de Meuron entworfene Bau hat eine transluzente Außenfassade, die weiß, rot oder blau leuchten kann. Das Stadion fasst 66 000 Zuschauer. Auf 6500 Quadratmetern Gastronomiefläche gibt es zwei Fan-Restaurants (je 1500 Plätze), ein Familien-Restaurant, ein Kurven-Restaurant, eine Presse-Cafeteria und eine Café-Bar. Das Stadion ist mit der U6 erreichbar.

Mehr Infos zur Allianz Arena & zu Fußballspielen unter
www.allianz-arena.de

Golfplatz bei Feldafing am Starnberger See

7 Beachvolleyball

Die Sportart erfreut sich immer größerer Beliebtheit. In München gibt es mehrere Angebote. *www.citysports.de/muenchen/Beachvolleyball_muenchen.htm*

8 Wassersport

Ob Schwimmen, Rudern, Segeln, Kanu fahren – für Wasserratten haben München und die Seen in der nächsten Umgebung einiges zu bieten: von Freizeitbädern über Baggerseen oder kleine idyllische Moorseen bis zu den kleinen und großen oberbayrischen Seen. *www.swm.de*

9 Wintersport

München und Umgebung sind ein Mekka für Wintersportfans. Ob Skifahren, Eislaufen, Snowboarden oder einfach nur mit einem Rodelschlitten fahren. Bei den vielfältigen Wintersportangeboten kann jeder seinen Spaß haben. *www.muenchen.de*

10 Wellness

Diese Art des Entspannens und Relaxens findet immer mehr Liebhaber. München bietet Wellnessfans viele Möglichkeiten – vom Tages-Spa im Öko-Supermarkt bis zum Wellness-Tempel. Beliebt ist auch der Hamam im Mathilden-Bad. *www.hamam.de*

• *www.olympiapark-muenchen.de*

Top 10 Sport-Events

1 Vierschanzen-Tournee

Bekanntester Skisprung-Wettbewerb der Welt um den Jahreswechsel in Oberstdorf, Garmisch-Partenkirchen, Innsbruck sowie Bischofshofen. *www.vierschanzen.org*

2 6-Tage-Rennen

Münchner Radsportereignis des Jahres (Mitte Nov) in der Olympiahalle. *www.olympiapark-muenchen.de*

3 FC Bayern München

Der bekannteste Münchner Fußballclub ist seit Jahrzehnten erfolgreich. *www.fcb.de*

4 TSV 1860 München

Der zweite Münchner Proficlub – von den Fans liebevoll »Löwen« genannt. *www.tsv1860.de*

5 BMW International Open

Golfturnier (Juni) des Golfclubs München Nord-Eichenried. *www.gc-eichenried.de*

6 Snowboard Weltcup

Im Winter auf dem hügeligen Olympiagelände. *www.olympiapark-muenchen.de*

7 BMW-Open

Tennisspektakel im Frühjahr, veranstaltet vom MTTC Iphitos e.V. *www.iphitos.de*

8 München Marathon

Marathon durch die Weltstadt mit Herz (Okt). *www.muenchenmarathon.de*

9 Trabrennen

Regelmäßig auf der Rennbahn in München-Daglfing. *www.daglfing.org*

10 Olympische Winterspiele 2018

Falls München den Zuschlag für die Winterspiele erhält, wird es die erste Stadt sein, die Sommerspiele (1972) und Winterspiele ausgerichtet hat.

Ein beliebter Platz zum Eisstockschießen und Schlittschuhlaufen ist der Nymphenburger Schlosskanal.

Links **Fronleichnamsprozession** Mitte **Beim Maibaum-Aufstellen** Rechts **Leonhardi, Bad Tölz**

Top 10 Traditionen in & um München

1 Schäfflertanz
Der Tanz der Schäffler (Küfer) findet alle sieben Jahre statt (das nächste Mal 2012). Er erinnert an das Ende der Pest (15. Jh.).
München, Faschingszeit

2 Tanz der Marktfrauen
Die Standlfrauen des Viktualienmarkts tanzen fantasievoll verkleidet. *München, Faschingsdienstag*

Maibaumschmuck

3 Starkbierzeit
»Flüssiges bricht Fasten nicht« – deshalb brauten die Mönche zur Fastenzeit ein »nahrhaftes« Bier. Die »fünfte Jahreszeit« wird mit den Starkbier-Anstichen gefeiert. Berühmt ist der Salvator-Anstich auf dem Nockherberg mit dem Politiker-»Derblecken« *(siehe S. 50)*. *ganz Bayern von Josephi (19. März) bis Ostern*

4 Maibaum
Am 1. Mai wird in vielen bayrischen Orten ein geschmückter Maibaum aufgestellt. Der »Lebensbaum« – er geht auf einen mittelalterlichen Brauch zurück – soll Erfolg bringen. In der Nacht davor wird er von der Dorfjugend bewacht, denn wird er gestohlen, muss er meist mit viel Bier ausgelöst werden.
ganz Bayern, 1. Mai

5 Fronleichnamsprozession
An dem katholischen Festtag finden in ganz Südbayern Prozessionen statt. Die größte zieht durch München. *Do nach Trinitatis*

6 Kocherlball
Kostümierte Paare tanzen im Juli um 6 Uhr morgens im Englischen Garten am Chinesischen Turm Landler, Zwiefache und

Herausgeputzte Pferde beim Leonhardi-Umzug, Bad Tölz

In der Alpenregion wird Skifasching gefeiert. Der bekannteste ist der auf der Firstalm, bei dem das beste Kostüm prämiert wird.

Trachtler an der Isar, Bad Tölz

Polka. Der Ball geht auf den früheren Ball der Münchner Bediensteten zurück. *München, Englischer Garten beim Chinesischen Turm, im Juli*

7 Leonhardi-Umzüge

In Bad Tölz, Schliersee, Murnau und weiteren oberbayrischen Orten finden Umzüge zu Ehren des hl. Leonhard, des Schutzheiligen der Pferde, statt. *Oberbayern, 1. So im Nov*

8 Christkindlmärkte

Glühwein, Stände und ein großer Christbaum. In München auf dem Marienplatz und in weiteren Stadtteilen. *ganz Bayern, 1. Advent bis 24. Dez*

9 Alphornblasen, Jodeln & Schuhplatteln

Jodeln war zunächst die Kommunikation zwischen den Sennern auf den Almen, später Gesang. Das Alphorn war ein weithin hörbares Naturinstrument der Hirten, der Schuhplattler ein Werbetanz von jungen Männern. Zu sehen und zu hören gibt es alle drei meist bei Trachtenfesten.

10 Trachten

Nicht allein Lederhose und Dirndl – die einzelnen regionalen Trachten sind völlig unterschiedlich. Trachtenvereine pflegen das Brauchtum und führen es auf Trachtenumzügen und Festen (etwa beim Wiesn-Umzug) vor.

Top 10 Feiertage & Feierlichkeiten

1 Silvester/Neujahr

Gute Aussichtspunkte für das Feuerwerk: Bavaria, Friedensengel und Isarhochufer.

2 Heilige Drei Könige

Vor dem 6. Januar klingeln Kinder, als Heilige Drei Könige verkleidet, an den Türen und sammeln Geld für gute Zwecke (Sternsinger).

3 Aschermittwoch

Nach Fasching beginnt die Fastenzeit. Politische Aschermittwochstreffen in Bayern und Beginn der Starkbierzeit.

4 Ostern

Im Tierpark Hellabrunn und an anderen Orten gibt es Ostereiersuche für Kinder.

5 1. Mai/Tag der Arbeit

Aufstellen von Maibäumen. Meist wird der 1. Mai von den Münchnern für Ausflüge genutzt, z. B. an die Seen.

6 Fronleichnam

Im katholischen Bayern einer der höchsten Feiertage. Prozession u. a. in München.

7 Erntedankfest

Erntedank und Kirchweih gehören zusammen. Oft beginnt die Auer Herbstdult *(siehe S. 52)* zum Erntedankfest. Auch der ländliche Almabtrieb findet jetzt statt.

8 Allerheiligen

Die Gräber werden geschmückt und »Seelenlichter« entzündet. Am Vorabend zum 1. November ist Halloween.

9 St.-Martins-Tag

Laternenumzüge von Kindern mit Sankt Martin auf einem Schimmel (11. Nov.). Zu essen gibt es Martinsgans.

10 Weihnachten

Ab dem 1. Advent gibt es Christkindlmärkte, am Heiligabend Mitternachtsmetten.

Spezielle bayrische Sportarten sind das Eisstockschießen und die Kraftprobe des »Fingerhakelns«.

S
U

STADTTEILE

Links **Brunnenhof der Residenz** Mitte **Altes Rathaus** Rechts **Hauptpost, Maximilianstraße**

Zentrum & Altstadt

DIE ALTSTADT MÜNCHENS *bildet gleichzeitig das Zentrum der Stadt. Hier befinden sich zahlreiche historische Bauten, der Marienplatz und die Residenz. Im Nordosten und Osten verhinderten früher Englischer Garten und Isar eine weitere Ausdehnung. Innerhalb der Grenzen der alten Stadttore – zwischen Karlstor und Isartor sowie zwischen Odeonsplatz und Sendlinger Tor – verlaufen die hauptsächlichen Shopping-Meilen: die Fußgängerzone, die Theatinerstraße und die Maximilianstraße. Das Zentrum des Zentrums bildet allerdings nach wie vor der Marienplatz. Ob Einheimische oder Besucher – hier kommt jeder vorbei.*

TOP 10 Attraktionen

1. **Marienplatz, Neues & Altes Rathaus**
2. **Frauenkirche**
3. **Alter Hof**
4. **Alte Münze**
5. **Maximilianstraße**
6. **Hofbräuhaus & Platzl**
7. **St.-Jakobs-Platz mit Stadtmuseum & Synagoge**
8. **Sendlinger Straße mit Sendlinger Tor**
9. **Residenz & Hofgarten**
10. **Odeonsplatz mit Theatinerkirche & Feldherrnhalle**

Glockenspiel, Neues Rathaus

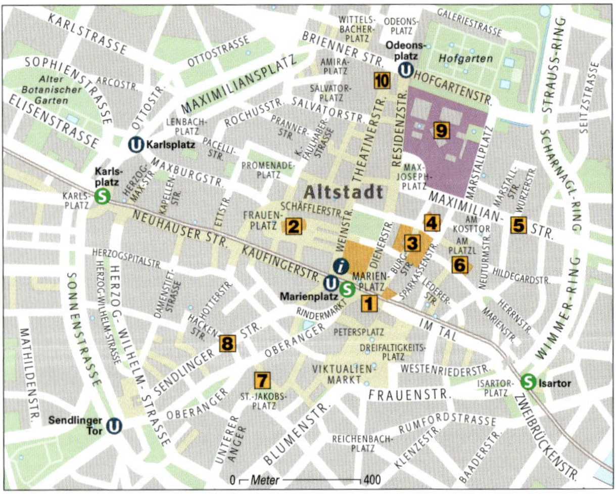

Vorhergehende Doppelseite
Marienplatz mit Rathaus und Mariensäule

1 Marienplatz, Neues & Altes Rathaus

Die Mariensäule (1590) auf dem Marienplatz ist ein beliebter Treffpunkt, ebenso der Fischbrunnen (19. Jh.). Dominiert wird der Platz vom Neuen Rathaus (1867–1908). Schlicht erscheint dagegen das gotische Alte Rathaus (15. Jh.) an der Ostseite. Nicht versäumen: das Glockenspiel um 11, 12 und 17 Uhr *(siehe S. 26f).*

Goldene Maria, Mariensäule

2 Frauenkirche

Vom Marienplatz gelangt man durch die Weinstraße zur Frauenkirche (1468–88). Den riesigen Hallenbau schuf Jörg von Halsbach. Ursprünglich sollte er von gotischen Spitztürmen gekrönt werden, doch es fehlte an Geld. Später wurden die »welschen Hauben« hinzugefügt, quasi die Ahnen aller bayrischen Zwiebeltürme. Sehenswert: Kaisergrab, Chor von Erasmus Grasser und Christophorus-Statue *(siehe S. 27).*

3 Alter Hof

Nordöstlich des Marienhofs (hinter dem Neuen Rathaus) liegt der Alte Hof. Die alte Residenz der Wittelsbacher innerhalb der Stadtmauern wurde 1253–47 erbaut. Der noch original erhaltene Westflügel besitzt ein wappenverziertes Pförtnerhäuschen. Erhalten hat sich auch noch ein Erkerfenster, der sogenannte Affenturm. Der Sage nach soll der Hofaffe den kleinen Ludwig IV., den späteren deutschen Kaiser, entführt haben und mit ihm auf die Spitze des Türmchens geklettert sein. Doch schließlich brachte der Affe den Knaben wohlbehalten zurück. ✎ *Burgstr. 4 • Karte L4 • Mo–Fr 10–18, Sa 10–13 Uhr*

Affenturm, Alter Hof

4 Alte Münze

Nordöstlich vom Alten Hof liegt der Münzhof (1567), der frühere Marstall der bayrischen Herrscher. Im dreigeschossigen Renaissance-Arkadenhof befanden sich Pferdeställe und Remisen sowie Bibliothek und Kunstkammer von Albrecht V. Im 19. Jahrhundert wurde das Gebäude zum staatlichen Münzamt (daher auch der Name »Alte Münze«). Bis 1983 wurden hier noch Münzen geprägt. ✎ *Hofgraben 4 • Karte L/M4 • Hof ganzjährig geöffnet*

Renaissance-Arkadengang des Münzhofs

5 Maximilianstraße

Maximilian II. ließ die Prachtstraße 1852–55 anlegen. Der Abschnitt zwischen Max-Joseph-Platz und Altstadtring ist eine der exklusivsten Shopping-Meilen der Welt *(siehe S. 66f).* Hier liegen das Hotel Vier Jahreszeiten und die Läden von Armani, Jil Sander & Co., aber auch die Münchner Kammerspiele. Neu: der Komplex der Maximilianhöfe. Im hinteren Teil der Straße, zwischen Altstadtring und Maximilianeum, reihen sich diverse Prunkbauten aneinander. ✎ *Karte M4*

Den besten Blick auf die Altstadt hat man vom Rathausturm, vom Südturm der Frauenkirche und von Sankt Peter.

»In München steht ein Hofbräuhaus ...«

6 Hofbräuhaus & Platzl

Die bekannteste Münchner Adresse: Die heutige Gaststätte von 1896, mit einer sogenannten Schwemme für 1000 Gäste im Erdgeschoss, gehört zur königlichen Hofbrauerei, die Wilhelm V. schon 1589 gründete. Ausgeschenkt wird folglich Hofbräu – etwa 10 000 Liter am Tag. Das Hofbräuhaus hat im ersten Stock einen Festsaal mit Tonnengewölbe. Zum Haus gehört auch ein schöner kleiner Biergarten. Gehen Sie auch in die verwinkelten Seitenstraßen, etwa in die Burgstraße. Sie sind hier in einem der ältesten Teile Münchens. *Am Platzl 9 • Karte M4 • www.hofbraeuhaus.de*

7 St.-Jakobs-Platz mit Stadtmuseum & Synagoge

Seit 2006 ist der Sankt-Jakobs-Platz zum Jüdischen Zentrum geworden. Hier steht die neue Jüdische Synagoge Ohel Jakob *(siehe S. 41)* mit Jüdischem Museum *(siehe S. 37)* und Gemeindezentrum. Seit Langem hier beheimatet ist das Stadtmuseum, das über sechs Gebäude verteilt ist, darunter sind das ehemalige Zeughaus und der Marstall. Es besitzt mehrere feste Abteilungen und zeigt auch Wechselausstellungen. Bekannt ist das Filmmuseum aufgrund seiner Stummfilm-Rekonstruktionen *(siehe S. 36 und 54)*. An der Westseite des Platzes befindet sich das Ignaz-Günther-Haus, ein spätgotisches Gebäude, das Wohnhaus und Atelier des Rokoko-Bildhauers war. *St.-Jakobs-Platz 1 bzw. 15 • Karte L5 • www.stadtmuseum-online.de*

8 Sendlinger Straße mit Sendlinger Tor

Die Sendlinger Straße war lange Zeit eine der ältesten Einkaufsstraßen mit Läden, die sich seit Generationen in Familienbesitz befanden. Mittlerweile wird sie schicker und teurer. Doch abseits der Kaufhäuser der Fußgängerzone kann man hier hübsch bummeln und vor allem die beiden Rokoko-Kleinode bestaunen: die Asamkirche *(siehe S. 27 und 40)* und das Asamhaus in der Sendlinger Straße Nr. 34. Egid Quirin Asam erwarb dieses Gebäude (nicht zugänglich) und baute es um. Durch ein Fenster konnte er auf den Hochaltar der Asamkirche sehen. Am Ende der Straße steht das mit Efeu und Wein bewachsene Sendlinger Tor, Teil der mittelalterlichen Stadtbefestigung. *Sendlinger Straße 34 und 62 • Karte K5*

Egid Quirin Asam

Odeon

Das ehemalige Odeon am Odeonsplatz 3 war ein glanzvoller Konzertsaal. Ludwig I. finanzierte ihn – trotz Widerstands – mit Geld aus dem Verteidigungsetat. Der von Klenze 1828 errichtete Bau wurde im Zweiten Weltkrieg zerstört. Danach wurden nur die Mauern des Saals als Innenhof hochgezogen. Heute ist hier das Innenministerium untergebracht.

Infos über das Jüdische Zentrum unter **www.juedischeszentrumjakobsplatz.de**

Staatskanzlei am Ende des Hofgartens

9 Residenz & Hofgarten

An den größten Gebäudekomplex des alten München, die Residenz *(siehe S. 20f)*, grenzt der Hofgarten *(siehe S. 39)* mit seinen Blumenrabatten, Linden und Arkaden. Am Ende erhebt sich die – seinerzeit stark kontrovers diskutierte – Bayerische Staatskanzlei. Der Bau (1989–93) integriert die Ruine des Armeemuseums. Seitlich sind Mauerreste und eine Gartenanlage (16. Jh.) unter Glas zu sehen.
Karte L/M3–4

10 Odeonsplatz mit Theatinerkirche & Feldherrnhalle

Zwischen Residenz und Theatinerkirche *(siehe S. 27 und 40)* standen früher Adelspalais. Hier wurde die alte Stadtbefestigung ab 1800 geschleift, um die Ludwigstraße zu schaffen. Abschluss bzw. Anfang bildet der Odeonsplatz mit der Feldherrnhalle, die nach dem Vorbild der Loggia dei Lanzi in Florenz erbaut wurde. Die Standbilder der dreibogigen Halle stellen die bayrischen Feldherren Graf Tilly und Fürst Wrede dar. *Karte L3*

Feldherrnhalle mit Blick auf die Residenz

Ein Tag im Zentrum

Vormittag

Vom Marienplatz gehen Sie die Fußgängerzone entlang zur Mazaristraße, diese führt zur **Frauenkirche** *(siehe S. 79)*. Nördlich der Kirche kommt man über die Maffeistraße zu den **Fünf Höfen** *(siehe S. 66)*. Bummeln Sie über die Theatinerstraße zum Odeonsplatz mit **Theatinerkirche** und **Feldherrnhalle**. Im Café Tambosi gibt es guten Kaffee mit Blick in den **Hofgarten**. Für eine **Residenz**-Führung braucht man einen halben Tag, besichtigen Sie die Innenhöfe des Komplexes. Über die Residenzstraße gelangt man zum Max-Joseph-Platz mit Oper und zur Maximilianstraße. Über Dienerstraße, **Alten Hof** und **Platzl** geht es zurück zum Marienplatz – zum Glockenspiel (um 11 und 12 Uhr). Im Weißen Bräuhaus (Im Tal 10) wird bayrische Küche serviert.

Nachmittag

Als Verdauungsmaßnahme ersteigt man den **Alten Peter** *(siehe S. 26)* – mit Blick über die Altstadt. Von hier geht es über den Rindermarkt (mit mittelalterlichem Löwenturm) nach rechts in die Sendlinger Straße. Das **Asamhaus** (Nr. 34) ist nicht zugänglich, doch die spätbarocke **Asamkirche** (Nr. 62) ist grandios. Links gelangt man zum St.-Jakobs-Platz mit Stadtmuseum, Synagoge und Jüdischem Museum. Das Stadtcafé bietet sich als Stopp an. Um die Ecke liegt der **Viktualienmarkt**. Von hier gelangt man nach Osten zum **Isartor** mit Valentin-Musäum *(siehe S. 82)* und südlich zum Gärtnerplatzviertel mit vielen Kneipen.

Infos zum Hitlerputsch von 1923 und den Anfängen des Nationalsozialismus **www.ns-dokumentationszentrum-muenchen.de**

Links **Gärtnerplatz mit Gärtnerplatztheater** Mitte **Stachus** Rechts **Künstlerhaus**

TOP 10 Dies & Das

1 Isartor & Valentin-Musäum

Im Südturm des Isartors (13./14. Jh.) ist ein Museum untergebracht, das dem Münchner Original Karl Valentin (1882–1948) gewidmet ist. Das Turmstüberl, möbliert im Stil der Jahrhundertwende, beherbergt ein Café. *Im Tal 50 • Karte M5 • Mo, Di, Do 11–17.30, Fr, Sa 11–18, So 10–18 Uhr • Eintritt • www.valentin-musaeum.de*

2 Erzbischöfliches Palais & Palais Portia

Ersteres ist das letzte erhaltene Stadtpalais (1733–37) von François Cuvilliés. Ganz in der Nähe steht das barocke Palais Portia. *Kardinal-Faulhaber-Str. 7 bzw. 12 • Karte L4 • beide nicht zugänglich*

3 Literaturhaus

Am Salvatorplatz mit Salvatorkirche *(siehe S. 41)* steht das Literaturhaus, ein ehemaliges Renaissance-Schulhaus. Im Erdgeschoss befinden das Café und das Restaurant OskarMaria. *Salvatorplatz 1 • Karte L3 • www.literaturhaus-muenchen.de*

Isartor mit Valentin-Musäum

4 Wittelsbacher Platz

Vom Odeonsplatz führt die Brienner Straße zum Wittelsbacherplatz mit Palais und der Statue Maximilians I. *Karte L3*

5 Promenadeplatz

Der lange schmale Platz war im Mittelalter Salzmarkt. An der Nordseite steht das berühmte Hotel Bayerischer Hof mit dem Palais Montgelas. *Karte K/L4*

6 Künstlerhaus

Das Künstlerhaus (1892–1900) am Lenbachplatz war nach 1900 ein Künstlertreff. Im Erdgeschoss liegt das vegetarische Restaurant Farm, im Obergeschoss das Grill. *Karte K3–4*

7 Justizpalast

Der von Friedrich Thiersch errichtete Bau (1891–98) dominiert den Stachus. *Karte J4*

8 Karlsplatz (Stachus)

Am Karlsplatz (Stachus) mit seinen Fontänen und dem mittelalterlichen Karlstor endet die Fußgängerzone. *Karte J4*

9 Gärtnerplatz

Hübscher sechseckiger Platz (19. Jh.) in Münchens Schwulenviertel mit dem Gärtnerplatztheater *(siehe S. 42f)*. • *Karte L5*

10 Max-Joseph-Platz

Ab 1820 südlich der Residenz angelegter Platz mit Königsbau und Nationaltheater *(siehe S. 42)*. *Karte L4*

»Mehr Erotik, bitte« – das OskarMaria im Literaturhaus verkauft Tassen und Teller mit Zitaten von Oskar Maria Graf.

Links **Der Pschorr in der Schrannenhalle** Mitte **Dallmayr-Wappen** Rechts **Hugendubel**

TOP 10 Shoppen & Bummeln

1 Viktualienmarkt & Schrannenhalle

2005 wurde die Schrannenhalle, ein Glas-Eisen-Bau (19. Jh.), am Viktualienmarkt wiederaufgebaut. Im Kopfgebäude residiert das Wirtshaus Der Pschorr. *Viktualienmarkt 15 • Karte L5*

2 Ludwig Beck am Rathauseck

Ein Kaufhaus der etwas anderen Art für Mode, Lingerie, Papeterie und Musik. Eine Filiale für Wein gibt es gleich ein paar Schritte weiter in der Burgstraße. *Marienplatz 11 • Karte L4*

3 Hugendubel, Marienplatz

Größtes »Bücherkaufhaus« der Stadt (mit Filialen u. a. am Stachus und in den Fünf Höfen). *Marienplatz • Karte L4*

4 Alois Dallmayr

Der ehemalige Hoflieferant bietet viele Köstlichkeiten sowie Kaffee. Restaurant im ersten Stock. *Dienerstr. 14, 15 • Karte L4*

5 Böhmler im Tal

Kleines, aber feines Möbel-Kaufhaus mit Geschenk- und Deko-Abteilung. *Im Tal 11 • Karte L4*

6 Fan-Shops von FC Bayern & TSV 1860 München

Trikots und mehr. Die Fußball-Devotionalien der beiden Vereine gibt es in der Nähe des Hofbräuhauses. Hier liegen sich die beiden Shops fast gegenüber. *Orlandostr. 1 bzw. 8 (beim Platzl) • Karte M4*

7 Elly Seidl

Sie glauben, belgische Pralinen seien die besten? Probieren Sie doch mal die Schokoträume von Elly Seidl. *Maffeistr. 1 bzw. Am Kosttor 2 • Karte L4 bzw. M4*

8 SportScheck

Das Sportkaufhaus in der Innenstadt. Auf über 4000 Quadratmetern gibt es hier alles, was mit Sport zu tun hat. *Sendlinger Str. 6 • Karte L4*

9 Kokon

Asiatische, teilweise antike Möbel und Kunsthandwerk, eine Pflanzenabteilung und ein kleiner Buchladen. Im Untergeschoss gibt es hübsche Deko-Utensilien und kleinere Objekte. *Lenbachplatz 3 • Karte K3–4*

10 Loden Frey

Loden – nicht nur Stoff, sondern auch eine Einstellung. Das bäuerliche Textil, geschätzt wegen seiner Robustheit, hat Karriere gemacht – sowohl bei Trachten als auch bei internationaler Mode. *Maffeistr. 7–9 • Karte L4*

Zu den Shopping-Meilen & zu den neuen Einkaufsplazas (Fünf Höfe, Maximilianhöfe) **siehe S. 66f**

Links **Bar Centrale** Mitte **Cafébereich des OskarMaria** Rechts **Innenhof des Stadtcafés**

TOP 10 Cafés & Bars

1 Café Rischart

Traumhaft gut sind die Faschingskrapfen, doch auch während des restlichen Jahrs sind die Kuchen und Torten nicht zu verachten. Traditionelles Tagescafé. *Marienplatz 18 • Karte L4*

2 OskarMaria

Kaffee in literarischem Ambiente. Die Café-Abteilung des OskarMaria im Literaturhaus serviert mit Design-Geschirr (Zitate von Oskar Maria Graf). Besonders hübsch ist es auf der Galerie. Im Sommer gibt es Tische im Freien. *Salvatorplatz 1 • Karte L3*

3 Schumann's Tagesbar

Ein Ableger des legendären Schumann's in den Fünf Höfen. Cool und modern, aber mit Qualitätsbewusstsein. Nur Tagescafé. *Maffeistr. 6 • Karte L4*

4 Stadtcafé im Stadtmuseum

Hier trifft man tagsüber auf Museumsbesucher und abends auf Szene-Publikum. Einer der schönsten Innenhof-Biergärten Münchens. Es gibt nicht nur Kaffee, sondern auch Alkoholisches und kleine Speisen. Gut für ein leichtes Mittagessen geeignet. *St.-Jakobs-Platz 1 • Karte L5*

5 Tambosi

Italienische Kaffeespezialitäten am Hofgarten. Münchens ältestes Caffè, von Luigi Tambosi aus Trient gegründet *(siehe S. 60f)*. *Odeonsplatz 18 • Karte L3*

6 Bar Centrale

Stilvolle italienische Tages- und Nachtbar. Morgens trinkt man hier Espresso oder Cappuccino, abends einen Gimlet. *Ledererstr. 23 • Karte L4*

7 Café Lotter-Leben

Café-Bar direkt am Viktualienmarkt. Von 9 bis 12 gibt es eine »Frühstücks-Happy-Hour«. Mittags leichte Gerichte. *Viktualienmarkt/Frauenstr. 4 • Karte L5*

8 Café Kreutzkamm

Pralinen und Teegebäck vom Feinsten. Das Café im alten Stil ist der richtige Ort für Tortenfans. *Maffeistr. 4 • Karte E3*

9 Pusser's

Klassische Pianobar mit Tradition. Über 200 Cocktails. *Falkenturmstr. 9 (nahe Platzl) • Karte M4*

10 Barista

Souterrain-Bar in den Fünf Höfen. Freundliche Tagesbar mit Essen. Abends wird sie zur Cocktailbar. *Kardinal-Faulhaber-Str. 11 • Karte L4*

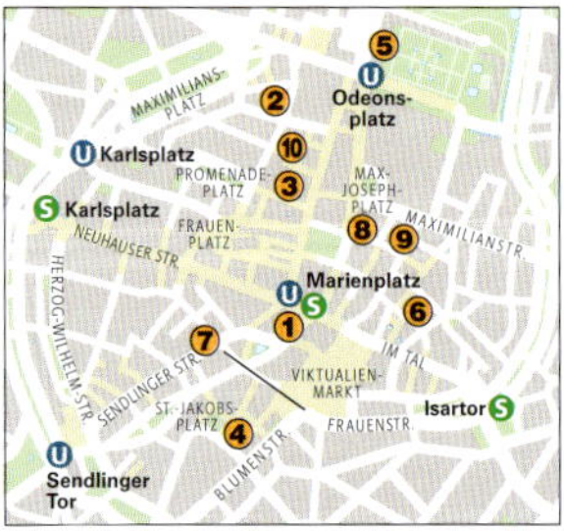

Zu Bars & Cafés, Schwul & lesbisch, Sterne-Restaurants, bayrischen Wirtshäusern sowie Biergärten **siehe S. 24f, S. 50f, S. 58–65**

Preiskategorien

Preis für ein Drei-Gänge-Menü mit einem Bier/einem Glas Wein, inklusive Steuern und Service.		
	€	unter 30 €
	€€	30–40 €
	€€€	40–50 €
	€€€€	50–60 €
	€€€€€	über 60 €

Weinhaus Neuner – das älteste Weinhaus Münchens

TOP 10 Restaurants

1 Altes Hackerhaus

Sehr deftige bayrische Küche (Ochsenmaulsalat, Speckkrautsalat) in einem Gebäude von 1832, das früher Brauerei war. Hübscher Innenhof mit Springbrunnen. *Sendlinger Str. 14 • Karte K5 • (089) 260 50 26 • tägl. 10–24 Uhr • www.hackerhaus.de • €*

2 Braunauer Hof

Traditionelle bayrische Küche in der Nähe des Isartors. Mit Garten. *Frauenstr. 42 • Karte L5 • (089) 22 36 13 • Mo–Sa 10–24 Uhr • €–€€*

3 Andechser am Dom

Zünftige bayrische Gaststätte neben der Frauenkirche. Ausgeschenkt wird das »heilige« Andechser. *Weinstr. 7 • Karte L4 • (089) 29 84 81 • tägl. 10–1 Uhr • €*

4 Hundskugel

Das älteste Restaurant Münchens (1440) bietet bayrische Küche mit internationalem Einschlag. Die Mittagsmenüs sind preiswert. *Hotterstr. 18 • Karte K4 • (089) 26 42 72 • tägl. 10–24 Uhr • €*

5 Paulaner im Tal

Traditionslokal mit bayrischen Gerichten in großen Portionen. Günstige Mittagsmenüs. *Im Tal 12 • Karte L4 • (089) 219 94 00 • tägl. 10–1 Uhr • für Rollstühle geeignet • €*

6 Buffet Kull

Ambitionierte, französische Küche in Bistro-Atmosphäre. *Marienstr. 4 • Karte M5 • (089) 22 15 09 • tägl. 18–1 Uhr • €€–€€€*

7 Conviva im Blauen Haus

»Kantine« der Kammerspiele, die leichtes, frisches Essen serviert. Hier arbeiten Menschen mit Behinderungen. *Hildegardstr. 1 • Karte M4 • (089) 23 33 69 77 • Mo–Sa 11–1, So 17–1 Uhr • www.conviva-muenchen.de • €–€€*

8 Weinhaus Neuner

Ältestes Weinhaus in der Stadt (1852). Kreative Küche. Preiswerte Mittagmenüs. *Herzogspitalstr. 8 • Karte K4 • (089) 260 39 54 • tägl. 12–15, 18–24 Uhr • für Rollstühle geeignet • €–€€*

9 Sakura Sushi Bar

Authentisches Sushi-Lokal. Sushi in allen Variationen sowie viele warme Gerichte. *Prannerstr. 1 • Karte L4/5 • (089) 22 80 14 72 • tägl. 11–15, 17–1 Uhr • €–€€*

10 Prinz Myshkin

Seit über 20 Jahren exzellente vegetarische Küche. Man sitzt in einem hohen Gewölbe. Nebenan gibt es eine Lounge. *Hackenstr. 2 • Karte K5 • (089) 26 55 96 • tägl. 11–0.30 Uhr • €–€€*

Wenn nicht anders angegeben, akzeptieren alle Restaurants Kreditkarten.

Links **Bayerische Staatsbibliothek** Rechts **Jugendstil-Ornamente an einem Haus, Ainmillerstraße**

Schwabing & Universitätsviertel

DAS HIER BESCHRIEBENE AREAL *umfasst die Stadtbezirke Schwabing, Maxvorstadt (mit Universitätsviertel und Königsplatz) und die Grenzbereiche des Bezirks Lehel – anders gesagt: alles direkt links und rechts von Ludwig- und Leopoldstraße. Anfang des 19. Jahrhunderts begann mit der Maxvorstadt die Altstadterweiterung nördlich und westlich des Odeonsplatzes. Hier finden sich viele Museen und die Universitäten, Hochschulen und Bibliotheken. Im Norden entwickelte sich der idyllische Vorort Schwabing Ende des 19. Jahrhunderts zum Künstler- und Intellektuellenviertel. Bisweilen lässt sich das einstige Flair, in dem der Münchner Jugendstil entstand, noch erahnen.*

TOP 10 Attraktionen

1. Ludwigstraße & Siegestor
2. Ludwigskirche
3. Bayerische Staatsbibliothek
4. Ludwig-Maximilians-Universität
5. Akademie der Bildenden Künste
6. Leopoldstraße & Münchner Freiheit
7. Englischer Garten
8. Um den Königsplatz
9. Museumsviertel
10. Olympiagelände

Signet des Alten Simpl, einer Künstlerkneipe

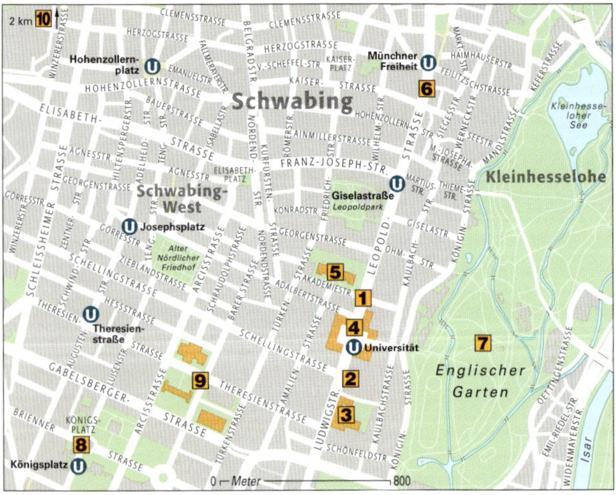

Infos über weitere Schwabinger Attraktionen finden Sie unter **www.muenchen.de**

1 Ludwigstraße & Siegestor

Als ab 1800 die Stadtmauer geschleift wurde, ließ Ludwig I. eine Prachtstraße im Stil der italienischen Renaissance anlegen: die Ludwigstraße (1815–50). Gerahmt wird die »italienische Meile« von der Feldherrnhalle *(siehe S. 81)* im Süden und vom Siegestor im Norden. Es ist dem Konstantinsbogen in Rom nachempfunden. Oben lenkt die Bavaria in einem Triumphwagen ihre vier Löwen. Das Tor für Siegesparaden des bayrischen Heers wurde im Krieg beschädigt, doch in den letzten Jahren vollständig restauriert. Nach Kriegsende erhielt es die Inschrift »Dem Siege geweiht, im Krieg zerstört, zum Frieden mahnend«. ✎ *Karte L3–M1*

Siegestor mit Bavaria und Löwenquadriga

2 Ludwigskirche

Die Kirche im Stil der italienischen Romanik (1829–43) steht nahe der Staatsbibliothek und enthält das zweitgrößte Kirchenfresko der Welt *(siehe S. 40)*.

3 Bayerische Staatsbibliothek

Die zweitgrößte deutsche Bibliothek (u. a. über sechs Millionen Bücher, etwa 70 000 Manuskripte, wertvolle Handschriften und Drucke) geht auf Sammlungen von Albrecht V. und Wilhelm V. (16. Jh.) zurück. Der jetzige Bau (1832–43) wurde von F. von Gärtner im Stil eines Renaissance-Palasts errichtet. ✎ *Ludwigstr. 16 • Karte M2 • www.bsb-muenchen.de*

4 Ludwig-Maximilians-Universität

Ludwig I. verlagerte die alte Universität (15. Jh.) von Ingolstadt nach München. Um das Hauptgebäude am Geschwister-Scholl-Platz gruppieren sich zahlreiche Fakultäten. ✎ *Geschwister-Scholl-Platz • Karte M2 • www.uni-muenchen.de*

5 Akademie der Bildenden Künste

Der lang gestreckte Akademiebau im Stil der Neorenaissance (1808–86) hat eine wechselvolle Geschichte. Die Namen der Studenten um 1900 lesen sich wie das »Who's who« der Kunstgeschichte: Kandinsky, Klee, Kubin, Marc … ✎ *Akademiestr. 2 • Karte M1 • www.adbk.de*

Ludwig-Maximilians-Universität mit Brunnen

Im Lichthof der Universität sind Fragmente aus den Flugblättern der »Weißen Rose« gegen das Nazi-Regime eingelassen.

Walking Man an der Leopoldstraße

6 Leopoldstraße & Münchner Freiheit

Hinter dem Siegestor fängt Schwabing an. Hier beginnt auch die Flaniermeile des Viertels: die Leopoldstraße. Läden, Straßencafés und Fast-Food-Ketten reihen sich aneinander. Das Flair der 1960er und 1970er Jahre, als sich hier Jungfilmer, Studenten und »Lebenskünstler« tummelten, ist zwar Vergangenheit, doch hat die Straße an einigen Ecken noch ihren Reiz. Sehenswert: der Walking Man (1995), die 17 Meter hohe Skulptur von Jonathan Borofsky vor Haus Nr. 36. Am Nordende der Münchner Freiheit liegt das gleichnamige Café. Hier sitzt man mit der überlebensgroßen Statue des beliebten Schauspielers Helmut Fischer, der den »Monaco Franze«, den ewigen Stenz verkörperte, zusammen. Jugendstil-Häuser finden sich in einigen Seitenstraßen der Leopoldstraße, etwa in der Georgenstraße (Nr. 8–10) und der Ainmillerstraße (Nr. 20, 22, 33, 34, 35, 37). Ein sehr hübsches Gründerzeit-Ensemble weist die Kaiserstraße auf. Witzige Boutiquen und Läden gibt es in der Hohenzollernstraße und in der Maxvorstadt im Areal zwischen Schelling-, Türken- und Barer Straße *(siehe S. 91)*. Auf der anderen Seite der Leopoldstraße führen fast alle Straßen zum Englischen Garten. *Karte F3–G2*

Jugendstil

München ist der Geburtsort des Jugendstils. 1896 erschien hier das erste Heft der Kunstzeitschrift »Jugend«, das der neuen Stilrichtung mit floral-grafischer Linienführung ihren Namen gab. Bereits 1892 hatten sich über 100 Künstler – gegen die »Tyrannei« des Malerfürsten Franz von Lenbach – zur »Münchner Secession« zusammengeschlossen.

7 Englischer Garten

Der »Hauspark« der Schwabinger ist die größte innerstädtische Parkanlage Deutschlands und bietet viele Möglichkeiten zur Freizeitgestaltung – u. a. Spaziergänge, Biergartenbesuche (Seehaus, Chinesischer Turm, Hirschau), Joggen, Bootsfahrten oder – für Wagemutige – Surfen im Eisbach. Von der Münchner Freiheit führen die Straßen rechter Hand zum Kleinhesseloher See und zum Biergarten Seehaus *(siehe S. 38)*.

Jugendstil-Ornament

8 Um den Königsplatz

Den weitläufigen Königsplatz verdankt München Ludwig I. 1816–62 entstanden hier unter Leo von Klenze die dorischen Propyläen, die ionische Glyptothek mit ihrer Skulpturensammlung und die korinthischen Antikensammlungen *(siehe S. 36)*. Gleich hinter den Propyläen steht das Lenbachhaus *(siehe S. 36)*, noch eine Ecke weiter das Paläontologische Museum *(siehe S. 37)*. Zum Ostende hin geht der Königsplatz fast in den Karolinenplatz (Anfang 19. Jh. von Maximilian I. Joseph initiiert) über. Der Obelisk in der Mitte erinnert an die bayrischen Soldaten, die bei

Zu sehen sind Münchner Jugendstil-Exponate in der Villa Stuck **siehe S. 37** – *Jugendstil-Touren* **www.stattreisen-muenchen.de**

Leo von Klenzes Propyläen am Königsplatz

Napoléons Russland-Feldzug starben. In der Nazi-Zeit diente der Platz als Aufmarschrampe und war zugepflastert. Auch ein Relikt dieser Ära: die heutige Hochschule für Musik und Theater, damals der sogenannte Führer-Bau (Arcisstraße 12), in dem das Münchner Abkommen von 1938 ratifiziert wurde. Heute ist der Platz begrünt, und im Sommer finden Open-Air-Veranstaltungen statt *(siehe S. 47)*. *Karte J2/3*

9 Museumsviertel

Unweit des Königsplatzes, links und rechts der Barer Straße, liegen die drei großen Pinakotheken und das Museum Brandhorst *(siehe S. 14–17 und 37)*. Weitere Museen sind geplant. *Karte K2/3*

10 Olympiagelände

Das zu den Olympischen Sommerspielen 1972 fertiggestellte Areal im Norden Schwabings hat sich zum Sport- und Vergnügungspark der Münchner entwickelt *(siehe S. 18f)*.

Pacelli-Palais – Schwabinger Jugendstil

Im Studentenviertel

Vormittag

Beginnen Sie den Tag à la bohemien im Café Münchner Freiheit. Dann flanieren Sie die **Leopoldstraße** hinunter und biegen in die Kaiserstraße mit ihren hübschen Häusern ein (in Nr. 46 wohnte Lenin). Am Kaiserplatz nehmen Sie die Friedrichstraße bis zur Ecke Ainmillerstraße mit Jugendstil-Häusern (Nr. 20 bis Nr. 37). Gehen Sie die Friedrichstraße weiter bis zur Georgenstraße. Nr. 8 ist das Pacelli-Palais, daneben steht das Palais Bissing. Von hier geht's zur Leopoldstraße zurück, zur Kunstakademie in der Nähe des **Siegestors**. Gehen Sie zur **Universität** weiter. Durchqueren Sie den Lichthof des Hauptgebäudes zur »studentischen« Amalienstraße mit vielen Cafés und Restaurants. Französisch speist man im Terrine (in der Amalienpassage).

Nachmittag

Je nach Wetter und Neigung können Sie jetzt der Natur oder der Kultur frönen. Für Frischluft-Fans bietet sich ein Spaziergang im **Englischen Garten** *(siehe S. 70)* mit anschließendem Biergartenbesuch an. Kunstliebhaber biegen von der Amalienstraße in die Schellingstraße ab und gehen bis zur Ecke Barer Straße. Sie führt zu den drei **Pinakotheken** *(siehe S. 14–17)*. Nach einem Museumsbesuch bieten sich die jeweiligen Cafés der Pinakotheken für eine Kaffeepause an. Hübsch ist auch das Café der **Glyptothek** am Königsplatz, falls Sie lieber antike Statuen und die **Antikensammlungen** *(siehe S. 36)* besichtigen wollen.

In der Ainmillerstraße wohnen und wohnten viele Künstler, in den 1920er Jahren u. a. Rilke, Gabriele Münter, Kandinsky und Klee.

Links **St. Ursula am Kaiserplatz** Mitte **Auf dem Markt am Elisabethplatz** Rechts **BMW-Museum**

TOP 10 Dies & Das

1 Erlöserkirche
Am Nordende der Münchner Freiheit steht diese (evangelische) Jugendstil-Kirche.
Münchner Freiheit • Karte G2

2 Wedekindplatz
Einst das Herz des dörflichen Schwabing, ist der Platz an der Feilitzschstraße nun etwas heruntergekommen. Hier fanden 1962 die Schwabinger Krawalle statt *(siehe S. 35)*. *Karte G2*

3 Elisabethplatz
Der Elisabethplatz, ein Stückchen Altschwabing, erhielt seinen Namen von der österreichischen Kaiserin Sisi. Schon seit 1903 gibt es hier einen Markt. Er ist nach dem Viktualienmarkt der zweitgrößte der Stadt. *Karte F3 • Markt: Mo–Fr 10–18, Sa 7–12 Uhr*

4 Alter Nördlicher Friedhof
Keineswegs morbide. Der parkähnliche, aufgelassene Friedhof von 1866 dient mittlerweile der Erholung und Entspannung. Kinder spielen auf dem Rasen zwischen verfallenden Grabsteinen, Erwachsene sitzen im Halbschatten auf den Bänken.
zwischen Ziebland-, Arcis-, Adalbert- und Luisenstr. • Karte F3

5 Luitpoldpark
Der Luitpoldpark wurde auf dem Schutt des Zweiten Weltkriegs errichtet. Das Restaurant im barocken Bamberger Haus hat prächtige Gasträume und eine hübsche Terrasse *(siehe S. 39)*.

6 Nikolaiplatz & Seidlvilla
Ecke Sieges- und Maria-Josepha-Straße stößt man auf diesen ruhigen Platz. Die Seidlvilla (1905) wurde vor dem Abriss bewahrt und ist nun ein Kultur- und Bürgerzentrum mit Lesungen, Konzerten und Ausstellungen.
Karte G2 • www.seidlvilla.de

7 Kaiserplatz & Kaiserstraße
Die Silhouette der St.-Ursula-Kirche hat schon Kandinsky auf einem Gemälde verewigt. Die Kaiserstraße weist prachtvolle Gründerzeit-Häuser auf. In Nr. 46 wohnte einst Lenin. *Karte F2*

8 BMW-Museum
Am Fuß des vierzylindrigen BMW-Hochhauses steht das schalenförmige Museum, das 2008 wiedereröffnet wurde. Der Flachbau beherbergt die Dauerausstellung, der Rundbau Wechselausstellungen. *Am Olympiapark 2 • Karte E1 • (0180) 211 88 22 • Di–So 10–18 Uhr • www.bmw-museum.de*

9 Museum »Reich der Kristalle«
Neben der Pinakothek der Moderne präsentiert dieses Museum eine große Sammlung von Mineralien. *Theresienstr. 41 • Karte L2 • (089) 21 80 43 12 • Di–So 13–17 Uhr*

10 Museumsmeile Prinzregentenstraße
Im vorderenTeil der Prinzregentenstraße liegen Haus der Kunst, Bayerisches Nationalmuseum und Schack-Galerie *(siehe S. 36f)*.

Auf dem Elisabethplatz gibt es auch ein kleines lauschiges »Marktcafé«.

Links **Buchhandlung Lehmkuhl** Rechts **Japanalia – Neues und Altes aus Japan**

TOP 10 Boutiquen & Läden

1 Buchhandlung Lehmkuhl

Traditionsreiche Buchhandlung an der Leopoldstraße mit anspruchsvollem Sortiment. Hier finden auch Lesungen statt.

Leopoldstr. 45 • Karte G3

2 Natascha Müllerschön

Dezent elegantes Modedesign – und Couture für den großen Auftritt. *Franz-Joseph- Str. 21 • Karte F3*

3 Kandis & KandisMann

Die Designerin Ann Dörr kreiert lockere, tragbare Eleganz für sie und ihn mit edlen, hochwertigen Materialien bei einfacher Schnittführung. *Hohenzollernstr. 29 • Karte F2*

4 Japanalia

Von japanischem Teezubehör über Kunstgewerbe und Kimonos bis hin zu japanischen Möbeln. Neue und alte bzw. antiquarische Objekte. *Herzogstr. 7 • Karte F2*

5 Autorenbuchhandlung

Die Buchhandlung wurde – wie der Name sagt – von Autoren gegründet, die sich nicht mehr dem Diktat des Buchmarkts beugen wollten. Es gibt oft Lesungen. *Wilhelmstr. 41 • Karte F2*

6 Mashallah

Orientalisch-exotische Pracht für den Heimbedarf. Eine Filiale von Kokon *(siehe S. 83)* mit Textilien und Wohn-Accessoires im East-meets-West-Stil. *Schellingstr. 52 • Karte L2*

7 Momento

Hier werden Arche-Schuhe verkauft. Ganz in der Nähe, in der Hohenzollernstr. 76, bietet Fabri die Schuhmode vom letzten Jahr.

Hohenzollernstr. 40 • Karte F2

8 Antiquariat Kitzinger

Eine Fundgrube, die gleich neben dem Germanistischen Institut der Ludwig-Maximilians-Universität liegt. Das mit Büchern übervolle Antiquariat der alten Schule lädt zum Stöbern ein. *Schellingstr. 25 • Karte L2*

9 Small Bag

Wohn-Accessoires und Geschenke: Im Laden von Gisela Rädlein sollte man sich Zeit nehmen. Hier findet man Trendiges und Altes, Bizarres und Praktisches – vom Silberschmuck über alte Uhren bis zu Büsten.

Herzogstr. 11 • Karte F2

10 Silver & More

Silver & More bietet ansprechenden Silberschmuck, Uhren, *objets d'art* und vieles mehr.

Türkenstr. 69 • Karte L1

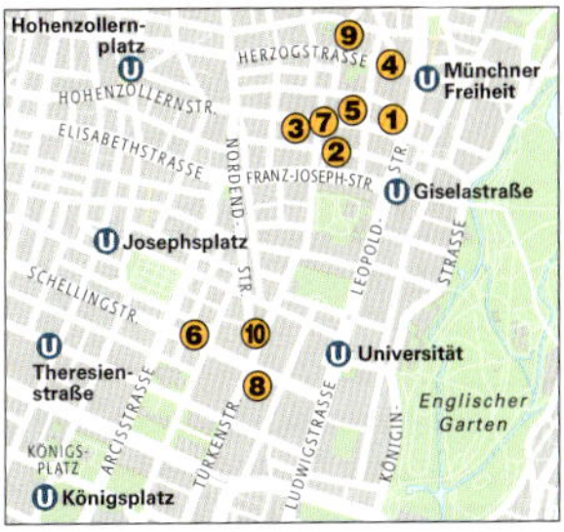

Zu den *Shopping-Meilen* **siehe S. 66f**

Links **Café Münchner Freiheit mit Skulptur** Mitte **Essbereich des Schmock** Rechts **Café Florian**

TOP 10 Cafés, Bistros & Kneipen

1 Café Münchner Freiheit
Mehrstöckiges Café mit großer Freifläche am Nordende der Münchner Freiheit. Draußen sitzt man zusammen mit der überlebensgroßen Skulptur des Schauspielers Helmut Fischer. Auch für ein Mittagessen geeignet.
Münchner Freiheit • Karte G2

2 Café Reitschule
Am Rand des Englischen Gartens liegt dieses Traditionscafé mit drei Terrassen, Biergarten und Wintergarten. Von drinnen kann man auf den Reitplatz sehen. Hier kann man auch auf die Schnelle ein Mittagsmenü essen. *Königinstr. 34 • Karte N1*

3 Café Florian
Espresso-Bar mit kleinem Restaurantteil (italienische Küche). Abends kann man in die Cocktailbar Coccodrillo im Keller wechseln. Tische im Freien.
Hohenzollernstr. 11 • Karte F2

4 Amaliencafé
Studenten und Geschäftsleute der Umgebung kommen gern hierher. Sowohl für einen schnellen Cappuccino als auch für einen Mittagsimbiss geeignet. *Amalienstr. 37 • Karte L2*

5 Café an der Uni (CADU)
Nettes kleines Café hinter einer Mauer an der Ludwigstraße. Gut geeignet für eine Kaffeepause bei einem Bummel in dieser Ecke des Universitätsviertels.
Ludwigstr. 24 • Karte M2

6 Terrine
Jugendstil-Bistro und Partnerlokal des Tantris. Ab mittags gibt es feine französische Küche.
Amalienstr. 89 (Passage) • Karte L1

7 Tresznjewski
Das Café-Lokal gleich bei den Pinakotheken bietet Frühstück, Kaffee, Mittag- und Abendessen sowie Cocktails. Bunt gemischtes Publikum. *Theresienstr. 72 • Karte K/L2*

8 Vorstadt-Café
Vom »Love-Frühstück« über Mittagsmenüs bis zur abendlichen thailändisch-italienischen Küche. *Türkenstr. 83 • Karte L1*

9 Schmock
Jugendstil-Bar plus Lokalbereich mit jüdischer Küche (teils koscher). Szeniges Publikum.
Augustenstr. 52 • Karte J2

10 Atzinger
Einst legendäre Studentenkneipe, die nun renoviert ist. Die Preise sind immer noch moderat.
Schellingstr. 9 • Karte L2

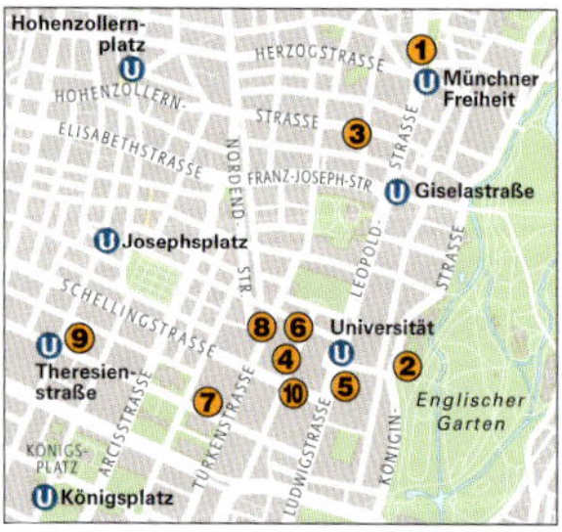

Weitere Bars & Cafés, Schwul & lesbisch, Sterne-Restaurants, bayrische Wirtshäuser bzw. Biergärten **siehe S. 24f, S. 50f, S. 58–65**

Preiskategorien		
Preis für ein Drei-Gänge-Menü mit einem Bier/einem Glas Wein, inklusive Steuern und Service.	€	unter 30 €
	€€	30–40 €
	€€€	40–50 €
	€€€€	50–60 €
	€€€€€	über 60 €

Max-Emanuel-Brauerei – Gaststätte und Biergarten

TOP 10 Restaurants

1 Tantris

Das beste Lokal Münchens, Olymp der Haute Cuisine und entsprechend teuer *(siehe S. 64)*.

2 La Bouille

Gute französische Küche des Werneckhof-Teams – seit einiger Zeit in einem neuen Lokal mit Terrasse. *Neureutherstr. 15 • Karte K1 • (089) 39 99 36 • Mo–Sa 12–14.30, 19–24 Uhr • geschl. Sa mittags, So • €€–€€€*

3 Osteria Italiana

Der älteste Italiener der Stadt – konservativ, ruhig und dezent. Traumhafter schmucker Innenhof. *Schellingstr. 62 • Karte K1 • (089) 272 07 17 • Mo–Sa 12–14.30, 18.30–24 Uhr • geschl. So • €€–€€€*

4 Le Sud

Guter, preiswerter Franzose in hübschem Ambiente mit romantischer Terrasse. *Bismarckstr. 21 • Karte F2 • tägl. 18–1 Uhr • €–€€*

5 Arabesk

Arabisch-libanesische Küche vom Besten. Exzellente Vorspeisen. Nach dem Essen raucht man Wasserpfeife. Bauchtanz am Wochenende. *Kaulbachstr. 86 • Karte M1 • (089) 33 37 38 • Mo–Fr 12–15, So–Do 18–1, Fr, Sa 18–3 Uhr • €€*

6 Mykonos

Im früheren Simera serviert nun ein neues Team ambitionierte mediterrane Gerichte, die etwas vom Standard abweichen *Kaiserstr. 55 • Karte F2 • (089) 33 53 80 • tägl. 11.30–23.30 Uhr • €€*

7 Max-Emanuel-Brauerei

Seit etwa 1800 bestehende Traditionswirtschaft mit typisch bayrischen Gerichten. Mittagsmenüs zum Festpreis. Schöner schattiger Biergarten. Legendär sind die Weißen Feste des Lokals zur Faschingszeit. *Adalbertstr. 33 • Karte L1 • (089) 271 51 58 • tägl. 11–1 Uhr (Nov–März ab 17 Uhr) • €–€€*

8 Osterwaldgarten

Idyllischer, familiärer Biergarten mit Restaurant am Englischen Garten. Bayrische Küche. Beliebt und deshalb meist voll. *Keferstr. 12 • Karte G2 • (089) 38 40 50 40 • tägl. 10–1 Uhr • €*

9 Kun-Tuk

Thai-Restaurant mit Dekor aus roten Drachen und Leuchten. *Amalienstr. 81 • Karte L2 • (089) 28 37 00 • Mo–Fr 11–17, 18–1 Uhr (Sa, So nur abends) • €–€€*

10 Casa de Tapas

Mediterranes Fliesen-Ambiente und leckere Tapas. *Bauerstr. 2 • Karte F2 • (089) 27 31 22 88 • tägl. 16–1 Uhr • €*

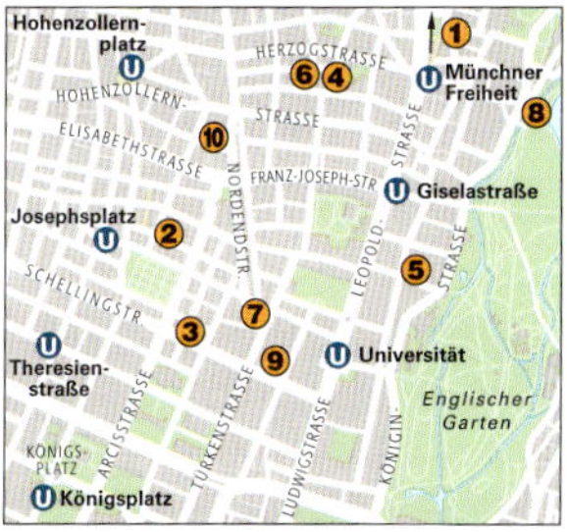

Wenn nicht anders angegeben, akzeptieren alle Restaurants Kreditkarten.

Links **Müller'sches Volksbad** Mitte **Maximiliansbrücke** Rechts **Gasteig**

Entlang der Isar

ENTLANG DER ISAR *liegen – rechter Hand – Bogenhausen, Haidhausen, Au und Giesing. Bogenhausen ist ein Villenviertel mit hohem Promi-Anteil. Haidhausen, das »Franzosenviertel«, hat die beste Kneipenszene. Die Au und Giesing konnten sich an manchen Ecken ihren »proletarischen« Vorstadtcharme bewahren. Sie alle liegen von der Altstadt aus gesehen »über der Isar« und waren lange Zeit relativ dörflich-vorstädtisch. Links der Isar befinden sich der Englische Garten, das Lehel (gesprochen »Lechel«) mit schönen Altbauten sowie das Glockenbach-Viertel, ein Treffpunkt der Schwulenszene. Vor allem rechts der Isar liegen einige attraktive Sehenswürdigkeiten, etwa Müller'sches Volksbad, Villa Stuck und – auf einer Insel im Fluss – das Deutsche Museum.*

TOP 10 Attraktionen

1. **Friedensengel**
2. **Museum Villa Stuck**
3. **Prinzregententheater**
4. **Maximilianeum**
5. **Gasteig**
6. **Müller'sches Volksbad**
7. **Deutsches Museum**
8. **Praterinsel & Alpines Museum**
9. **Isarbrücken**
10. **Auer-Mühlbach-Viertel & Valentin-Haus**

Friedensengel

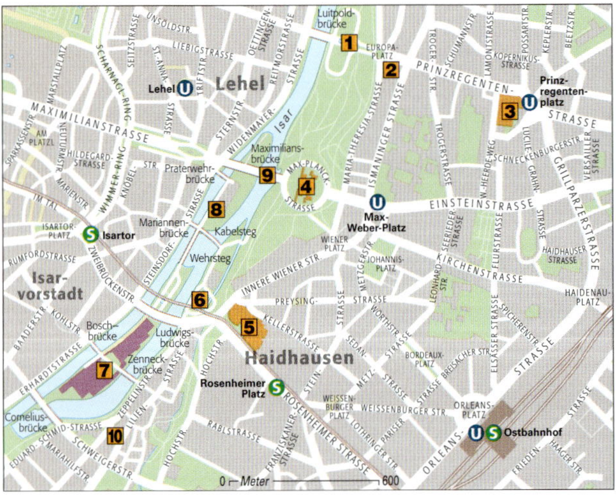

Vorhergehende Doppelseite **Thai-Sala im Westpark**

Maximilianeum – Sitz des Bayerischen Landtags

1 Friedensengel

Hoch über dem Isarufer erhebt sich der Friedensengel (1896–99) in Erinnerung an den Deutsch-Französischen Krieg von 1870/71. Die sechs Meter große vergoldete Figur ist der griechischen Göttin Nike nachgebildet. Zwei große Freitreppen führen vom Hochufer zur Terrassenanlage mit Brunnen am unteren Teil der Prinzregentenstraße. *Prinzregentenstr. • Karte P3*

2 Museum Villa Stuck

In der Nähe des Friedensengels steht die Villa Stuck (1897/98) – das Fin-de-Siècle-Gesamtkunstwerk des Malerfürsten Franz von Stuck. Der Müllerssohn hatte rasant Karriere gemacht und gehörte 1892 zu den Gründern der Münchner Secession, die den Jugendstil »erfand«. Seit 1968 ist die Villa Museum. Zu sehen sind die Privaträume, eine ständige Jugendstil-Ausstellung und Wechselausstellungen im Ateliertrakt *(siehe S. 37)*.

***Die Sünde*, Villa Stuck**

3 Prinzregententheater

Ein weiterer Prunkbau der oberen Prinzregentenstraße in Bogenhausen ist das Prinzregententheater *(siehe S. 43)*. Hier wirkte August Everding. Sein Nachlass ist die Bayerische Theaterakademie, in der junge Bühnentalente ausgebildet werden. Nebenan liegt das Prinzregentenbad. Gegenüber befindet sich Feinkost Käfer. *Prinzregentenplatz 12 • Karte H4*

»Prinze« – das Prinzregententheater

4 Maximilianeum

Gleichfalls auf dem Isarhochufer, allerdings bereits in Haidhausen, steht dieser Bau Friedrich Bürkleins (1857–74) als Abschluss der Maximilianstraße. Seit 1949 ist er Sitz des Bayerischen Landtags. Ursprünglich war er von Max II. als Stiftung für hochbegabte, aber bedürftige Studenten gedacht. Die Stiftung für Schüler (seit 1980 übrigens auch für Schülerinnen) mit Einser-Abitur befindet sich heute im Rückgebäude. *Max-Planck-Str. 1 • Karte P4/5*

5 Gasteig

1978–85 entstand auf dem Areal des einstigen Bürgerspitals und Bürgerbräukellers das Kulturzentrum Gasteig (von »gacher Steig« = »steiler Weg«). Der »Ziegelbunker« war sehr umstritten. Er beherbergt u. a. Philharmonie, Carl-Orff-Saal, Volkshochschule und Stadtbibliothek. *Rosenheimer Str. 5 • Karte N6*

Beim GEMA-Gebäude am Gasteig erinnert eine Gedenkplatte an Georg Elsers Attentat auf Hitler 1939 im Bürgerbräukeller.

Jugenstil-Kleinod Müller'sches Volksbad

6 Müller'sches Volksbad

Der Jugendstil-Badetempel an der Isar wurde 1897–1901 nach einem Entwurf von Carl Hocheder erbaut – finanziert von dem Münchner Privatmann Karl Müller. Es war das erste öffentliche Bad der Stadt – und es ist noch heute eines der schönsten. Streng getrennt nach Männern und Frauen wurden hier zwei Schwimmbecken errichtet. Das »Männerbad« hat ein Tonnengewölbe, das »Frauenbad« eine Kuppel. Falls Sie die Örtlichkeiten bewundern wollen – es gibt auch Wannenbäder und ein römisches Schwitzbad –, müssen Sie einen Badbesuch einplanen. Außerhalb des Badebereichs befindet sich das stilvolle Café. *Karte N5*

»Glasscherbenviertel«

Haidhausen lag früher außerhalb der Stadt und war ein armes, dörfliches Viertel, ein »Glasscherbenviertel«. Einige renovierte Herbergshäuser erinnern an diese Zeit. Ab 1871 wurde hier mit französischen Reparationszahlungen gebaut. Deshalb heißen die Straßen des »Franzosenviertels« Pariser Straße, Sedanstraße, Bordeauxplatz, Metzstraße ...

7 Deutsches Museum

Schräg gegenüber dem Müller'schen Volksbad liegt auf der Museumsinsel der Komplex des größten Technikmuseums der Welt. Im Zweiten Weltkrieg wurde das Museum zu 80 Prozent zerstört, doch schon 1948 wurden die Sammlungen wieder eröffnet. Um die wichtigsten Exponate zu sehen, sollten Sie sich mindestens einen Tag Zeit nehmen *(siehe S. 8–11)*.

8 Praterinsel & Alpines Museum

Die Praterinsel folgt gleich auf die Museumsinsel und die kleine Kiesinsel. Im Süden ist das Alpine Museum des Deutschen Alpenvereins angesiedelt. Es befasst sich mit der Geschichte des Bergsteigens und veranstaltet auch Ausstellungen. Der Schaugarten zeigt die unterschiedlichen Gesteinsarten der Bergregionen. Im Norden der Praterinsel wurden die alten Hallen der Likörfabrik Riemerschmid in ein Kulturzentrum mit Künstlerateliers umgewandelt. Hier finden Ausstellungen oder Events statt. Im Innenhof der Anlage treffen sich an manchen Sommerabenden die Tango-Fans, um sich dem erotischsten aller Tänze hinzugeben. *Karte N5*

9 Isarbrücken

Die Isarbrücken bieten reizvolle Ausblicke auf den Fluss und auf die Stadt. Von besonderer Bedeutung ist die Ludwigsbrücke zwischen Deutschem Museum und Müller'schem Volksbad. Heinrich der Löwe ließ 1157/58 die Isarbrücke des Bischofs von Freising (etwa beim heutigen

Mehr zur interessanten Geschichte der Praterinsel mit ihren mönchischen Anfängen unter **www.praterinsel.de**

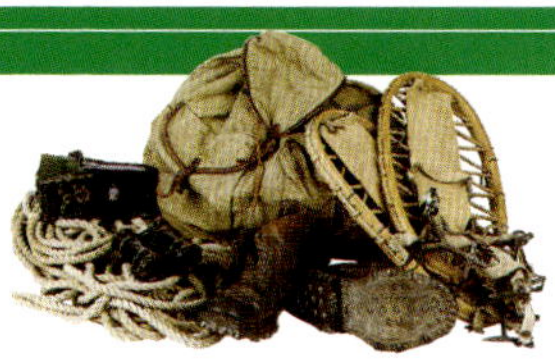

Bergsteiger-Outfit um 1900, Alpines Museum

Oberföhring) zerstören und weiter südlich eine neue Brücke errichten – an der Stelle der jetzigen Ludwigsbrücke. Damit leitete er die Salzstraße um und kassierte ab sofort anstelle des Bischofs den Brückenzoll: So entstand München. Um die Brücke, an der sich Benediktinermönche niedergelassen hatten, entwickelte sich eine Siedlung, die später München (bei den Mönchen) genannt wurde. *Karte M/N6*

10 Auer-Mühlbach-Viertel & Valentin-Haus

Früher flossen mehrere Stadtbäche durch München. Viele wurden zubetoniert. Einer von ihnen ist der – östlich der Isar teilweise wieder oberirdisch fließende – Auer Mühlbach. Südlich der Ludwigsbrücke bildet er eine kleine Insel, auf der sich ein hübsch renoviertes Häuserensemble befindet. In der Nähe liegt das (nicht öffentlich zugängliche) Geburtshaus von Karl Valentin (Zeppelinstraße 41). *Karte N6*

Beim Kulturzentrum der Praterinsel

Ein Tag an der Isar

Vormittag

Start ist am **Müller'schen Volksbad**. Nach einem Kaffee oder Frühstück im dortigen Café schlendern Sie links vom Bad an der Isar entlang bis zum Kabelsteg, der auf die Praterinsel führt. Gehen Sie in den Schaugarten des **Alpinen Museums** (kostenlos) und dann weiter auf der Insel – eventuell mit einem Abstecher ins Kulturzentrum – bis zur Maximiliansbrücke, die direkt auf das **Maximilianeum** zuläuft. In einem Halbrund gehen Sie an dem Bau vorbei und biegen rechts in die Sckellstraße ein, die Sie zum Wiener Platz mit seinen Marktständen und dem Hofbräukeller bringt. Vom Platz führt eine kleine Straße (An der Kreppe) zu einigen alten Herbergshäuschen des »Glasscherbenviertels«. Im Hofbräukeller isst man preiswert (Biergarten im Sommer).

Nachmittag

Nach dem Essen gehen Sie die Sckellstraße zurück, überqueren die Einsteinstraße und gehen die Maria-Theresia-Straße mit schönen Gründerzeit- und einigen Jugendstil-Häusern entlang. Links der Straße laden die Maximiliananlagen dazu ein, ein bisschen kreuz und quer zu stromern. Wie auch immer – Sie landen irgendwann beim **Friedensengel**. Nur wenige Meter weiter befindet sich das Jugendstil-Museum **Villa Stuck**. Kaffeepause gibt's im nahen Wiener's (Ismaninger Str. 71a). In der Nähe ist die Haltestelle der Tram Nr. 18. Fahren Sie mit ihr ins Zentrum (Karlsplatz) – vorbei an einigen schönen Ecken Münchens.

Das Isarhochufer zwischen Wiener Platz und Gasteig war einst Brauereigelände. Um 1860 lagen hier etwa 64 Bierkeller.

Links **Nikolaikirche** Mitte **Hofbräukeller** Rechts **Rundbogenportal der Annakirche**

TOP 10 Dies & Das

1 An der Kreppe
Die restaurierten Herbergshäuser der einstigen Tagelöhner und Ziegelarbeiter des Viertels geben dieser Ecke Haidhausens ein dörfliches Aussehen. *An der Kreppe (Wiener Platz) • Karte P5*

2 Hofbräukeller
Er ist der kleine Bruder des Hofbräuhauses und schenkt ebenfalls Hofbräu aus. Seit 1892 steht das Haus im Stil der Neorenaissance mit Arkaden am Wiener Platz. Beliebt ist der Biergarten *(siehe S. 25)*. *Wiener Platz • Karte P5 • www.hofbraeukeller.de*

3 Nikolaikirche
Das Kirchlein, das erstmals 1313 erwähnt wurde, steht am Isarhochufer. Die Kapelle kopiert den Wandelgang von Altötting. *Innere Wiener Str. 1 • Karte N5*

4 Lehel
Links der Isar liegt dieses teilweise noch zur Altstadt zählende Viertel mit vielen Gründerzeit-Bauten (Jugendstil in der Reitmorstraße 23). Sehenswert: die Straßen um den Thierschplatz. *Karte M5*

5 Sankt Lukas
Die Lukaskirche am Mariannenplatz im Lehel gegenüber der Praterinsel ist für ihre Kirchenkonzerte bekannt *(siehe S. 41)*. *Mariannenplatz 3 • Karte N5*

6 Klosterkirche Sankt Anna
Das Rokoko-Juwel (18. Jh.) im Lehel wurde von Johann Michael Fischer erbaut und von den Asam-Brüdern ausgeschmückt. *St.-Anna-Platz 21 • Karte M4*

7 Annakirche (Sankt Anna)
Die neoromanische Pfarrkirche Sankt Anna (1892) geht auf einen Architekturwettbewerb zurück. *St.-Anna-Platz 5 • Karte N4*

8 Obere Maximilianstraße & Maxmonument
Zwischen Altstadtring und Maximilianeum weist die Maximilianstraße Prachtbauten auf, darunter das Völkerkundemuseum und den Bau der Regierung von Oberbayern. In einem Rondell steht das Denkmal für Maximilian II. (Maxmonument). *Karte M4–N4*

9 Staatliches Museum für Völkerkunde
Der stattliche Bau im Maximilianstil stammt von 1859–65. Im Jahr 1926 zog hier das Völkerkundemuseum ein mit heute über 300 000 Exponaten zur Kultur außereuropäischer Völker *(siehe S. 37)*.

10 Museumsmeile Prinzregentenstraße
Im vorderen Teil der Prinzregentenstraße liegen das Haus der Kunst, das Nationalmuseum und die Schack-Galerie *(siehe S. 36f)*.

»Max Zwo« – das Maxmonument

Der StadtBus 100 (Museumslinie) fährt die Prinzregentenstraße entlang und hält vor einigen Museen.

Links **Eingang von Feinkost Käfer** Mitte **Eltje Rick** Rechts **Porzellan & Pinselstrich**

TOP 10 Shopping

1 Feinkost Käfer
Das Feinkostgeschäft von Catering-König Gerd Käfer befindet sich im noblen Bogenhausen. Hier treffen sich Promis zum Einkaufen und Probieren. *Prinzregentenstr. 73 • Karte H4*

2 Grüner Markt
Der Bio-Supermarkt verkauft Öko-Produkte aller Art. Mittags gibt es gesundes, warmes Essen. Wenige Tische im Freien. *Weißenburger Str. 5 • Karte P6*

3 Markt am Wiener Platz
Die festen Marktbuden am Wiener Platz sind täglich geöffnet und werden durch die Angebote freier Händler ergänzt. Ein hübscher Platz für einen Kaffee. *Wiener Platz • Karte P5*

4 Weltladen
Faire Produkte aus aller Welt – vom Bio-Kaffee bis zum handgeschöpften Büttenpapier aus Indien. *Weißenburger Str. 14 • Karte P6*

5 Eltje Rick
Die Mode der Münchner Designerin weist ungewöhnliche Schnitte bei außergewöhnlicher Stoffwahl auf. Sowohl Konfektion als auch Maßanfertigung. *Steinstr. 57 • Karte P6*

6 Candle-Light
Große Auswahl an Kerzen, Postkarten, Leuchten und hübschen Geschenkartikeln – bevorzugt im Feng-Shui-Stil. *Metzstr. 13 • Karte P6*

7 Porzellan & Pinselstrich
Reichhaltiges Sortiment an Porzellan-Rohlingen, die der Kunde selbst bemalen oder besprühen kann. Auch zum Mitnehmen. *Sedanstr. 18 • Karte P6 • www.porzellanundpinselstrich.de*

8 Esoterischer Buchladen
Bücher zum Thema »Esoterik« plus Tarot-Karten, Himalaya-Kristallsalz, Aura-Soma-Öle und sonstige Accessoires. *Sedanstr. 29 • Karte P6*

9 Liquid
Der Laden für Flüssiges. Verschiedene Öl- und Essigsorten vom Fass, offene Liköre und Grappas sowie ausgewählte Weine plus hübsches Zubehör wie Grappagläser, Espressotassen etc. *Pariser Str. 36 • Karte P6*

10 Weißenburger Straße
Haupteinkaufsstraße von Haidhausen mit vielen Schuh- und Brillengeschäften, diversen Boutiquen, Gemüseläden, Supermärkten und dem Kaufhaus am Ostbahnhof. *Karte P6*

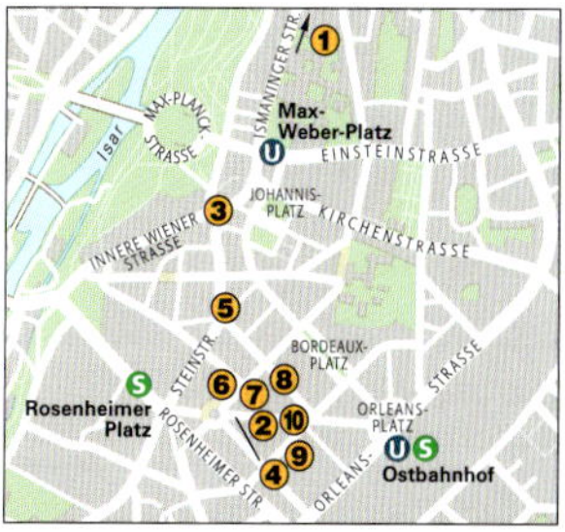

Zu den Shopping-Meilen **siehe S. 66f**

Links **Café im Volksbad** Rechts **Café Wiener Platz**

TOP 10 Cafés & Bars in Haidhausen

1 Café im Hinterhof
In einem Innenhof verstecktes Café mit Jugendstil-Ambiente. Üppiges Frühstücksangebot mit großer Auswahl an Zeitungen. Kleine Speisen zur Mittagszeit. *Sedanstr. 29 • Karte P6*

2 Café Wiener Platz
Szene-Treffpunkt mit großer Frühstücksauswahl bis nachts. Im Sommer Tische im Freien. *Innere Wiener Str. 48 • Karte P5*

3 Brasserie Romanow
Hier gibt es preiswertes Essen im französischen Bistro-Stil. Seinen Kaffee kann man auch an Tischen im Freien genießen. Abends Cocktails. *Pariser Str. 34 • Karte P6*

4 Café Fortuna
Sehr kleines, italienisch anmutendes Nachbarschaftscafé mit ein paar Tischen im Freien. Köstlich: die Trinkschokolade. *Metzstr. 10 • Karte P6*

5 Café im Volksbad
Hübsches Jugendstil-Café mit Glasdach im Müller'schen Volksbad. Im Sommer Tische auf dem Vorplatz des Baus. Mittags und abends italienische Gerichte. *Rosenheimer Str. 1 • Karte N5*

6 Eiscafé Venezia
Ein echter Oldtimer – eine der langsam aussterbenden italienischen Eisdielen mit dem Flair der 1970er Jahre. Sitze im Freien. *Pariser Platz • Karte P6*

7 Maria Passagne
Erst später geöffnete »Wohnzimmer«-Bar. Klein und plüschig. Zu essen gibt es Sushi. Reservierung empfohlen (089/48 61 67). Wenn es voll ist, lässt Sie der Türsteher nicht mehr rein. *Steinstr. 42 • geschl. So • Karte P6*

8 Teatro
Bar- und Essbereich mit großer Auswahl an Tapas an einer langen Theke. Angenehmes Ambiente. Auf die Wände werden Dias mit mediterranen Motiven projiziert. *Balanstr. 23 • Karte G6*

9 Lissabon Bar
Unprätentiöse Bar, die durchaus an Portugal erinnert. Große Portionen (viel Fisch), gute Portweinauswahl und natürlich jede Menge Cocktails. *Breisacher Str. 22 • Karte H5*

10 Julep's
Rustikal angehauchte American Bar mit Essbereich (Tex-Mex- und amerikanische Gerichte). Die Barkeeper mixen 200 Cocktails *(siehe S. 60)*.

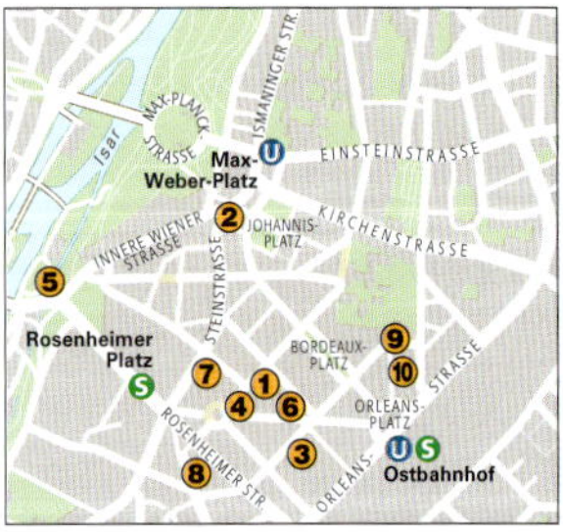

Weitere Bars & Cafés, Schwul & lesbisch, Sterne-Restaurants, bayrische Wirtshäuser bzw. Biergärten siehe S. 24f, S. 50f, S. 58–65

Preiskategorien

Preis für ein Drei-Gänge-Menü mit einem Bier/einem Glas Wein, inklusive Steuern und Service.	€	unter 30 €
	€€	30–40 €
	€€€	40–50 €
	€€€€	50–60 €
	€€€€€	über 60 €

Links **Ehemals Cô-Dô, jetzt Tramin mit neuem Dekor** Rechts **Rue des Halles**

TOP 10 Restaurants in Haidhausen

1 Le Faubourg
Bistro-Atmosphäre an kleinen Tischen. Die Tagesgerichte stehen auf einer Tafel. Gute Weinauswahl. Wenige Tische im Freien. *Kirchenstr. 5 (Johannisplatz) • Karte P5 • (089) 47 55 33 • Mo–Sa 18–1 Uhr • €€–€€€*

2 Rue des Halles
Der älteste Franzose im »Franzosenviertel«. Die ungekünstelt einfache Einrichtung vermittelt das Flair eines Bistros der ehemaligen Pariser Markthallen. Kreative französische Küche *(siehe S. 65)*.

3 Le Bousquérey
Kleines Lokal mit französischer Küche, das für seine guten Fischgerichte bekannt ist. *Rablstr. 37 • Karte G5 • (089) 48 84 55 • tägl. 18–1 Uhr • €€–€€€*

4 Tramin
In den Räumen des ehemaligen Cô-Dô, die neu gestylt wurden, werden frische qualitative Produkte zu Top-Kreationen verarbeitet. Vier-Gänge-Menü für 49 Euro. Einige Tische im Freien. *Lothringer Str. 7 • Karte G6 • (089) 44 45 40 90 • Mo–Sa 18–1 Uhr • €€–€€€€*

5 Zum Kloster
Kneipe mit guter Bio-Hausmacherkost. Das Ambiente ist fast dörflich. Im Sommer sitzt man draußen unter den Bäumen. Familienfreundliches Ambiente. *Preysingstr. 77 • Karte P5 • (089) 447 05 64 • tägl. 10–1 Uhr • €*

6 Vinaiolo
Hier gibt es ambitionierte italienische Küche, dazu ausgesuchte Weine von kleinen Winzern. *Steinstr. 42 • Karte P6 • (089) 48 95 03 56 • Di–So 12–15, 18.30–1, Mo 18.30–1 Uhr • €€–€€€*

7 Unions-Bräu Haidhausen
Bayrische Wirtschaft mit eigener Brauerei. *Einsteinstr. 42 • Karte P5 • (089) 47 76 77 • Mo–Sa 11–23.30, So 10–16 Uhr (Biergarten und Braukeller länger geöffnet) • €*

8 Il Cigno
Preiswertes italienisches Lokal. Gute Pasta. Tische im Freien. *Wörthstr. 39 • Karte P6 • (089) 448 55 89 • tägl. 11.30–23.30 Uhr • €*

9 Hofbräukeller
Traditionsgaststätte mit Biergarten unter Kastanien. Bayrische Küche *(siehe S. 25 und 100)*.

10 Bella Italia
Große Pizzas für den großen Hunger. Tische im Freien. *Weißenburger Str. 2 • Karte P6 • (089) 48 61 79 • tägl. 11–24 Uhr • €*

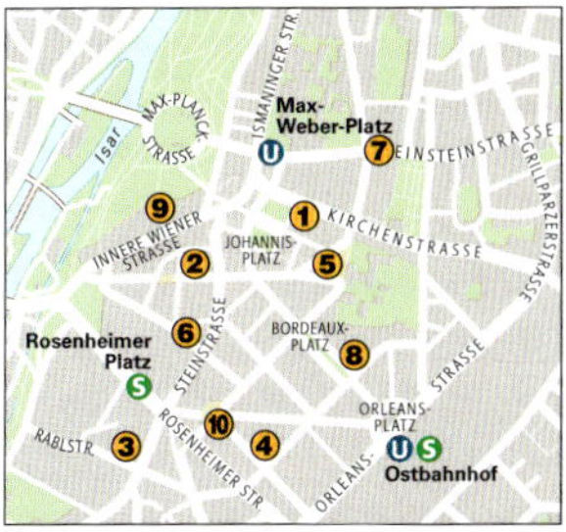

Wenn nicht anders angegeben, akzeptieren alle Restaurants Kreditkarten.

Links **Im Tierpark Hellabrunn** Mitte **Deckenfresko, Schloss Nymphenburg** Rechts **Burg Grünwald**

Süden & Westen

SÜDLICH UND WESTLICH DES ZENTRUMS *bekommt München eher Vorstadt- bzw. Villenviertelcharakter. Ausnahmen sind das Westend und das nördlicher gelegene Neuhausen. In Neuhausen findet man um den Rotkreuzplatz schöne Straßenzüge mit Gebäuden der Gründerzeit. Hier hat sich auch eine rege Kneipen- und Restaurantszene etabliert. Im Mulitkulti-Viertel Westend geht es bunter zu, wobei einige Ecken, etwa das Areal der »Alten Messe«, richtiggehend schick werden. Im Süden sind die Villenviertel angesiedelt, etwa in Harlaching und vor allem in Grünwald, wo man mit der Tram Nr. 25 durch waldbestandenes Areal an Villen vorbeifahren kann. Im Süden wurde die Isar renaturiert, sie fließt nun wieder mäandernd dahin. Das Uferareal bietet schöne Spazierwege – ob auf dem Hochufer oder direkt am Fluss. Hier liegen auch Münchens »Isarstrand«, der Flaucher (nebst dem beliebten Biergarten), und der Tierpark Hellabrunn.*

Kapelle, Blutenburg

TOP 10 Attraktionen

1. Bavaria & Theresienwiese
2. »Alte Messe« & Verkehrszentrum
3. Westend
4. Westpark
5. Neuhausen
6. Schloss Nymphenburg & Schlosspark
7. Botanischer Garten
8. Schloss Blutenburg
9. Tierpark Hellabrunn
10. Grünwald

Infos über das Verkehrszentrum finden Sie unter den Links von **www.deutsches-museum.de**

1 Bavaria & Theresienwiese

Sie ist die größte Münchnerin – die 18,50 Meter hohe Bavaria mit Eichenkranz in der Hand und dem bayrischen Wappentier, dem Löwen, zu ihren Füßen. Die von Ludwig Schwanthaler entworfene und von Ferdinand von Miller in Erz gegossene Figur (1840–50) war seinerzeit eine technische Meisterleistung *(siehe S. 23)*. In ihrem Kopf befindet sich eine Aussichtsplattform. Hinter der Kolossalfigur erhebt sich Klenzes Ruhmeshalle mit den Büsten verdienstvoller Bayern.

Theresienhöhe 16 • Karte D5 • Apr–Mitte Okt: tägl. 9–18 Uhr (während des Oktoberfests bis 20 Uhr) • Eintritt

2 »Alte Messe« & Verkehrszentrum

Nach dem Umzug der Messe nach Riem entwickelt sich auf der Schwanthalerhöhe eine neue Infrastruktur. Auf dem alten Messegelände entstanden gepflegte Wohnanlagen. Daneben stehen alte Messehallen, die für eine kulturelle Nutzung erhalten wurden. Das Verkehrszentrum (ein Zweigmuseum des Deutschen Museums) ist hier in drei denkmalgeschützten Hallen angesiedelt *(siehe S. 11)*. Die Anlage des nahen Bavariaparks geht auf Ludwig I. zurück *(siehe S. 39)*.

Chinesischer Garten im Westpark

3 Westend

Der 8. Bezirk Münchens hat mit über 40 Prozent den höchsten Ausländeranteil. Viele türkische, griechische etc. Läden und Kneipen tragen zum Flair des Viertels bei. Hier stehen auch noch viele Altbauten. Ideale Voraussetzungen also, dass sich eine kreative Szene ansiedelt. Immer mehr Galerien und Agenturen schießen aus dem Boden.

nördlich und westlich des Bavariaparks • Karte D5

4 Westpark

Er ist das kleinere, westliche Gegenstück zum Englischen Garten. Der Westpark wurde 1983 zur IV. IGA eröffnet und bietet nicht nur Gartenanlagen, sondern etwa auch Grill- und Picknickareale. Hübsch ist das asiatische Ensemble u. a. mit Japan-Garten und Thai-Sala *(siehe S. 38)*.

Vor der Ruhmeshalle blickt die Bavaria auf die Theresienwiese

Der Westpark ist ein Beispiel für Umweltschutz in der Stadt. In seinen Feuchtbiotopen leben viele seltene Tierarten.

Palmenhaus

Das Palmenhaus ist ein Rückzugsort für einen verregneten Tag. In dem alten Glas-Eisen-Gewächshaus im Botanischen Garten fühlt man sich wie im Urwaldparadies. Schlanke, hohe Palmen, überwachsen mit sattgrünen Aronstabgewächsen, vermitteln einen Eindruck von der Üppigkeit tropischer Regenwälder – bei ausgesprochen angenehmem Klima.

5 Neuhausen

Der Rotkreuzplatz ist das Zentrum des zweitgrößten Stadtbezirks von München. In den umliegenden Straßen gibt es eine dichte Kneipen- und Restaurantszene. Neuhausen ist aufgrund seiner vielen Altbauten ein recht beliebtes Wohnviertel. Das angrenzende Nymphenburg hingegen ist villenartiger. Große Grünanlagen wie der Botanische Garten, der Schlosspark Nymphenburg und der Hirschgarten mit dem größten Biergarten der Stadt erhöhen zudem die Wohnqualität.

Karte C3–D3

Papagei, Porzellanmanufaktur

6 Schloss Nymphenburg & Schlosspark

Als Kurfürstin Adelheid von Savoyen 1663 den Thronfolger Max Emanuel zur Welt brachte, stiftete ihr Gatte, Kurfürst Ferdinand, die Theatinerkirche *(siehe S. 40)* und schenkte seiner Frau zudem das künftige Sommerschloss Nymphenburg, das der Architekt Barelli ab 1664 baute. Die Anlage wurde ständig erweitert – bis das Hauptgebäude die stolze Länge von 650 Metern besaß. Gleiches geschah mit dem Garten, der sich vom ursprünglichen Ziergarten zum Landschaftspark mit den »Parkburgen« Badenburg, Pagodenburg und Amalienburg sowie der Magdalenenklause entwickelte. Im Rondell ist die Porzellanmanufaktur angesiedelt. Das Schlosscafé im Palmenhaus lädt zum Kaffee ein *(siehe S. 12f)*.

7 Botanischer Garten

In der Nähe zum Nymphenburger Schlosspark entfaltet der zu Beginn des 20. Jahrhunderts angelegte Botanische Garten seine Faszination. Auf den Freiflächen und in den Gewächshäusern sind rund 14 000 Pflanzen aus aller Welt kultiviert. Highlights sind das Alpinum, eine felsige Anlage mit der Flora der Alpen, das Arboretum, die Rhododendronblüte Anfang Juni, die Farnschlucht und die Gewächshäuser *(siehe S. 38)*.

8 Schloss Blutenburg

Vom Nymphenburger Schlosspark gelangt man über den sogenannten »Durchblick« zum Schloss Blutenburg. Zwischen Wiesen und Feldern vermittelt es einen recht ländlichen Eindruck. Das ursprüngliche Wasserschloss wurde 1435–39 unter Herzog Albrecht III. errichtet.

Louis-Quinze-Stil, Schloss Nympenburg

Spaziergang im Nymphenburger Schlosspark & Radtour zum Schloss Blutenburg **siehe S. 70f**

Spätgotische Kapelle, Schloss Blutenburg

1488 kam die spätgotische Kapelle hinzu. In der Blutenburg ist heute die Internationale Jugendbibliothek (mit Ausstellungsräumen) untergebracht. Für eine Kaffeepause bietet sich das hübsche Schlosscafé an. *Karte A2*

9 Tierpark Hellabrunn

Der Münchner Zoo war 1911 der erste Geo-Zoo der Welt: Die Tiere leben hier nach ihren Herkunftserdteilen angeordnet. Attraktionen sind u. a. die große Vogelvoliere, das Dschungelzelt mit den Raubkatzen und das Urwaldhaus/Aquarium, in dem Affen, Schlangen und Fische in einer Dschungellandschaft mit buntem Korallenriff leben. *Tierparkstr. 30 • Karte E6 • Sommer: tägl. 8–18 Uhr; Winter: tägl. 9–17 Uhr • Eintritt • www.tierpark-hellabrunn.de*

10 Grünwald

Grünwald ist ein exklusives Villenviertel im Süden. Die archäologische Sammlung der Burg Grünwald (12. Jh.) zeigt u. a. römische Kunst. Hier liegt auch Geiselgasteig mit der Bavaria Filmstadt *(siehe S. 54)*. *Karte S2*

Ein Tag im Westend

Vormittag

Die Tour beginnt an der **Bavaria** *(siehe S. 105)*. Steigen Sie in den Kopf der Dame, genießen Sie die Aussicht auf die Theresienwiese. Hinter der Ruhmeshalle beginnt der Bavariapark. Daneben liegen die drei alte Messehallen mit dem **Verkehrszentrum** *(siehe S. 11)*, einem Zweigmuseum des Deutschen Museums. Überqueren Sie die Heimeranstraße, gehen Sie durch den Mini-Park in die Kazmairstraße (schönes Haus Nr. 21). Ein paar Schritte weiter können Sie im Café Cocoa (Kazmairstr. 24) eine Kaffeepause einlegen bzw. die leckere Schokolade genießen. Bummeln Sie durch das aufstrebende Multikulti-Viertel – vom Gollierplatz bis zum Georg-Freundorfer-Platz. Mittagessen gibt's im Kao Kao (Tulbeckstr. 9) oder im Müller & Söhne (Kazmairstr. 28).

Nachmittag

Über die Ganghoferstraße und die Pfeuferstraße kommen Sie über einen kleinen Weg (über die S-Bahn) in den Ostteil des **Westparks**. Schlendern Sie in westlicher Richtung, vorbei an der schwimmenden Kugel und am künstlichen Sumpf. Über die Brücke (über den Mittleren Ring) gelangen Sie in den Westteil des Parks mit Thai-Pagode, chinesischem und japanischem Garten, dem Rosengarten (mit seinen über 2000 Rosen) und dem künstlichen See, in dem im Sommer auf der Seebühne Open-Air-Veranstaltungen (Musik, Theater und Kino) stattfinden. Kaffee oder Bier gibt es im See-Café oder im Restaurant am Rosengarten.

Mehr Informationen zum Botanischen Garten finden Sie unter **www.botanik.biologie.uni-muenchen.de**

Links **Flaucher** Mitte **Bavaria Filmstadt – faszinierend für Kinder** Rechts **Großhesseloher Brücke**

TOP 10 Dies & Das

1 Flaucher
Der Flaucher ist Münchens Isarstrand schlechthin. Die Kiesbänke der südlichen Isar ziehen im Sommer die Sonnenanbeter nur so an. Hübsch: der gleichnamige Biergarten *(siehe S. 24)*.

2 Floßlände
Hier legen im Sommer die Isarflöße an. Richtung Stadt wird die Isar zunehmend renaturiert. Kiesinseln und künstliche Böschungen verschwinden. Die Welle an der Floßlände ist – neben dem Eisbach beim Haus der Kunst – Tummelplatz für Surfer. Nahebei sind die Wirtschaft Floßlände mit Biergarten (Zentralländstr. 30) und das Asam-Schlössl.

3 Asam-Schlössl
1724 erwarb Cosmas Damian Asam das Gebäude (17. Jh.), das damals außerhalb der Stadt lag. Die Fassade bemalte er selbst. Heute befindet sich hier ein Restaurant mit schönem Garten. *Maria-Einsiedel-Str. 45*

4 Südliches Isarhochufer & Großhesseloher Brücke
Rechts der Isar kann man auf dem Hochufer schön spazieren gehen. Im Süden führt die Eisenkonstruktion der Großhesseloher Brücke (mit Fußgängerweg) über die Isar. Auf der anderen Seite liegen die Waldwirtschaft mit Biergarten (Großhesselohe, Georg-Kalb-Str. 3) und die Wirtschaft im alten Isartal-Bahnhof (Großhesselohe, Kreuzeckstr. 23).

5 Marienklause
Die kleine Holzkapelle südlich des Tierparks wurde 1865 vom Wassermeister der Auer-Mühlbach-Schleuse, Martin Achleiter, erbaut – aus Dank, dass er bei Hochwasser und Felsstürzen des Steilhangs nicht ums Leben kam.

6 Gutshof Menterschwaige
Der Gutshof (1803) mit Biergarten – einst Liebesnest von Lola Montez und Ludwig I. – ist das Ideal eines Ausflugslokals. *München-Harlaching, Menterschwaigstr. 4*

7 Geiselgasteig & Bavaria Filmstadt
»Hollywood an der Isar« – Geiselgasteig ist historisches Filmgelände, auf dem nach wie vor für Fernsehen und Kino gedreht wird. Die Bavaria Filmstadt organisiert Führungen und zeigt u. a. Stunt-Shows *(siehe S. 54)*.

8 Kloster Schäftlarn
Zwischen Grünwald und Wolfratshausen liegt das 762 gegründete Kloster mit barocker Kirche. Beliebt ist das Bräustüberl mit Biergarten *(siehe S. 123)*.

9 Hirschgarten
Größter Biergarten nahe dem Nymphenburger Schloss mit Rehen im Gehege *(siehe S. 24)*.

10 Nymphenburg
Schöne Villengegend links und rechts der Auffahrtsalleen zum Schloss Nymphenburg. *Karte B2/3–C2/3*

In der Klosterkirche von Schäftlarn finden meist samstags Konzerte statt; Infos unter Tel. (081 78) 34 35.

Links **Move** Mitte **Hussfeld + Zang** Rechts **Schmuck & Objekte Herzkönig**

TOP 10 Shopping

1 More & More
Glas, Porzellan, Deko-Materialien und andere Dinge fürs schöne Wohnen. Hübsche Accessoires zum Verschenken.
Blutenburgstr. 93 • Karte D3

2 Moma Li Design
Nicht alltägliche Mode. Die Münchner Designerin kreiert eine sehr eigene, geradlinige Kollektion. Alle Modelle handgefertigt.
Bergmannstr. 66 • Karte D5

3 Hussfeld + Zang
Hier gibt es Produkte im zeitlos-schlichten skandinavischen Stil, etwa Textilien, Taschen, Wohn-Accessoires und Geschenke. *Blutenburgstr. 81 • Karte D3*

4 Move
Große Auswahl an Turnschuhen von Diesel bis Nike. Für Fans gibt es die begehrten Sondermodelle. *Nymphenburger Str. 156a • Karte C3*

5 Nymphenburger Keramik
Suchen Sie Schmuckfliesen für Ihr Bad? Hier gibt es die größte Auswahl an Natursteinen. *Nymphenburger Str. 131 • Karte C3*

6 Moulin
Goldschmiedekunst von Christian Mühlbauer: Verführerische Preziosen und hochwertiger Schmuck werden hier in einem ansprechenden Ambiente präsentiert. Die individuellen Wünsche von Kunden werden selbstverständlich erfüllt. *Leonrodstr. 47 • Karte D3*

7 Who's perfect
Top-Objekte für Büro und Wohnung mit kleinen Macken (die allerdings in den meisten Fällen gar nicht auffallen) – und alles um die Hälfte billiger. Vielseitige, interessante Designermöbel-Ausstellung. *Landsberger Str. 350 • Karte B4*

8 Schmuck & Objekte Herzkönig
Schmuck und Kunst – Kunst als Schmuck. Perfekte Goldschmiedearbeiten und allerlei Kunstobjekte. Kreationen vom Ohrring bis zum Ehering. *Blutenburgstr. 39 • Karte D4*

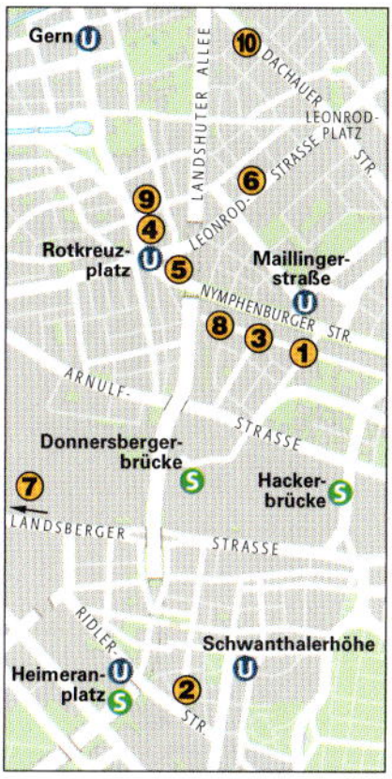

9 Perlerie
Glasperlen, Edelsteine und alles, was man braucht, um seinen eigenen Schmuck zu kreieren. *Volkartstr. 17 • Karte C3*

10 Corsetterie
Für alle Liebhaberinnen der besonderen Büstenform: Hier kaufen Operndiven, Schauspielerinnen … exklusiv maßgeschneiderte Korsetts.
Sprunerstr. 11 • Karte D2

Zu den Shopping-Meilen **siehe S. 66f**

Links **Stragula** Mitte **Wassermann** Rechts **Ruffini – Vorreiter der Öko-Szene**

TOP 10 Cafés & Kneipen

1 Stragula
Das Publikum der »Realwirtschaft« ist bunt gemischt. Hier trifft man sich gern auf ein Bier. Die Preise für das bayrisch-italienische Essen sind fair. Im Sommer gibt es einige Tische im Freien. *Bergmannstr. 66 • Karte D5*

2 Café Westend
Mischung aus Café und Kneipe mit Speisenangebot. Im Keller Kegelbahnen und Billard. *Ganghoferstr. 50 • Karte D5*

3 Marais Ladencafé
Ehemaliger Laden mit altem Interieur wie Holztruhen, Puppenwagen & Co. Die Gäste trinken ihren Kaffee in der Schaufensterauslage. *Parkstr. 2 • Karte D5*

4 Café Neuhausen
Hübsches Café mit Stuckdecke. Mittagsmenüs, sonntags gibt es Brunch. Im Sommer hat der neugestaltete überdachte Garten geöffnet. *Blutenburgstr. 106 • Karte D3*

5 Wassermann
Café, Bar und Restaurant in einem. Das Lokal bietet auch Mittagsmenüs an. Im Sommer kann man draußen unter Nussbäumen sitzen. Bisweilen gibt es Live-Musik. *Elvirastr. 19 • Karte D4*

6 Café Freiheit
Café, Bar und Restaurant. Schon seit 25 Jahren residiert das Café Freiheit am Leonrodplatz – nun unter neuer Leitung. Tische im Freien. *Leonrodstr. 20 • Karte D3*

7 Cafégarten
Morgens gibt es Frühstück, mittags meist Pasta und abends Cocktails. Im Sommer kann man unter den Bäumen sitzen. *Nymphenburger Str. 92 • Karte D3*

8 Ruffini
Ein Urgestein: Das Ruffini war das erste alternative Öko-Café in München. Total lecker: das Vollwertfrühstück sowie Brot und Kuchen aus der hauseigenen Bäckerei. Bei den Gästen sehr begehrt ist die Dachterrasse. Bisweilen gibt es Lesungen. *Orffstr. 22–24 • Karte D3 • geschl. Mo*

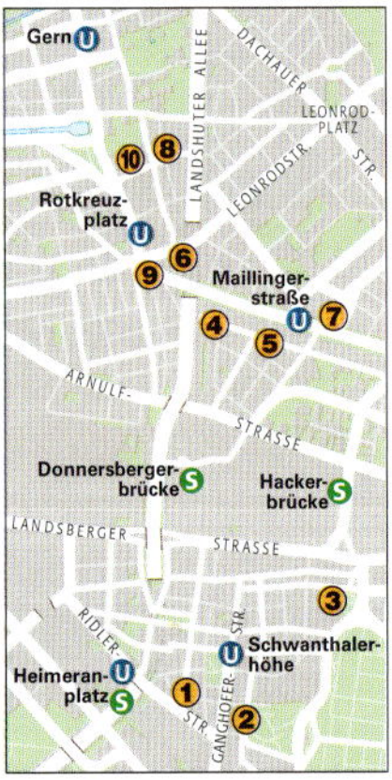

9 Sarcletti
Italienische Eisträume: Paul Sarcletti verkaufte schon 1879 Eiscreme, seit 1921 gibt es die Eisdiele beim Rotkreuzplatz. *Nymphenburger Str. 155 • Karte C3*

10 Hide-Out
Kneipe mit Live-Musik. Internationale Gruppen und Bands aus München. *Volkartstr. 22 • Karte C3 • geschl. Mo*

Weitere Bars & Cafés, Schwul & lesbisch, Sterne-Restaurants, bayrische Wirtshäuser bzw. Biergärten **siehe S. 24f, S. 50f, S. 58–65**

Preiskategorien

Preis für ein Drei-Gänge-Menü mit einem Bier/einem Glas Wein, inklusive Steuern und Service.	€	unter 30 €
	€€	30–40 €
	€€€	40–50 €
	€€€€	50–60 €
	€€€€€	über 60 €

Acetaia – Jugendstil-Dekor und Speisen mit Balsamico

TOP 10 Restaurants

1 Acetaia
Edel-Italiener, in dem der Aceto balsamico eine entscheidende Rolle spielt. Sogar der Nachtisch bekommt ein paar Tropfen ab. *Nymphenburger Str. 215 • Karte C3 • (089) 13 92 90 77 • tägl. 12–15.30, 18–22.30 Uhr • geschl. Sa mittags • €€€–€€€€*

2 Broeding
Hohe Kochkunst in minimalistischem Ambiente: Zu dem täglich wechselnden Fünf- oder Sechs-Gänge-Menü werden österreichische Spitzenweine kredenzt. *Schulstr. 9 • Karte C3 • (089) 16 42 38 • Di–Sa ab 19 Uhr • €€€–€€€€*

3 Romans
Edles Ambiente in Rot und romantische Terrasse. Hier bekommt man gehobene italienische Küche. *Romanstr. 1 • Karte C3 • (089) 168 98 98 • tägl. 11–1Uhr (Sa, So ab 10 Uhr) • €€–€€€*

4 Zapata
Tex-Mex-Lokal mit einem Wasserfall als Augenfang. Beliebt und meist brechend voll. *Schulstr. 44 • Karte C3 • (089) 166 58 22 • tägl. 17–1 Uhr • €*

5 Zauberberg
Deutsche und leichte Mittelmeerküche in exzellenter Qualität. Preisgünstige Mittagsmenüs. *Hedwigstr. 14 • Karte D3 • (089) 18 99 91 78 • Di–Sa 19–1 Uhr (Di, Mi, Do auch 12–14 Uhr) • €€–€€€*

6 Marbella
Tapas-Bar mit Bodega-Atmosphäre, gut und preiswert. Im Sommer gibt es Gartenplätze. *Horemansstr. 30 • Karte D3 • (089) 12 77 97 53 • tägl. 18–1 Uhr • keine Kreditkarten • €*

7 Löwengarten
Angenehmes Ambiente und preiswerte Gerichte. Im Sommer wird in dem hübschen Garten serviert. *Volkartstr. 32 • Karte C3 • (089) 16 13 73 • Mo–Fr 16–1, Sa, So 18–1 Uhr • keine Kreditkarten • €*

8 Rüen Thai
Heiß und scharf: der wohl beste Thailänder Münchens. *Kazmairstr. 58 • Karte D5 • (089) 50 32 39 • Mo–Mi 12–14.30, 18–24, Do–So 18–24 Uhr • €–€€*

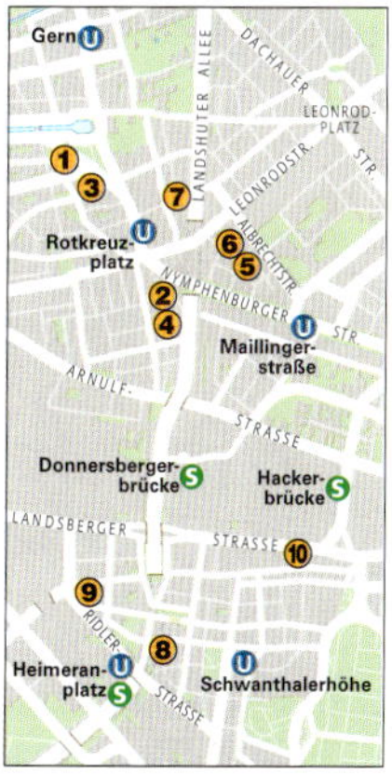

9 San Marino
Pizzas und offene Weine zu angemessenen Preisen – im Sommer auch auf der Terrasse. *Westendstr. 161 • Karte C5 • (089) 50 26 000 • Mo–Sa 11.30–14.30, 18–23.30 Uhr • €*

10 Augustinerbräustuben
Urbayrisches Brauerei-Restaurant in den früheren Bierkellern und Pferdeställen *(siehe S. 51)*.

Wenn nicht anders angegeben, akzeptieren alle Restaurants Kreditkarten.

Alte Post

KURZTRIPS & TAGES-AUSFLÜGE

Links **Neues Schloss in Schleißheim** Mitte **Am Ammersee** Rechts **Rathaus, Landsberg am Lech**

TOP 10 Gleich bei München

1 Schloss Schleißheim

Mit dem Neuen Schloss wollte sich Kurfürst Max Emanuel »sein« Versailles errichten. Der Bau wurde 1701 nach Entwürfen von Enrico Zuccalli begonnen und ab 1719 von Joseph Effner vollendet. Zuccalli baute auch das Jagd- und Gartenschlösschen Lustheim, das am Ostrand des ausgedehnten Barockgartens *(siehe S. 39)* liegt. Heute beherbergt es eine bedeutende Sammlung frühen Meißner Porzellans. In Oberschleißheim befindet sich auch die Flugwerft Schleißheim *(siehe S. 11)*. *Karte S2 • Apr–Sep: Di–So 9–18 Uhr; Okt–März: Di–So 10–16 Uhr (beide Schlösser) • Eintritt*

2 Freising

Weithin sichtbar in der alten Bischofsstadt ist der Dom mit der Fürstbischöflichen Residenz auf dem Freisinger Domberg. Die Kirche wurde als fünfschiffige romanische Basilika 1160–1205 erbaut. 1723/24 wurde sie von den Asam-Brüdern mit Stuckaturen und farbigen Fresken ausgeschmückt. Sehenswert: die erhaltene romanische Krypta mit der berühmten »Bestiensäule«. Nicht weit vom Domberg entfernt befindet sich im ehemaligen Benediktinerkloster Weihenstephan (heute Staatsbrauerei) ein schöner Biergarten. Das Bier der vermutlich ältesten Brauerei der Welt ist sehr beliebt. *Karte T1*

Tor und Wachtürme, KZ Dachau

3 Dachau & KZ Dachau

Dachau (etwa 15 km nordwestlich von München) liegt auf einem Ausläufer des Hügellands der Amper. Auf dem Schlossberg thront in exponierter Lage das Schloss, teilweise Renaissance, teilweise Barock. (Die Schlossgaststätte ist empfehlenswert.) Während der Nazi-Zeit wurde in Dachau das erste Konzentrationslager in Deutschland errichtet. Heute besteht hier eine der meistbesuchten KZ-Gedenkstätten Europas. 2003 wurde der letzte Teil der neu gestalteten Ausstellung eröffnet. *Schloss Dachau, (081 31) 879 23 • Karte S2 • Apr–Sep: Di–So 9–18 Uhr; Okt–März: Di–So 10–16 Uhr • Eintritt • KZ-Gedenkstätte Dachau, Alte Römerstr. 75, (081 31) 66 99 70 • Di–So 9–17 • frei*

4 Herrmannsdorfer Landwerkstätten

1986 wurden die Herrmannsdorfer Landwerkstätten bei Glonn (30 km südöstlich von München) gegründet. Hier werden ökologische Lebensmittel produziert und verkauft. Das Gourmet-Restau-

Vorhergehende Doppelseite
Alte Post in Oberammergau, heue Gasthof und Hotel

rant (mit Biergarten) ist bekannt. Ein Spaziergang lohnt sich: Auf dem Areal sind Kunstwerke, etwa Klangpfeifen und Skulpturen, in die Natur integriert. *Karte T2 (südlich von Ebersberg)*

5 Kloster Andechs

Am Ostufer des Ammersees erhebt sich der »Heilige Berg« fast 200 Meter hoch. Das Kloster mit Rokoko-Kirche zählt zu den bedeutendsten Wallfahrtsorten Bayerns. Allerdings kommen viele wegen des berühmten Klosterbiers im Biergarten. *Karte R2*

6 Fürstenfeldbruck

Der lang gestreckte Stadtplatz bildet das Zentrum von Fürstenfeldbruck. Rathaus und Bürgerhäuser präsentieren sich barock und klassizistisch. Die barocke Klosterkirche wurde von Antonio Viscardi errichtet. Das Innere wurde u. a. von den Asam-Brüdern gestaltet. *Karte R/S2*

7 Wolfratshausen & Isarfloßfahrten

Wolfratshausen liegt ca. 30 Kilometer südlich von München an der Loisach. Sein lang gezogener Straßenmarkt wird von oberbayrischen Giebelhäusern (17./18. Jh.) gesäumt. Das Städtchen ist Ausgangspunkt für Floßfahrten nach München (Start an der Loisachbrücke). Der feuchtfröhliche Spaß mit Musik, Brotzeit und Bier führt über die Floßrutschen der Isar bis zur Zentrallände (nahe Tierpark Hellabrunn). Auf der etwa sechsstündigen Fahrt passiert man die größte Floßrutsche Europas mit 18 Metern Höhenunterschied (Nähe Kloster Schäftlarn). *Karte S3*
• *www.isarflossfahrten.de oder www.schrall.com*

Das farbenprächtige Bayertor, Landsberg

8 Ammersee

Der Ammersee ist Bayerns drittgrößter See. Er liegt in einem eiszeitlichen Gletscherbecken, umrahmt von bewaldeten Moränenanhöhen. Bei klarem Wetter hat man einen wunderbaren Blick auf die Alpen. Zahlreiche Ausflugsorte säumen die Ufer. Geboten sind: Segeln, Rudern, Surfen, Radeln, Wandern ... *Karte R2*

9 Osterseen

Südlich des Starnberger Sees bei Seeshaupt liegen die reizvollen Osterseen, eine Gruppe von etwa 20 kleinen Moorseen. Wegen des moorhaltigen Wassers gehören sie zu den wärmsten Seen in Bayern. Ideal zum Baden und für geruhsame Spaziergänge in naturgeschützter Landschaft. *Karte S3*

10 Landsberg am Lech

Eine Stadt wie im Bilderbuch. Am dreieckigen Marktplatz mit seinen schönen Bürgerhäusern steht das Rathaus – ein Traum in Stuck. Es wurde um 1700 u. a. vom berühmten Wessobrunner Baumeister Dominikus Zimmermann erbaut, der 1749–54 Bürgermeister von Landsberg war. Das 36 Meter hohe Bayertor (um 1425) ist eines der eindrucksvollsten mittelalterlichen Stadttore. *Karte R2 • Bayertor: Mai–Okt: tägl. 10–12, 14–17 Uhr*

Madonna, Fürstenfeldbruck

Oberschleißheim, Freising, Dachau, Fürstenfeldbruck, Wolfratshausen und der Ammersee (Herrsching) sind per S-Bahn zu erreichen.

Links **Zugspitzplatt** Mitte **Lüftlmalerei in Oberammergau** Rechts **Eibsee**

Garmisch-Partenkirchen & Zugspitze

SATTGRÜNE WIESEN, SCHNEEBEDECKTE GIPFEL, *steile Felsschluchten mit Wasserläufen (Klammen), Klöster und alte Häuser mit Lüftlmalerei – hier zeigt sich Bayern wie aus dem Bilderbuch. Auch Deutschlands höchster Berg, die Zugspitze (2962 m), erhebt sich hier. Die Einheimischen bezeichnen das Alpen- und Voralpengebiet, das sich rund um Garmisch-Partenkirchen, Oberammergau und Murnau vor der imposanten Kulisse des Wettersteingebirges erstreckt, als Werdenfelser Land. Im bayrischen Voralpenland kann man sowohl kulturelle Highlights (das Ludwig-Schloss Linderhof, das Münter-Haus in Murnau) als auch grandiose Naturschönheiten (Eibsee, Partnachklamm, Murnauer Moos) genießen. Die Region hält für Sommer- und Wintergäste eine ganze Palette an Attraktionen bereit. Vor allem die Skigebiete rund um Garmisch und auf dem Zugspitzplatt locken auch im Winter zahlreiche Besucher in die Gegend. Am bequemsten lässt sich die malerische Region auf einer Tagestour mit dem Auto erkunden. Zu den wichtigsten Orten des Zugspitzgebiets gibt es von München aus auch gute Bahn- und Busverbindungen.*

Im Gebiet der Zugspitze

Top 10 Attraktionen

1. Garmisch-Partenkirchen
2. Zugspitze
3. Eibsee
4. Partnachklamm
5. Höllentalklamm
6. Kloster Ettal
7. Schloss Linderhof
8. Oberammergau
9. Murnau am Staffelsee
10. Murnauer Moos

Die Bezeichnung »Werdenfelser Land« geht auf Burg Werdenfels (»Wehr dem Fels«) bei Garmisch zurück, heute eine Ruine.

Floriansplatz in Garmisch vor dem Zugspitzmassiv

1 Garmisch-Partenkirchen

Der Hauptort des Werdenfelser Landes liegt am Fuß des Wettersteingebirges und der Zugspitze. Garmisch-Partenkirchen ist einer der beliebtesten Urlaubsorte Deutschlands. Die Marktgemeinde mit über 26 000 Einwohnern ist vor allem als Wintersportort bekannt. 1936 fanden hier die Olympischen Winterspiele statt, 1978 die alpinen Ski-Weltmeisterschaften. Doch auch im Sommer zieht es viele Gäste in den heilklimatischen Kurort, der sich hervorragend als Ausgangspunkt für Bergtouren und Ausflüge in die Region eignet. *Karte R4*

2 Zugspitze

Für die Zugspitze bietet sich eine Rundtour mit den Bergbahnen an. Zuerst fährt man mit der Zahnradbahn von Garmisch aus zum Schneeferner, einem Gletscher auf dem Zugspitzplatt. Von dort kommt man mit der Gletscherbahn zum Gipfel (2962 m). Die Aussichtsplattform bietet einen grandiosen Panoramablick – bei guter Fernsicht sieht man bis zu den Dolomiten nach Italien. Mit der Eibsee-Seilbahn geht es dann zurück ins Tal. Dabei hat man nochmals einen herrlichen Ausblick auf Eibsee, Garmisch-Partenkirchen und Werdenfelser Land. *Karte R4*

3 Eibsee

Fast 1000 Meter über dem Meer liegt der tiefblau glänzende Eibsee, eingebettet in die Felslandschaft des Zugspitzmassivs. Der See entstand einst durch einen mächtigen Bergsturz. Ein Spaziergang auf dem See-Rundweg dauert etwa zwei Stunden. Zahlreiche malerische Buchten und idyllische Badeplätze laden zum Verweilen oder – im Sommer – zum Baden ein. *Karte R4*

4 Partnachklamm

Die Partnachklamm, eine der eindrucksvollsten Felsschluchten der bayrischen Alpen, ist etwa 700 Meter lang. Ihre Felswände erreichen eine Höhe von fast 100 Metern. Vom Olympia-Skistadion in Garmisch aus erreicht man nach einem kurzen Fußmarsch den Eingang zur Klamm.

Karte R4 • ganzjährig zugänglich

5 Höllentalklamm

Die Höllentalklamm in Grainau (nahe Garmisch) besitzt einen gänzlich anderen Charakter als die Partnachklamm. Durch die einen Kilometer lange Schlucht stürzt der Hammersbach ins Tal. Schwierige Partien führen durch beleuchtete Tunnels. Bergschuhe und Trittsicherheit sind bei einer Klamm-Wanderung unabdingbar.

Karte R4 • Nov–Mai geschlossen

Partnachklamm bei Garmisch-Partenkirchen

Das Zugspitzplatt, eine eiszeitliche Gletscherregion (mit Restgletschern wie dem Schneeferner), ist ein schneesicheres Skigebiet.

Königshaus am Schachen

Der hölzerne Ständerbau wurde ab 1869 nach Plänen von Georg Dollmann auf der Schachenalpe (1900 m) bei Garmisch-Partenkirchen errichtet. Er diente König Ludwig II. bei seinen Gebirgsaufenthalten als Refugium. Das Erdgeschoss ist mit Zirbelholz vertäfelt. Das gesamte Obergeschoss nimmt der Maurische Saal ein. Er spiegelt mit seinen farbigen Glasfenstern, Kandelabern und Pfauenfedern die Orientbegeisterung der damaligen Zeit wider.

6 Kloster Ettal

Die 1330 von Kaiser Ludwig dem Bayern gegründete Abtei ist heute ein Internat. Der Kuppelbau der Klosterkirche wurde nach einem Brand im Stil des bayrischen Rokoko gestaltet. Im Kloster wird der berühmte Klosterlikör hergestellt: herb (grüne Farbe) und süß (gelblich), der Magenbitter ist braun. *Karte R4*

Kloster Ettal, ein viel besuchter Wallfahrtsort

7 Schloss Linderhof

Das Schloss *(siehe S. 30)* liegt im Graswangtal, einem schönen Seitental der Ammer (12 km von Ettal entfernt).

Ettal, Linderhof 12, (088 22) 920 30 • Karte R4 • Apr–Mitte Okt: tägl. 9–18 Uhr; Mitte Okt–März: tägl. 10–16 Uhr • Eintritt • www.schlosslinderhof.de

8 Oberammergau

Der Luftkurort ist durch seine Passionsspiele weltbekannt. Bei diesem Laientheaterspiel sind viele der Einwohner beteiligt. Die Spiele finden allerdings nur alle zehn Jahre statt (nächster Termin 2010). Das malerische Ortsbild ist geprägt von Lüftlmalerei. Franz Seraph Zwinck (1748–1792), der berühmteste Lüftlmaler Bayerns, stammte von hier. *Karte R4*

• www.passionsspiele2010.de

9 Murnau am Staffelsee

Die beiden Maler Gabriele Münter (1877–1962) und Wassily Kandinsky (1866–1944) sowie der Autor Ödön von Horváth (1901–1938) lebten und arbeiteten hier. Sie ließen sich durch die malerische Seen- und Moorlandschaft vor der Kulisse der Alpen inspirieren. An originalen Schauplätzen kann man hier auf den Spuren des »Blauen Reiters« wandeln. Empfehlenswert ist die Besichtigung von Münter-Haus und Schlossmuseum. Lohnenswert: eine Wanderung um den idyllischen Staffelsee. *Münter-Haus: Kottmüllerallee 6 • (088 41) 62 88 80 • Karte R3 • Di–So 14–17 Uhr • Eintritt • Schlossmuseum: Schlosshof 4–5, (088 41) 47 62 01 • Di–So 10–17 Uhr (Juli–Okt: Sa, So bis 18 Uhr) • Eintritt*

Erstausgabe des »Blauen Reiters«

10 Murnauer Moos

Das Murnauer Moos ist mit seinen 32 Quadratkilometern das größte zusammenhängende Moorgebiet Bayerns. Hier gibt es mehrere Tausend Tierarten und über 900 Pflanzenarten. Viele sind vom Aussterben bedroht und stehen unter Naturschutz. Durch das Moor führen markierte Wege, auf denen man ganzjährig wandern kann. *Karte R3/4*

Das Königshaus am Schachen erreicht man nur nach drei bis vier Stunden Fußmarsch (Juni–Sep: Führungen 11, 13, 14 und 16 Uhr).

Preiskategorien

Preis für ein Drei-Gänge-Menü mit einem Bier/einem Glas Wein, inklusive Steuern und Service.	€	unter 30 €
	€€	30–40 €
	€€€	40–50 €
	€€€€	50–60 €
	€€€€€	über 60 €

Links **Gastraum des Griesbräu zu Murnau** Rechts **Zum Rassen in Garmisch-Partenkirchen**

TOP 10 Cafés & Restaurants

1 Kreut-Alm
Hier gibt es typisch bayrische Küche. Vom Biergarten aus hat man einen wunderbaren Blick auf den Kochelsee und die gesamte umliegende Bergwelt. *Kreut-Alm/Großweil • Karte S3 • (088 41) 58 22 • www.kreutalm.de • €*

2 Griesbräu zu Murnau
Traditionsgasthaus im Murnauer Ortszentrum mit selbst gebrautem Bier und bayrischen Spezialitäten in rustikalem Ambiente mit Braukesseln. *Murnau, Obermarkt 37 • Karte R3 • (088 41) 14 22 • www.griesbraeu.de • €*

3 Schlosscafé Murnau
Bei einer Tasse Kaffee und einem Stück hausgemachtem Kuchen kann man hier eine Pause bei der Besichtigung des Schlosses machen. *Murnau, Schlosshof 5 • Karte R3 • (088 41) 622 12 • www.restaurant-schlosshof5.de • €*

4 Alpenhof Murnau
Hier gibt es gehobene bayrisch-internationale Küche mit Blick auf das Alpenpanorama. *Murnau, Ramsachstr. 8 • Karte R3 • (088 41) 49 10 • www.alpenhof-murnau.de • für Rollstühle geeignet • €€€*

5 Restaurant SonnAlpin
Das Gletscherrestaurant auf dem Zugspitzplatt (2600 m) ist Deutschlands höchstgelegenes Lokal. Die Sonnenterrasse mit fantastischer Aussicht bietet für etwa 800 Personen Platz. *Karte R4 • www.zugspitze.de • €*

6 Hotel »Ludwig der Bayer«
Zu den selbst gebrauten Klosterbieren und den weltbekannten Ettaler Klosterlikören genießt man hier bayrische und internationale Küche. *Ettal, Kaiser-Ludwig-Platz 10–12 • Karte R4 • (088 22) 91 50 • www.kloster-ettal.de • €*

7 Schlosshotel Linderhof
Speisen in unmittelbarer Nachbarschaft zum Märchenschloss. Leckere bayrische und internationale Küche. *Ettal, Linderhof 14 • Karte R4 • (088 22) 790 • www.schlosshotel-linderhof.com • €*

8 Gasthof zum Rassen
Im Ortsteil Partenkirchen liegt der traditionelle Gasthof mit dem ältesten Bauerntheater – und natürlich mit bayrischer Küche. *Garmisch-Partenkirchen, Ludwigsstr. 45 • Karte R4 • (088 21) 20 89 • www.gasthof-rassen.de • €*

9 »Das Restaurant« im Eibsee-Hotel
Feine regionale und internationale Küche in einem gehobenen Ambiente mit Blick auf den malerisch gelegenen Eibsee. *Grainau, Am Eibsee 1–3 • Karte R4 • (088 21) 988 10 • www.eibsee-hotel.de • €€*

10 Parkhotel Sonnenhof
Am Fuß des Kofels, dem Hausberg Oberammergaus, werden traditionell bayrische und internationale Gerichte serviert. *Oberammergau, König-Ludwig-Str. 12–16 • Karte R4 • (088 22) 91 30 • www.parkhotel-sonnenhof.de • €*

Wenn nicht anders angegeben, akzeptieren alle Restaurants Kreditkarten.

Links **Herzogstand mit Kochelsee** Mitte **Kloster Benediktbeuern** Rechts **Dießen, Ammersee**

Barock & Rokoko im Pfaffenwinkel

DER PFAFFENWINKEL IST *klassisches Voralpenland mit einer Höhe von 500 bis 1000 Metern. Sanfte Hügel und grüne Wiesen wechseln sich mit Wäldern, Moorgebieten und kleinen Seen ab. Geografisch erstreckt sich die Region zwischen Lech, Ammer und Loisach sowie vom südlichen Ammersee und Starnberger See bis zu den Ammergauer Alpen. Bekannt ist der Pfaffenwinkel vor allem durch die Vielzahl seiner meist barocken Klöster und der Rokoko-Kirchen (Kloster Benediktbeuern, Wieskirche), die durch die weltbekannte Stuckateurschule des Klosters Wessobrunn geprägt sind. Von den Mönchen und Priestern leitet sich auch der Name der Region her (Pfaffen = süddeutsche Bezeichnung für Pfarrer). Im Pfaffenwinkel finden sich viele Naturschönheiten: Felsschluchten, romantische Gebirgsseen, Aussichtsberge und einsame Moorgebiete (Ammerschlucht, Walchensee). Von München aus ist das Gebiet bequem mit dem Auto über die A95 oder die B2 und die B11 erreichbar. Auch per Bahn und Bus gibt es gute Verbindungen in diese Region.*

Wessobrunner Stuck: Decke im Fürstentrakt, Kloster Wessobrunn

TOP 10 Attraktionen

1. Kloster Wessobrunn
2. Hoher Peißenberg
3. Kloster Steingaden
4. Wieskirche
5. Kloster Benediktbeuern
6. Kloster Rottenbuch
7. Kloster Schäftlarn
8. Kochel am See
9. Kochelsee & Walchensee
10. Schongau

Der Pfaffenwinkel im Internet
www.pfaffen-winkel.de *bzw.* **www.pfaffenwinkel.com**

Rokoko-Klosterkirche von Wessobrunn

1 Kloster Wessobrunn

Wessobrunn war im 17. und 18. Jahrhundert Zentrum des Stuckateurhandwerks. Hier wurden u. a. die Klosterbaumeister und Stuckateure Joseph Schmuzer (1683–1752) und Dominikus Zimmermann (1685–1766) ausgebildet, die viele Klöster und Kirchen in Süddeutschland erbauten oder barockisierten. Der Wessobrunner Stuck wurde durch die Familien Schmuzer und Zimmermann weltweit bekannt. Ein Teil des Klosters Wessobrunn kann besichtigt werden, etwa der berühmte Gang des Fürstentrakts und der Tassilosaal. Die Klosterbibliothek besaß eine der ältesten Handschriften in deutscher Sprache, das *Wessobrunner Gebet* (um 800), das sich heute im Besitz der Bayerischen Staatsbibliothek in München befindet.

Karte R3 • (088 09) 92 110 • Führungen: März–Okt: Di– Sa 10, 15, 16, So 15, 16 Uhr; Nov–Feb: Di–Sa 15, So 15, 16 Uhr • frei • www.kloster-wessobrunn.de

2 Hoher Peißenberg

Der Hohe Peißenberg ist nicht nur der geografische Mittelpunkt des Pfaffenwinkels, sondern auch einer der schönsten Aussichtsberge des Voralpenlands. Auf fast 1000 Meter Höhe genießt man eine fantastische Rundsicht. Der Blick schweift über das grandiose Gebirgspanorama und über das nicht weniger reizvolle Alpenvorland mit seinen sanften Hügeln und schimmernden Seen. Seit 1781 werden auf dem Hohen Peißenberg meteorologische Messungen durchgeführt – damals noch von den Augustiner-Chorherren des nahe gelegenen Klosters Rottenbuch *(siehe S. 122)*. Gut einkehren kann man im Terrassen-Café »Bayerischer Rigi«.

Karte R3 • www.bayerischer-rigi.de

3 Kloster Steingaden

1147 entstand unter Herzog Welf VI. das Prämonstratenserkloster Steingaden. Es war zu jener Zeit das bedeutendste Zentrum klösterlichen Lebens in Bayern. Erhalten geblieben sind der romanische Kreuzgang mit spätgotischer Wölbung und die romanische Basilika, deren äußere Gestalt noch gut erkennbar ist. Das Kircheninnere des Welfenmünsters ist im Stil des Rokoko stuckiert. *Karte R3 • (088 62) 200 • Sommer: tägl. 8–19 Uhr; Winter: tägl. 8–17 Uhr • frei • www.steingaden.de*

Romanischer Kreuzgang, Steingaden

Das Wessobrunner Gebet ist auch auf einem Findling vor dem Gasthaus zur Post in Wessobrunn eingemeißelt.

Rokoko-Juwel Wieskirche – ein UNESCO-Welterbe

4 Wieskirche

Die Wallfahrtskirche »Zum gegeißelten Heiland auf der Wies« (1746–54), kurz Wieskirche, bei Steingaden ist weltweit bekannt. Sie gilt als Juwel des deutschen Rokoko und ist das Hauptwerk von Dominikus Zimmermann, dem berühmten Wessobrunner Baumeister und Stuckateur. Seit 1984 zählt die Wieskirche zum UNESCO-Welterbe. *Karte R3 • (088 62) 93 29 30 • Sommer: tägl. 8–19 Uhr; Winter: tägl. 8–17 Uhr • frei • www.steingaden.de*

5 Kloster Benediktbeuern

Benediktbeuern (739) ist eines der ältesten Klöster im Alpenvorland. Wegen der Armreliquie des hl. Benedikt, die Karl der Große für das Kloster erworben hatte, wurde Benediktbeuern zum wichtigsten Kultort des Heiligen im deutschen Sprachraum. Die noch heute existierende barocke Klosteranlage entstand zwischen 1669 und 1679. Die zweitürmige Klosterkirche wurde vom Weilheimer Baumeister Kaspar Feichtmayr im Stil des italienischen Hochbarock errichtet. Die einst berühmte Klosterbibliothek enthielt u. a. die *Carmina Burana*, die bedeutendste Sammlung mittelalterlicher Vagantenlieder. Die Handschrift stammt aus dem 13. Jahrhundert (nun in der Bayerischen Staatsbibliothek). Nach der Säkularisation befand sich in der Klosteranlage zeitweise eine Glashütte. Zu Beginn des 19. Jahrhunderts war dort auch ein Institut für Optik unter der Leitung des berühmten Optikers und Physikers Joseph von Fraunhofer (1787–1826) untergebracht, der hier die nach ihm benannten Fraunhofer-Linien im Sonnenspektrum entdeckte. Das Kloster beherbergt heute pädagogische und theologische Institute der Salesianer. *Karte S3 • (088 57) 880 • Kloster: tägl. 9–17.30 Uhr • frei • Frauhofer-Glashütte: März–Okt: tägl. 9–18 Uhr • frei • www.kloster-benediktbeuern.de*

Wessobrunner Stuck

Im 17. und 18. Jahrhundert kamen die bedeutendsten Stuckateure aus dem Umkreis des Klosters Wessobrunn. Johann Schmuzer (1642–1701) gilt als Begründer der Schule. Durch die Familien Schmuzer, Zimmermann und Feichtmayr wurde Wessobrunner Stuck europaweit bekannt. Bedeutende Stuckierungen findet man in den Klöstern/Kirchen Wessobrunn, Ettal, Rottenbuch, Weingarten, Zwiefalten, Ottobeuren, Bad Wörishofen und Steingaden.

6 Kloster Rottenbuch

Das Augustiner-Chorherrenkloster wurde 1073 von Herzog Welf IV. gegründet. Erhalten ist die Kirche – mit einem Mix aus Romanik, Gotik und Rokoko. Mitte des 18. Jahrhunderts versahen Joseph Schmuzer und Sohn das Innere mit prächtigem Stuck. *Karte R3 • (088 67) 91 10 08 • tägl. 8–19 Uhr (Winter bis 18 Uhr) • frei*

Der Münchner Komponist Carl Orff (1895–1982) vertonte eine Textauswahl der Carmina Burana *(1937).*

7 Kloster Schäftlarn

Bereits 762 gründeten Benediktiner im Isartal das Kloster Schäftlarn. Die heutigen Bauten wurden 1702–07 nach Entwürfen von Giovanni A. Viscardi errichtet. Die 1760 geweihte Klosterkirche zählt zu den Hauptwerken des bayrischen Rokoko. Die Stuckierung erfolgte unter maßgeblicher Beteiligung der Familie Zimmermann. Auf dem Klostergelände befindet sich auch ein schöner Biergarten, der zu einer kleinen Brotzeit einlädt. *Karte S3 • www.abtei-schaeftlarn.de • frei*

Blick auf den Walchensee bei Kochel

8 Kochel am See

Das Denkmal des legendären »Schmied Balthes von Kochel«, der in der »Sendlinger Bauernschlacht« von 1705 starb, steht mitten im Ort. Hier lebte zu Beginn des 20. Jahrhunderts der Maler Franz Marc. Das Franz-Marc-Museum zeigt sein Werk sowie Dokumente des Malers und seiner Künstlerfreunde (»Blauer Reiter«). *Karte S3 • Apr–Okt: Di–So 10–18 Uhr; Nov–März: Di–So 10–17 Uhr • (088 51) 92 48 80 • www.franz-marc-museum.de • Eintritt*

9 Kochelsee & Walchensee

Der Kochelsee ist halb umgeben von den steilen Kocheler Bergen. Er ist sechs Quadratkilometer groß und bis zu 66 Meter tief. Wanderwege erschließen das Ufer. Ein paar Kilometer weiter südlich und etwa 200 Meter höher liegt der blaugrün schimmernde Walchensee. Er ist mit über 16 Quadratkilometern Fläche und einer Tiefe von bis zu 192 Metern der größte und tiefste deutsche Gebirgssee. Im Sommer ist er ein Paradies für Windsurfer. Vom Herzogstand (1731 m), zu dem eine Kabinenbahn fährt, genießt man einen grandiosen Blick auf beide Seen. *Karte S4 • Herzogstandbahn, Walchensee: Mo–Fr 9–17.15, Sa, So 9–17.45 Uhr (wetterabhängig)*

Romanischer Taufstein von St. Michael, Altenstadt

Freilichtmuseum Glentleiten

Das größte Freilichtmuseum Oberbayerns wurde 1976 in der reizvollen Voralpenlandschaft zwischen Murnau und Kochel eröffnet. Besucher können ein altbayrisches Dorf bestaunen – mit Bauernhöfen, Mühlen, Hafnerei, Almgebäuden und Werkstätten. Für Hungrige gibt es eine Gaststätte mit einem Biergarten (19. März–11. Nov: Di–So 9–18 bzw. 17 Uhr; Juni–Sep: auch Mo, Eintritt, www.glentleiten.de).

10 Schongau

Schongau liegt auf einem einst vom Lech umflossenen Hügel. Die Stadtmauer mit Toren, Wehrgängen und Türmen verleiht dem Städtchen ein mittelalterliches Aussehen. In Altenstadt, drei Kilometer nördlich, steht die romanische Gewölbebasilika St. Michael mit Taufstein. Sie wurde um 1200 von den Bürgern Schongaus errichtet, als sich die Stadt noch an dieser Stelle befand. *Karte R3 • www.schongau.de*

Die canyonartige Ammerschlucht (zwischen Saulgrub und Peißenberg) ist ein Rafting-Paradies. Sehenswert: die Schleierwasserfälle.

Links **Frauenchiemsee** Rechts **Kurhaus mit Brunnen in Bad Tölz**

Oberbayrische Städte & Seen

SANFTE MORÄNENHÜGEL AUS DER EISZEIT *und schroffes Gebirge, idyllische Moorseen und wilde Gebirgsflüsse, eindrucksvolle Naturschönheiten und malerische Städtchen und Ortschaften – das oberbayrische Voralpengebiet ist eine sehr abwechslungsreiche Region. Dies trifft vor allem auf das Tölzer Land und den Chiemgau zu. Sie sind wahre Urlaubsparadiese: Sportler können Ski fahren, wandern, radeln oder surfen (etwa in Reit im Winkl und am Spitzingsee), Kulturinteressierte besichtigen die alten Klöster und die barocken Kirchen (Frauenchiemsee, Hohenaschau), Kurzurlauber machen einen erholsamen Wochenendausflug (Kloster Reutberg, Tegernsee), und Kurgäste entspannen sich in den Heilbädern und Kurorten bei Kneippanwendungen (Bad Tölz). Von München aus kann man das Tölzer Land und den Chiemgau mit dem Auto über die A8 sowie über die B318 und die B472 erreichen. Auch mit regelmäßigen Bahn- und Busverbindungen ist die Region gut erschlossen.*

TOP 10 Attraktionen

1. Bad Tölz
2. Kloster Reutberg
3. Tegernsee
4. Schliersee
5. Spitzingsee
6. Lenggries
7. Wendelstein, Bayrischzell
8. Chiemsee
9. Reit im Winkl
10. Schloss Hohenaschau

Traditioneller Bauernschrank, Heimatmuseum Bad Tölz

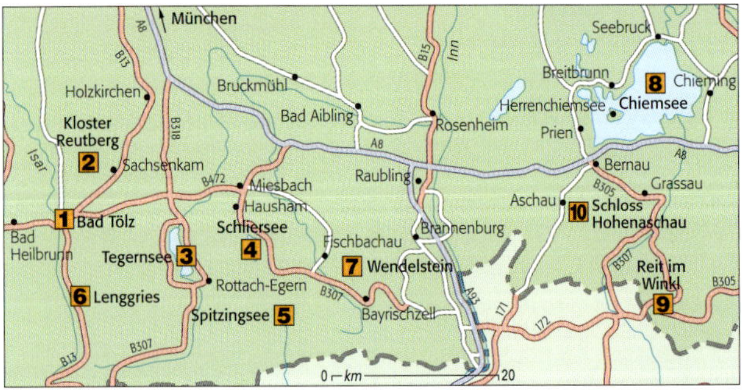

In der Region verlaufen Teile der Deutschen Alpenstraße, einer Panoramastraße, die durch schöne Landschaft führt.

1 Bad Tölz

Der Kur- und Wintersportort liegt an der Isar, die hier aus ihrem schotterbedeckten Alpental ins Alpenvorland tritt. Am rechten Isarufer erstreckt sich die malerische Altstadt. Die Tölzer Marktstraße beeindruckt mit ihren kunstvoll mit Stuck, Sinnsprüchen und Lüftlmalerei verzierten Fassaden. Das Kur- und Freizeitcenter Alpamare eignet sich für Erholungsuchende und Sportfans. Jährliche Attraktion: Am 6. November findet hier der Leonhardi-Umzug – benannt nach dem hl. Leonhard, dem Schutzpatron der Pferde – statt. Er zählt zu den größten Trachtenumzügen Oberbayerns.

Karte S3 • Alpamare, Ludwigstr. 14 • (080 41) 50 99 99 • www.alpamare.de

Frauen in Tracht beim Leonhardi-Umzug

2 Kloster Reutberg

Das Franziskanerinnenkloster (17. Jh.) liegt auf einem kleinen Hügel in der Nähe von Bad Tölz. Die barocke Klosterkirche kann besichtigt werden. Spektakulär ist die Aussicht vom Biergarten des Klostergasthofs auf die Alpenkette. Für einen Spaziergang bietet sich der romantische Kirchsee an, in dem man im Sommer baden kann.

Sachsenkam • Karte S3 • frei

Marienfigur, Bad Tölz

3 Tegernsee

Der von bewaldeten Bergen umrahmte Tergernsee gehört mit einer Fläche von neun Quadratkilometern und einer Länge von sechs Kilometern zu den größeren Gebirgsseen Oberbayerns. Aufgrund seiner reizvollen Lage und der guten Erreichbarkeit – er liegt nur 50 Kilometer von München entfernt – zählt der See seit den Anfängen der »Sommerfrische« im 19. Jahrhundert zu den beliebtesten bayrischen Ausflugs- und Urlaubszielen. Die Orte Tegernsee, Bad Wiessee und Rottach-Egern, die sich malerisch um den See gruppieren, ziehen Winter- und Sommergäste an. In Bad Wiessee gibt es eine der wenigen Spielbanken Bayerns.

Karte T3 • Bayerische Spielbank Bad Wiessee, Winner 1 • (080 22) 98 350

Luftkurort Schliersee am Schliersee

4 Schliersee

Der Schliersee am Rand der Alpen ist nicht weniger reizvoll als der bekanntere Tegernsee. Die Schönheit der Umgebung erschließt sich vor allem von den umliegenden Bergen aus. Zu den Sehenswürdigkeiten des Luftkurorts Schliersee zählt die St. Sixtuskirche mit Fresken von Johann B. Zimmermann (18. Jh.). Landschaftlich hübsch: der Rundweg um den See (7 km). *Karte T3*

Bad Tölz ist ein recht junges Bad. Erst 1946 wurden hier jodhaltige Quellen entdeckt – in der Folge avancierte Tölz zum Kurort.

Auf dem Brauneck-Höhenweg bei Lenggries

5 Spitzingsee

Der wildromantische Spitzingsee (1100 m) zieht im Sommer Bergwanderer an. Im Winter stehen 30 Kilometer Skipisten sowie 18 Seilbahnen und Lifte zur Verfügung. Die Gegend ist das größte zusammenhängende Skigebiet Deutschlands. *Karte T4*

6 Lenggries

Der Luftkur- und Wintersportort liegt am Oberlauf der Isar, im »Isarwinkel«. Lenggries ist ein guter Ausgangspunkt für Bergtouren, etwa auf den Hausberg Brauneck (mit der Brauneck-Bergbahn). *Karte S3 • Bergbahn • (080 42) 50 39 40 • www.brauneck-bergbahn.de*

7 Wendelstein bei Bayrischzell

Der Wendelstein ist einer der schönsten Aussichtsberge. Man kann von hier aus bei klarem Wetter bis zum Großglockner sehen. Auf dem Gipfel gibt es eine Wetterstation und ein Observatorium. Einkehren kann man im Wendelsteinhaus. Seit 1912 fährt hier die dienstälteste Zahnradbahn der Alpen, seit 1970 gibt es auch eine Seilbahn. *Karte T3 • Wendelstein Bergbahnen: www.wendelsteinbahn.de*

Augustiner-Chorherrenstift

Um 1130 wurde auf Herrenchiemsee über dem Fundament einer alten Benediktinerabtei (8. Jh.) ein Augustiner-Chorherrenstift errichtet, das später barockisiert und 1803 aufgehoben wurde. Ludwig II. erwarb 1873 die Insel für sein Neues Schloss und richtete in der Klosteranlage Privaträume ein. Im Speisesaal des Klosters tagte 1948 der Parlamentarische Rat, der das Grundgesetz konzipierte und beschloss. Hierzu gibt es im Kloster eine Ausstellung.

8 Chiemsee

Das »Bayrische Meer« ist mit einer Fläche von 80 Quadratkilometern der größte See Bayerns. Zu den Highlights zählen die Inseln Herrenchiemsee – mit Altem *(siehe Kasten)* und Neuem Schloss *(siehe S. 30f)* – und Frauenchiemsee mit einem Kloster (8. Jh.). *Karte U3*

Der Chiemsee, das »Bayrische Meer«

9 Reit im Winkl

Der Wintersportort liegt nahe der österreichischen Grenze und gilt als einer der schneesichersten der bayrischen Alpen. Gute Skipisten findet man im Bereich der Winklmoosalm (1160 m), der Heimat von Olympiasiegerin Rosi Mittermaier. *Karte U3*

10 Schloss Hohenaschau

Burg Hohenaschau stammt aus dem 12. Jahrhundert. Beim Umbau zum Schloss im Stil der Renaissance (16. Jh.) und des Hochbarock (17. Jh.) kamen die Kapelle und das Benefiziatenhaus hinzu. *Aschau • Karte U3 • Führungen: Mai–Mitte Okt: Di, Do 13.30, 15, Mi, Fr 11.30, 12.30, So, Feiertage 13.30, 15 Uhr • Eintritt*

Infos zu Reit im Winkl unter **www.reitimwinkl.de**

Preiskategorien

Preis für ein Drei-Gänge-Menü mit einem Bier/einem Glas Wein, inklusive Steuern und Service.	€	unter 30 €
	€€	30–40 €
	€€€	40–50 €
	€€€€	50–60 €
	€€€€€	über 60 €

Die ehemalige »Tafernwirtschaft« Terofal mit Bauerntheater, Schliersee

TOP 10 Cafés & Restaurants

1 Gasthof Grünerbräu

Urbayrischer Gasthof mit selbst gebrautem Bier in Bad Tölz. Die Speisekarte bietet Spezialitäten wie Gansjung, Lüngerl und Knödelgerichte. *Bad Tölz, Marktstr. 8 • Karte S3 • (080 41) 60 91 • €*

2 Kloster-Bräustüberl Reutberg

Bayrische Küche (Lüngerl, Haxe, Wammerl, Ochsenbrust) mit selbst gebrauten Klosterbieren. Den wunderbaren Alpenblick gibt es gratis dazu. *Sachsenkam, Am Reutberg 2 • Karte S3 • (080 21) 86 86 • www.reutberg.com • €*

3 Schlossgaststätte Tegernsee

Schweinsbraten und Bier auf der geräumigen Biergartenterrasse mit herrlichem Seeblick. *Tegernsee, Schlossplatz 1 • Karte T3 • (080 22) 45 60 • www.schlossgaststaette.de • €*

4 Panoramarestaurant Wallberg

Das 1998 eröffnete Restaurant liegt 100 Meter unterhalb des Wallberggipfels (1723 m). Fantastischer Blick auf die Alpen und den Tegernsee. *Rottach-Egern, Wallbergstr. 32 • Karte T3 • (080 22) 68 00 • www.wallberg-restaurant.de • €*

5 Landgasthof Reindlschmiede

Landgasthof nahe Bad Tölz. Hausgemachte Kuchen und bayrische Kost. *Bad Heilbrunn, Reindlschmiede 8 • Karte S3 • (080 46) 285 • geschl. Mo • www.reindlschmiede.de • €*

6 Berggasthof »Obere Firstalm«

Grundsolide bayrische Küche zu angemessenen Preisen. *Spitzingsee • Karte T4 • (080 26) 73 02 • www.hotel-firstalm.de • €*

7 Winklmoosalm

Wo das einstige Skiass Rosi Mittermaier groß wurde, kann man nun auf der Sonnenterrasse Kaffee trinken und hausgemachten Kuchen essen. *Reit im Winkl, Winklmoosalm • Karte U3 • (086 40) 97 440 • www.winklmoosalm.com • €*

8 Inselhotel Zur Linde

Im 600 Jahre alten Traditionshotel gibt es selbst gebackenen Kuchen – und natürlich auch bayrische Küche. *Fraueninsel im Chiemsee • Karte U3 • (080 54) 90 366 • www.linde-frauenchiemsee.de • €*

9 Schlosshotel Herrenchiemsee

Bayrisch-internationale Küche mit herrlichem Blick auf den Chiemsee (das Haus wird derzeit renoviert, bitte anrufen). *Herrenchiemsee • Karte U3 • (080 51) 69 030 • www.schlosshotel-herrenchiemsee.com • €€*

10 Gasthof Terofal

Der 500 Jahre alte Gasthof – eine ehemalige »Tafernwirtschaft« – mit Hotel liegt mitten in Schliersee. An das Gebäude ist ein Bauerntheater angebaut. Geboten wird gute bayrische Kost. *Schliersee, Xaver-Terofal-Platz 2 • Karte T3 • (080 26) 92 92 10 • www.hotelterofal.de • €*

Wenn nicht anders angegeben, akzeptieren alle Restaurants Kreditkarten.

Links **Burg in Burghausen** Mitte **Winterlicher Kapellplatz, Altötting** Rechts **Schloss Amerang**

TOP 10 Am Inn entlang

1 Rott am Inn

Die Klosterkirche St. Marinus und Anianus am Hochufer des Inn ist ein Meisterwerk des bayrischen Rokoko. Die Kirche wurde von Johann Michael Fischer 1758–63 unter Einbeziehung der romanischen Osttürme neu errichtet. Das lichte Innere beeindruckt durch eine kühne Raumgestaltung und die kunstvolle Ausstattung. *Karte T2*

2 Schloss Amerang

Schloss Amerang steht auf einer von natürlichen Gräben umgebenen Anhöhe südlich des gleichnamigen Orts. Von außen wirkt es wie eine mittelalterliche Burg. Der Arkadenhof im Inneren stammt aus der zweiten Hälfte des 16. Jahrhunderts und besitzt eine gute Akustik, hier werden auch die beliebten Sommerkonzerte abgehalten. *Karte U2 • Führungen: Ostern–Mitte Okt: Fr, Sa, So 11, 12, 14, 15, 16 Uhr • Eintritt • www.schlossamerang.de*

Gotisches Rathaus in Wasserburg

3 Kloster Attel

Die sehenswerte Barockkirche der Benediktinerabtei wurde 1715 erbaut. Im Eingang des imposanten Kirchenbaus befindet sich ein römischer Gedenkstein aus dem Jahr 204. In der Nähe des Klosters stand einst die Limburg, der Stammsitz der Hallgrafen, die 1137 durch Verlegung ihres Herrschaftssitzes nach Wasserburg die Blütezeit dieser Stadt einleiteten. *Karte T2*

4 Wasserburg

Wasserburg hat eine einzigartige topografische Lage. Es liegt, vom Inn fast völlig umschlossen, auf einer löffelförmigen Halbinsel. Die Altstadt besitzt – für Innstädte typisch – weite, saalartige Plätze mit gewölbten Laubengängen. Waagerechte Blendmauern begrenzen die Häuser nach oben, reizvolle Erker schmücken die bemalten Fassaden. Dies verleiht Wasserburg ein italienisches Flair. Vom Aussichtspunkt »Schöne Aussicht« am gegenüberliegenden Innufer bietet sich ein schöner Blick auf die Altstadt. Am Inn entlang verläuft ein Weg mit diversen Kunstobjekten. *Karte U2*

5 Gars am Inn

Das ehemalige Augustiner-Chorherrenstift besitzt eine frühbarocke Klosterkirche. Sie wurde 1661–90 von Gaspare und Domenico Zuccalli errichtet. Sehenswert ist vor allem der reich stuckierte Innenraum. *Karte U2*

Diese Doppelseite bietet Ihnen einen »Tour-Fahrplan« an; die Einträge stehen daher in topografischer Reihenfolge.

6 Au am Inn

Das im 12. Jahrhundert von Augustiner-Chorherren gegründete Kloster Au liegt idyllisch in einer Innschleife. Im 18. Jahrhundert wurde es nach einem Brand neu aufgebaut. Sehenswert ist vor allem die kunstvoll mit Fresken geschmückte ehemalige Bibliothek. In der Anlage befindet sich heute ein Restaurant mit schönem Biergarten. *Karte U2*

7 Mühldorf

Die malerische Kleinstadt liegt auf einer Halbinsel am Inn und war im Mittelalter ein wichtiger Handelsplatz. Die Altstadt wird durch den 500 Meter langen Marktplatz geprägt, den die typischen Bürgerhäuser der Innstädte zieren – mit malerischen Laubengängen sowie Blendgiebeln. An den Enden des Platzes stehen Stadttore. Sehenswert: der Nagelschmiedturm mit romanischem Untergeschoss. *Karte U2*

8 Altötting

Altötting ist der älteste Wallfahrtsort Bayerns. Er liegt unweit des rechten Innufers auf einer kleinen Anhöhe. Die Gnadenkapelle im Ortszentrum ist ein kleiner achtseitiger Zentralbau (um 750), an den später ein Langhaus angefügt wurde. Im Innern steht in der östlichen Muschelnische in einem silbernen Tabernakel das Gnadenbild »Unserer Lieben Frau von Altötting« – eine schwarze Madonna (um 1300) aus Lindenholz. Interessant ist das Kreuzigung-Christi-Panorama in einem Kuppelbau östlich der Ortsmitte. Das monumentale Rundgemälde zeigt die Passionsgeschichte. Die recht wirklichkeitsnahen Figuren im Vordergrund stellen die einzelnen Stationen nach. *Karte V2*

9 Burghausen

Burghausen erlebte seine Blütezeit im Mittelalter durch den Salzhandel. Zeitweise war es zweiter Regierungssitz der Wittelsbacher. Faszinierend: die ca. einen Kilometer lange Burganlage, die längste Europas. Sie entstand ab 1255 und wurde Ende des 15. Jahrhunderts zur Festung ausgebaut. Am Marktplatz stehen die gotische St.-Jakob-Kirche, das Rathaus (16. Jh.) sowie die Schutzengelkirche (18. Jh.). *Karte V2 • Burgführungen: Ostern–Okt: Sa, So 11, 14 Uhr; Winter: Führungen nur nach Anmeldung (086 77-88 71 40/-41/-42) • Eintritt*

Schutzengelkirche, Burghausen

10 Tittmoning

Tittmoning gehört zu den schönsten Kleinstädten Ostbayerns. Nach dem Niedergang des Salzhandels konnte sie ihr historisches Aussehen bewahren. Zwei Stadttore begrenzen den trapezartigen Stadtplatz mit den stuckverzierten Bürgerhäusern. Die Aussicht von der Burg (13. Jh.) ist grandios. *Karte V2 • Burg Tittmoning: Mai–Sep: Fr–Mi 14 Uhr • Eintritt • Burghof frei • www.tittmoning.de*

Seit 40 Jahren findet in Burghausen jährlich (März) die renommierte »Internationale Jazzwoche« statt **www.b-jazz.com**

HACKER-PSCHORR
Weinstraße
werter Donisl
München muß nicht teuer
Mastente
Ochsenbraten
Kein Gericht über
Donisl

REISE-INFOS

Links **Ob Winter oder Sommer – Reisezeit ist immer** Rechts **Maschine der Lufthansa**

TOP 10 Reisevorbereitung

1 Reisezeit

München ist zu jeder Jahreszeit eine Reise wert. Natürlich »leuchtet« die Stadt eher im Frühjahr, Sommer und Herbst, doch im Winter gibt es viele kulturelle Veranstaltungen – und der Wintersport in den Skigebieten der nahen Alpen lockt.

2 Klima

Januartage können in München strahlend schön sein. Der April ist meist sehr wechselhaft, der Mai kann sommerlich warm oder ziemlich kalt sein. Im Mai beginnt offiziell die Biergartensaison, auf der Isar finden dann auch die ersten Floßfahrten statt. Die vielen Badeseen bei München sind im August am wärmsten. Im Herbst herrscht oft »Altweibersommer« – er ist die beste Zeit für Wanderungen in der Umgebung.

3 Information

Gute Informationsquellen sind das Tourismusamt München und die Fremdenverkehrsämter der Umgebung, etwa in Garmisch-Partenkirchen oder Bad Tölz, wenn Sie auch das Umland besuchen wollen. Die Tourismusinformationen sind in vielen Belangen sehr hilfreich. Man kann sich auch auf ihren Websites informieren oder Infomaterial anfordern.

www.muenchen.de
• *www.badtoelz.de* • *www.garmisch-partenkirchen.de*

4 Internet

Wenn Sie im Internet einen Suchbegriff wie z. B. »Museum« oder »Biergarten« eingeben und ihn mit dem Zusatz »München« versehen, werden Sie viele Treffer haben. Die meisten Attraktionen, Institutionen oder Veranstaltungen finden Sie mittlerweile im Netz. Auch dieser Reiseführer gibt Ihnen sehr viele Internet-Adressen an die Hand.

5 Versicherung

EU-Bürger mit Europäischer Krankenversicherungskarte (EHIC) haben Anspruch auf kostenlose medizinische Behandlung. Für andere Reisende empfiehlt sich eine Auslandsreise-Krankenversicherung.

6 Einreise

Wer aus einem EU-Land einreist, benötigt nur einen Personalausweis oder Reisepass. Auf Verlangen muss jeder ein gültiges Dokument vorzeigen können. Führen Sie am besten eine Kopie Ihres Ausweises immer mit, falls Sie in eine Polizeikontrolle geraten.

7 Zoll

Zwischen den Mitgliedsstaaten des Schengener Abkommens gibt es keine Zollgrenzen mehr. Alle nachweislich zum Privatkonsum erworbenen Waren dürfen zollfrei ein- und ausgeführt werden.

8 Karten

München-Stadtpläne gibt es kostenlos beim Tourismusamt. Für Ausflüge ins Umland können Sie beispielsweise an Tankstellen detaillierte Karten erwerben.

9 Führerschein

Für EU-Bürger und Besucher aus westlichen Staaten reicht der nationale Führerschein. Ansonsten wird der internationale Führerschein benötigt.

10 Wie viel Zeit braucht man?

In einer Woche können Sie die Hauptattraktionen in München besichtigen. Wenn Sie Ausflüge nach Neuschwanstein, in die Alpen oder zu den malerischen Städten und Seen in Oberbayern machen wollen, sollten Sie sich mehr Zeit nehmen.

Konsulate

Österreichisches Generalkonsulat
Ismaninger Str. 136, 81675 München
• *(089) 99 815-0*
• *muenchen-gk@bmaa.gv.at*
• *www.bmeia.gv.at/botschaft/gk-muenchen.html*

Schweizer Generalkonsulat
Brienner Str. 14, 80333 München
• *(089) 286 62 00*
• *www.eda.admin.ch/muenchen*

Vorhergehende Doppelseite
Bayerischer Donisl, direkt am Münchner Marienplatz

Links **Im Münchner Hauptbahnhof** Rechts **Der Transfer vom Flughafen in die City ist problemlos**

TOP 10 Anreise

1 Flughafen München
Der 1992 eröffnete und durch den Terminal 2 nun erweiterte Franz-Josef-Strauß-Flughafen ist eine Drehscheibe des Luftverkehrs. Fast alle internationalen und nationalen Airlines fliegen ihn an. Der Flughafen besitzt ein Laden- und Restaurantzentrum sowie mehrere Arztpraxen, das medizinische Zentrum MediCare und die nahe AirportClinic M. ✆ *www.munich-airport.de • Flugauskunft (089) 975 213 13*

2 Fluglinien & Flugpreise
An Terminal 1 und 2 liegen die Büros von über 100 Airlines. Für Linienflüge und Angebote sollten Sie die Websites der Airlines checken, etwa: ✆ Austrian: *(0180) 3 00 05 20 • www.aua.com* • Lufthansa: *(0180) 58 38 42 67 • www.lufthansa.de*

3 Autobahnen
Sieben Autobahnen laufen sternförmig auf München zu: A8 Stuttgart bzw. Salzburg, A95 Garmisch-Partenkirchen, A96 Lindau, A9 Nürnberg/Berlin, A92 Deggendorf und A94 Simbach. Über den Autobahnring (A99, unvollständig) kann man die Stadt umfahren. Wenn Sie in die Stadt wollen, kommen Sie wiederum auf zwei mehrspurige Ringstraßen: den Mittleren Ring und – im Zentrum – den Altstadtring.

4 Hauptbahnhof
Ob von Berlin, Paris, Amsterdam, Rom oder Wien und Budapest – im Münchner Hauptbahnhof kommen Züge aus allen Richtungen an. Zu den europäischen Metropolen gibt es meist mehrmals täglich Direktverbindungen. Das Ferienzentrum Südbayern ist durch ein sehr dichtes Streckennetz erschlossen. ✆ *www.hauptbahnhof-muenchen.de*

5 Ostbahnhof
Am Ostbahnhof halten einige ICs und ECs. Von hier aus verkehren auch viele Züge nach Süden und Osten sowie die Autozüge nach Norddeutschland und Italien ✆ *www.reiseauskunft.bahn.de • www.autozug.de*

6 Deutsche Bahn
Die meisten deutschen Züge und Strecken werden von der Deutschen Bahn AG betrieben. Auf Fernstrecken verkehren ICE (InterCity-Express), IC (InterCity) und EC (EuroCity). Im Regionalverkehr fahren RE (RegionalExpress) und RB (RegionalBahn). Die S-Bahn erschließt einen Radius von ca. 30 Kilometern um München. Falls Sie mit dem Zug anreisen, fahren Sie umso preiswerter, je eher Sie buchen. ✆ *www.bahn.de*

7 Reisebusse
Am Zentralen Omnibusbahnhof (ZOB) bei der Hackerbrücke starten und halten viele Fernbusse. Die wichtigsten Fernlinien finden Sie bei Eurolines und der Deutschen Touring GmbH. Zu den Urlaubszentren in Oberbayern (und auch zu abgelegenen Orten) gibt es ein dichtes Netz an regionalen Buslinien. ✆ *www.eurolines.com • www.deutsche-touring.com • www.rvo-bus.de*

8 Transfer in die Stadt
Vom Münchner Flughafen bis zur Innenstadt sind es etwa 28 Kilometer. Der Flughafen liegt direkt an der A92. Mit der S-Bahn (S1 und S8) sind Sie in ca. 40 Minuten am Marienplatz, mit dem Bus in ca. 45 Minuten am Hauptbahnhof. Mit dem Taxi dauert es ebenfalls etwa 45 Minuten.

9 Mietwagen
Die Büros von Mietwagenfirmen – u. a. Avis, Europcar, Hertz und die Münchner Firma Sixt – finden Sie u. a. am Flughafen und am Hauptbahnhof. ✆ *www.avis.de • www.europcar.de • www.hertz.de • www.sixt.de*

10 Internet-Schnäppchen
Für alle Arten der Anreise gilt: Im Internet findet man häufig günstige Angebote – egal ob Sie mit dem Flugzeug, der Bahn oder mit dem Bus nach München gelangen wollen.

Spezielle Infos finden Sie unter **www.muenchen.de** *oder* **www.auswaertiges-amt.de** *oder* **www.der.de**

Links **S-Bahn-Zeichen** Rechts **Eine der Münchner Buslinien des MVV**

TOP 10 In München unterwegs

1 Mit der U-Bahn
1968, vier Jahre vor den Olympischen Spielen von 1972, wurde mit dem Bau der U-Bahn begonnen. Die Züge sind modern und komfortabel, die Bahnhöfe fast alle behindertengerecht. Heute verkehren acht Linien im Stadtbereich. Zur Fußball-WM 2006 wurde die U6 zur Allianz Arena in Fröttmaning verlängert.

2 Mit der S-Bahn
Das S-Bahn-Netz führt sternförmig ins Münchner Umland und ist für Ausflüge, etwa zu einigen Seen oder nach Dachau, gut geeignet. Die S-Bahn ist aber auch ein wichtiges innerstädtisches Transportmittel. Auf ihrer Stammstrecke zwischen Hackerbrücke und Ostbahnhof (via Hauptbahnhof, Stachus und Marienplatz) befinden sich Umsteigebahnhöfe zur U-Bahn bzw. zu Bussen und Trams. Mit der S-Bahn (S1 und S8) kommt man auch bequem, billig und schnell zum Flughafen bzw. vom Flughafen ins Zentrum. Die meisten S-Bahnhöfe sind behindertengerecht ausgestattet.

3 Mit der Tram
Die Münchner Straßenbahnen fahren teilweise auf beschleunigten Trassen. Manche der Strecken sind für preiswertes Sightseeing geeignet, da sie durch die Altstadt führen (Nr. 18 und Nr. 19) oder auf einer hübschen Strecke nach Grünwald (Nr. 25). Es gibt viele behindertengerechte Wagen mit Rampen.

4 Mit dem Bus
Es gibt zwei Arten von Buslinien: MetroBusse für Hauptstrecken und StadtBusse für Querverbindungen zu S- und U-Bahn. Der StadtBus 100 (Museumslinie) führt an mehreren Museen vorbei *(siehe S. 36f)*. Niederflur-Busse bieten Rampen für Rollstuhlfahrer. ✆ *www.mvg.de*

5 Fahrscheine
Für alle Verkehrsmittel des MVV (Münchner Verkehrs- und Tarifverbund) gelten die gleichen Fahrscheine. Man kann sie an Automaten in den U- und S-Bahnhöfen, in Trams und Bussen kaufen. Es gibt Mehrfahrtenkarten (Streifenkarten), Einzelfahrscheine, Tages-, Wochen- und Monatskarten. Streifenkarten muss man je nach Zone entwerten (für eine normale Fahrt zwei Streifen, zum Flughafen acht Streifen). Für Besucher lohnt sich die »CityTourCard«, die es als Single- bzw. Partnerkarte (bis zu 5 Erwachsene oder 10 Kinder) gibt. Man kann damit alle Verkehrsmittel benutzen und erhält bei 30 Sehenswürdigkeiten Rabatt (1 Tag Innenraum 9,80 bzw. 16 €, 3 Tage 18,80 bzw. 29 €, 3 Tage Gesamtnetz 29,50 bzw. 48 €). Die Karten gibt es u. a. an Automaten und bei den Tourist-Informationen.

6 Mit dem Auto
Verzichten Sie für die Innenstadt besser auf das Auto. Sie finden kaum Parkplätze. Innerhalb des Mittleren Rings gilt zudem ab Oktober 2010 die Stufe 2 der Umweltzone (nur Autos mit gelben und grünen Feinstaubplaketten).

7 Mit dem Fahrrad
München ist eine fahrradfreundliche Stadt mit vielen Radwegen. Fahrradverleihe u. a.: ✆ *Call a Bike, (0700) 05 22 55 22 • Mike's Bike Tours, (089) 25 54 39 87*

8 Zu Fuß
Die Altstadt kann man hervorragend zu Fuß erkunden. Auch Bummel in Schwabing, Haidhausen, Neuhausen, entlang der Isar und im Westend sind wenig anstrengend.

9 Taxis
Taxis kann man telefonisch bestellen, auf der Straße herbeiwinken oder am Taxistand besteigen. ✆ *Taxi-Ruf, (089) 194 10 • IsarFunk, (089) 450 540*

10 »Weiß-blaue Dampferflotte«
Auf Starnberger See, Ammersee, Königssee und Tegernsee verkehren die Schiffe der Bayerischen Seenschifffahrt (auch Thementouren). ✆ *www.seenschifffahrt.de*

Alle Infos zum öffentlichen Verkehrsnetz und zu Verkehrsmitteln in München finden Sie unter **www.mvv-muenchen.de**

Links **Sightseeing-Bus** Mitte **Schiffe der »Weiß-blauen Dampferflotte«** Rechts **Zeitungskiosk**

TOP 10 Information & Führungen

1 Tourismusamt München

Das Münchner Tourismusamt hat zwei Tourist-Informationen: im Rathaus am Marienplatz und am Hauptbahnhof. Hier erhalten Besucher alle Infos und Dienstleistungen – von Broschüren über Stadtpläne und spezielle Tickets bis hin zur Zimmerreservierung. *(089) 233 96 500 • www.muenchen-tourist.de*

2 Tickets

München Ticket organisiert den Vorverkauf von Karten für die meisten Veranstaltungen – ob Theateraufführungen, Konzerte oder Festivals. Einen zentralen Kartenvorverkauf gibt es im S-Bahn-Untergeschoss am Marienplatz. *(0180) 54 81 81 81 • www.muenchenticket.de*

3 Bayerische Schlösserverwaltung

Infos zu den bayrischen Schlössern, Schlossparks und Seen erhalten Sie von der Schlösserverwaltung. Sie bietet auch verschiedene Führungen an. *Bayerische Verwaltung der staatlichen Schlösser, Gärten und Seen, (089) 179 08-0/-444 • www.schloesser.bayern.de*

4 Straßenkarten

Stadtpläne für München bekommen Sie in den Tourist-Informationen *(siehe oben)*. Für Ausflüge erhalten Sie Straßenkarten in Buchhandlungen, Kaufhäusern der City oder an Tankstellen.

5 Sightseeing-Touren

Es gibt verschiedene Anbieter für Stadtrundfahrten und auch für Tagesausflüge – natürlich in verschiedenen Sprachen. Start ist meist am Hauptbahnhof. Auch das Tourismusamt vermittelt Touren – in 25 Sprachen. *Sightseeing, Grey Line, (089) 54 90 75 60 • PanoramaTours, (089) 54 90 75 60 • www.citysightseeing-muenchen.de*

6 Spezielle Stadtführungen

Eine Reihe von Unternehmen bietet interessante Themen-Stadtführungen (z. B. Münchner Jugendstil, jüdisches München, Bier oder bestimmte Stadtteile), Tram-Touren, Radtouren und Touren für Behinderte. *Stattreisen München, (089) 54 40 42 30, www.stattreisen-muenchen.de • Weis(s)er Stadtvogel München, (089) 29 16 97 65, www.weisser-stadtvogel.de • Spurwechsel, (089) 692 46 99, www.spurwechsel-muenchen.de*

7 Stadtmagazine

Es gibt zwei Münchner Stadtmagazine: *In München* ist das älteste. Es liegt kostenlos in Kneipen, Läden o. Ä. aus. *In München* erscheint 14-täglich und informiert über Kino, Theater, aktuelle Events u. a. Daneben gibt es das monatliche Stadt- und Lifestyle-Magazin *Prinz*.

8 Medien

München ist die größte Verlagsstadt in Deutschland und ein wichtiger Medienstandort: Diverse Rundfunk- und Fernsehsender – öffentlich-rechtliche wie private – sind hier ansässig. Die beiden großen Tageszeitungen, die renommierte *Süddeutsche Zeitung (SZ)* und der *Münchner Merkur*, bieten Lokalteile. Auch die Münchner Boulevard-Zeitungen *AZ* und *tz* informieren über lokale Events. Der Bayerische Rundfunk strahlt fünf Hörfunkprogramme aus. Mehrere Privatsender bieten (Verkehrs-)Infos, Nachrichten und Musik.

9 Internet-Infos

www.muenchen.de • www.munichtoday.de • www.entdecke-muenchen.de • www.ganz-muenchen.de • www.munichx.de • www.geoinfo-muenchen.de (offizieller Stadtplan)

10 Infos für Schwule & Lesben

Zentrale Anlaufstelle ist das Schwule Kommunikations- und Kulturzentrum (SUB) mit Café, Beratung und Veranstaltungen. *SUB, Müllerstr. 43, Karte K5–6, (089) 260 30 56 • Münchner Aids-Hilfe e. V., (089) 543 33-0 • LeTra Lesbentelefon, (089) 725 42 72*

Tourist-Informationen: Bahnhofplatz 2: Mo–Sa 9–20, So 10–18 Uhr; im Rathaus: Mo–Fr 10–20, Sa 10–16 Uhr (teils So).

Links **Bayerische Landesbank, Brienner Straße** Mitte **Briefkasten** Rechts **Geldwechselautomat**

TOP 10 Geld & Kommunikation

1 Banken
Alle großen Banken sind in München vertreten. Die Dichte von Filialen ist in der Innenstadt sehr hoch. Die meisten schließen gegen 16 Uhr. An einem Tag der Woche haben einzelne Filialen länger geöffnet. Die ReiseBank am Münchner Hauptbahnhof ist bis 22 Uhr (am Flughafen bis 21 Uhr) offen.

2 Geldwechsel
Für Besucher aus Euro-Ländern sind die Zeiten des Geldwechselns vorbei. Alle anderen Reisenden können in Wechselstuben (etwa am Bahnhof) oder bei einer Bank Fremdwährungen in Euro umtauschen. In der City gibt es auch einige Geldwechselautomaten.

3 Geldautomaten
Geldautomaten finden Sie in München an vielen Ecken. Auch auf dem Land sind sie weitverbreitet.

4 Kreditkarten
Fast alle Hotels (mit Ausnahme kleinerer Pensionen), Kaufhäuser und größeren Läden sowie viele Restaurants akzeptieren die gängigen Kreditkarten. In kleineren Lokalen und in Biergärten müssen Sie meist noch bar bezahlen.

5 Reiseschecks
Reiseschecks sind ein sicheres Zahlungsmittel, können aber meist nur in größeren Hotels oder großen Geschäften verwendet werden. Ansonsten müssen Sie die Schecks bei einer Bank in Bargeld umtauschen.

6 Telefon
Für öffentliche Münz- und Kartentelefone ist die Deutsche Telekom zuständig. Sowohl Münz- als auch Kartentelefone sind rückläufig, da die meisten Menschen mit Handy telefonieren. Manche Telefone akzeptieren Kreditkarten bzw. Calling Cards.
Inlandsauskunft: 11 833
• *Auslandsauskunft: 11 834*
• *Ländervorwahlnummern: 0043 (Österreich), 0041 (Schweiz), 0039 (Italien)*
• *Ortsvorwahl München: 089 bzw. 89*
• *Deutschland Direkt: 0800 3300 490*

7 Mobiltelefon
Die Mobilfunkbetreiber T-Mobile, Vodafone und O_2 decken Bayern ab. Nur in abgelegenen Orten kann es Funklöcher geben. Handys funktionieren in der S-Bahn problemlos. Bis 2012 soll dies auch im gesamten U-Bahn-Netz der Fall sein. Die Obergrenzen der EU (Stand 2009) für Roaming-Gebühren in den Mitgliedsstaaten liegen für abgehende Anrufe bei 0,43 Euro, für eingehende Anrufe bei bis zu 0,19 Euro pro Minute. SMS kosten 0,11 Euro (jeweils zuzüglich Mehrwertsteuer).

8 Post
Die alte Post wird es bald nicht mehr geben. Bis 2011 will sie ihre Filialen schließen. Als Ersatz sollen Einzelhändler (»Partnerfilialen«) Postdienste übernehmen.

9 Internet
Alle Münchner Museen sowie viele Hotels und Restaurants sind im Internet vertreten. Alle großen Hotels, aber auch viele kleinere bieten ihren Gästen (kabellosen) Internet-Zugang.

10 Internet-Cafés
In München finden Sie mehrere Internet-Cafés, darunter auch eines für Schwule *(siehe S. 63)*. Das easyInternet Café am Bahnhofplatz 1 gegenüber dem Hauptbahnhof liegt zentral und hat rund um die Uhr geöffnet. *easyInternet Café, Bahnhofplatz 1, Karte J4*

Auf einen Blick

Kreditkartenverlust
• *Allgemeine Notrufnummer: 116 116*
• *American Express: (069) 97 97 10 00*
• *Diners Club: 0180 507 07 04*
• *MasterCard: 0800 819 10 40*
• *Visa: 0800 811 84 40*
• *Maestro-/EC-Karte: (069) 740 987*

Ein Verzeichnis von zentral liegenden Internet-Cafés finden Sie auf **www.muenchen.de**

Links **Rettungswagen des DRK** Mitte **Zeichen für Apotheke** Rechts **Streifenwagen der Polizei**

TOP 10 Sicherheit & Gesundheit

1 Notrufnummern

Die Notrufnummer für Feuerwehr/Rettung/Notarzt ist 112 (Euro-Notruf). Der Polizeinotruf lautet 110. Zudem gibt es die folgenden Not- und Bereitschaftsdienste. *Ärztlicher Bereitschaftsdienst: (089) 55 55 66 • Zahnärzte: (089) 72 33 093 • Giftinformation: (089) 19 240 • Frauen-Notruf: (089) 76 37 37 • Sucht-Notruf: (089) 28 28 22 • Telefonseelsorge: (0800) 11 10 111 (evangelisch) bzw. (0800) 11 10 222 (katholisch)*

2 Krankenhäuser

Für EU-Bürger deckt die gesetzliche Krankenversicherung des jeweiligen Landes eine ambulante oder stationäre ärztliche Behandlung in Deutschland im Regelfall ab. Für Besucher aus anderen Ländern ist eine Auslandskrankenversicherung empfehlenswert.

3 Ärzte & Zahnärzte

Falls es sich nicht um einen akuten Notfall handelt, sollten Sie wochentags eine normale Arzt- bzw. Zahnarztpraxis aufsuchen. Adressen von Ärzten aller Fachrichtungen finden Sie in den Gelben Seiten. Für EU-Bürger deckt die EHIC die Kosten.

4 Apotheken

Apotheken erkennen Sie am charakteristischen roten A. Sie haben meist bis 19 oder 20 Uhr geöffnet. Nach 20 Uhr zeigt jede Apotheke Namen und Adressen derjenigen Apotheken an, die im Umkreis Nachtdienst haben. Sie finden die nächste auch im Internet. *www.aponodie.de/bn/Muenchen*

5 Kriminalität

München hat eine der niedrigsten Kriminalitätsraten – nicht nur in Deutschland, sondern in ganz Europa. Bayern hat zudem die höchste Aufklärungsrate bei Verbrechen. Sie können einen München-Urlaub also ganz entspannt angehen, wenn Sie allgemeine Vorsichtsmaßnahmen (nicht nachts allein in Parks oder Außenbezirke gehen) beachten. Auch allein reisende Frauen werden sich hier wohlfühlen.

6 Taschendiebstahl

Große Menschenansammlungen sind immer ein Tummelplatz für Taschendiebe, das gilt auch für München. Seien Sie in vollen U- oder S-Bahnen, im Gedränge der Fußgängerzone – und insbesondere auf dem Oktoberfest – aufmerksam.

7 Fundsachen

Manchmal findet sich Verlorenes wieder. Versuchen Sie es unter folgenden Nummern. *Städtisches Fundbüro: (089) 233-96 045 • Fundstelle der Deutschen Bahn AG: (0900) 1-99 05 99 • Fundbüro am Flughafen München: (089) 97 52 13 70*

8 Sicherheit in den Bergen

Wenn es Sie zu einem Ausflug in die Berge zieht, sollten Sie unbedingt festes Schuhwerk tragen. Für Wanderungen ist es wichtig, sich genau über die Route und das Wetter zu informieren. Im Winter sollten Sie die Lawinenwarnungen beachten. In den Alpen gilt europaweit der Notruf 112 – meist funktionieren auch Handys. *Krankentransport und Bergrettung Bayern: 19 222*

9 Straßeninfo

Aktuelle Verkehrsberichte sendet Bayern 3. Auch der ADAC gibt Auskunft. *ADAC Pannenhilfe: (0180) 222 22 22*

10 Sicherheit im Straßenverkehr

Die Höchstgeschwindigkeit innerhalb von Ortschaften beträgt 50 km/h, außerhalb (auf Bundesstraßen) 100 km/h. Für Autobahnen gilt eine Richtgeschwindigkeit von 130 km/h. Vorrang hat jedoch immer die aktuell ausgeschilderte Geschwindigkeitsangabe. Die Höchstgrenze für Alkohol im Blut liegt bei 0,5 Promille. Anschnallen ist Pflicht, das Telefonieren mit einem Handy ohne Freisprechanlage ist verboten. Achtung: Die Geldbußen für Übertretungen wurden in den letzten Jahren erhöht und werden zum Teil auch im Ausland eingetrieben.

Bei sogenannten Telekiosken kann man nicht nur telefonieren, sondern auch im Netz surfen oder E-Mails und SMS verschicken.

Links **LEGOLAND, Günzburg** Mitte **Wandern mit Kindern, Tölzer Land** Rechts **Behindertenparkplatz**

TOP 10 Familien, Senioren & Behinderte

1 Ermäßigungen

Familien mit Kindern erhalten für mehrere Vorhaben Ermäßigungen. Bei vielen Sehenswürdigkeiten oder für Sportveranstaltungen im Olympiapark gibt es billigere Tickets für Kinder und Senioren. Mit den verschiedenen Varianten der CityTourCard *(siehe S. 134)* kann man die öffentlichen Verkehrsmittel problemlos benutzen und bekommt für zahlreiche Attraktionen Ermäßigungen. Man erhält die Karte an den Automaten in U- und S-Bahn, bei den MVG-/MVV-Verkaufsstellen, bei den Tourist-Informationen und auch in ausgewählten Hotels ✆ *www.mvg-mobil.de/citytourcard.htm*

2 Kinderprogramme

Im Sommer bietet München viele speziell auf Kinder zugeschnittene Programme an. Das Museumspädagogische Zentrum (MPZ) veranstaltet u. a. auch Führungen für Kinder in Museen *(siehe auch S. 68)*. ✆ *Tourismusamt München, Sendlinger Str. 1, (089) 233 96 500 • MPZ, Infothek im Untergeschoss der Neuen Pinakothek, Barer Straße 29, (089) 2 38 05-296*

3 Familienfreundliche Restaurants

Viele, wenn auch nicht alle Münchner Restaurants sind mit Kindersitzen ausgerüstet und bieten Kinderteller oder sogar Kindermenüs an. Erkundigen Sie sich bitte vorab *(siehe auch S. 69)*.

4 Senioren

Für Senioren gibt es meist Ermäßigungen sowie ein großes Angebot an speziellen Sport- und Wanderveranstaltungen, an Führungen, Ausflügen und Treffs. ✆ *www.seniorenbuero.de*

5 Kopfsteinpflaster

In München gibt es noch an einigen Ecken Kopfsteinpflaster, das für Rollstuhlfahrer ein Problem darstellen kann.

6 Öffentlicher Nahverkehr (MVV)

Die meisten S- und U-Bahn-Stationen sind für Rollstuhlfahrer zugänglich. Auch die meisten Straßenbahnen sind inzwischen behindertengerecht. Niederflurbusse mit Einstiegshilfe sind durch das Behindertenzeichen gekennzeichnet. Nahezu alle öffentlichen Behindertentoiletten befinden sich im MVV-Bereich. Infos enthält der MVV-Plan »Barrierefrei« (an MVV-Verkaufsstellen).

7 Touren für behinderte Reisende

Stadtführungen für Gehörlose (auch in internationaler Gebärdensprache) bietet das Tourismusamt München an. Veranstalter wie der Weis(s)e Stadtvogel oder Stattreisen München e.V. haben ebenfalls Touren für behinderte Reisende im Programm. ✆ *Tourismusamt München, Sendlinger Str. 1, (089) 23 39 65 00 • Weis(s)er Stadtvogel München, (089) 29 16 97 65 • Stattreisen München e. V., (089) 54 40 42 30*

8 Institutionen für behinderte Reisende

Der Club Behinderter und ihrer Freunde (CBF) bietet Infos zu behindertengerechten Kinos, Theatern, Museen u. a. Infos, Beratung und Rollstuhlverleih gibt es beim VDK-Bayern e.V. ✆ *CBF, (089) 35 68 808, www.cbf-muenchen.de • VDK-Bayern, (089) 21 17-172 (Info-Center München), www.vdk.de*

9 Behindertengerechte Hotels

Es gibt in München leider nicht sehr viele Hotels, die wirklich behindertengerecht ausgestattet sind. Die bisweilen historischen Häuser sind nur bedingt für Rollstuhlfahrer geeignet. Informieren Sie sich vor der Buchung.

10 Infomaterial

Das Tourismusamt gibt die Broschüre »München für Touristen mit Handicap« heraus. Sie listet behindertengerechte Hotels, Museen, Schwimmbäder etc. auf. Erhältlich bei den Tourist-Informationen am Marienplatz und am Hauptbahnhof, per Bestellung oder als PDF im Internet. ✆ *www.muenchen.de*

➔ *Infos für Gehörlose gibt es beim Gehörlosenverband München und Umland e.V.* **www.glvmu.de**

Links **Weißwürste** Mitte **Rushhour** Rechts **Auf dem Oktoberfest**

TOP 10 Vorsicht!

1 Weißwurst nach 12 Uhr

Weißwürste wurden früher meist als (zweites) Frühstück gegessen. Die leicht verderblichen Würste lagen ab dem frühen Morgen in Kesseln mit siedendem Wasser. Es galt daher: Nach 11 oder gar nach 12 Uhr sollte man sie nicht mehr verzehren. Dank verbesserter Hygienevorschriften kann man das heute natürlich tun.

2 Starkbier

In der »fünften Jahreszeit« *(siehe S. 74)* kann der Biergenuss tückisch werden. Das sogenannte Starkbier besitzt eine Stammwürze von 16 bis 18 Prozent, was einem Alkoholgehalt von 6,5 bis über 7,5 Prozent entspricht. Natürlich sollen Sie all die süffigen »-ators« genießen – doch tun Sie es in Maßen.

3 In Bayern heißt es anders

Ein paar wenige Bezeichnungen sollten Sie sich einprägen. Zu Brötchen sagt man in Bayern Semmeln, Weizenbier heißt Weißbier, und ein Radler ist sowohl ein Radfahrer als auch ein Bier-Limo-Mixgetränk.

4 Rabiate Radfahrer & Skater

München ist erfreulicherweise eine Stadt für Radfahrer. Viele Münchner steigen im Sommer aufs Rad um. Leider gibt es einige schwarze Schafe. Sie müssen als Fußgänger damit rechnen, dass rabiate Radler mit hohem Tempo auf Gehwegen fahren (teilweise auch in falscher Richtung) oder plötzlich um die Ecke biegen. Gleiches gilt auch für einige Skater.

5 Alkohol am Steuer

Natürlich ist das Bier in Bayern verlockend, doch bedenken Sie, dass Sie sich ab 0,5 Promille strafbar machen. Die Münchner Polizei führt gezielt Alkoholkontrollen durch. Lassen Sie nach entsprechendem Alkoholgenuss das Auto stehen, und nehmen Sie ein Taxi.

6 Stoßzeiten

Abgesehen von der Parkplatznot in der Innenstadt ist es vor allem zur Rushhour kein Vergnügen, innerhalb des Altstadtrings Auto zu fahren. Steigen Sie auf den MVV um. Im Stadtgebiet sind Sie mit den öffentlichen Verkehrsmitteln meist wesentlich schneller als mit dem Auto.

7 Taschendiebstahl

München ist eine sehr sichere Stadt. An bestimmten Besucher- und Ballungszentren sollten Sie allerdings etwas Vorsicht walten lassen, denn auch in München sind Taschendiebe unterwegs. Dies gilt für volle Bahnsteige von U- und S-Bahn bzw. rappelvolle Züge, Massen-Events (z. B. Oktoberfest), die Fußgängerzone und Schwimmbäder.

8 Falschparken

In der Stadt sind viele Politessen unterwegs, die schnell Strafzettel verteilen. Halten Sie sich also an Parkverbote. Bei Mietwagen wird Ihnen die Rechnung bei der Rückgabe präsentiert, die Strafen werden auch im EU-Ausland eingetrieben. In vielen Arealen dürfen nur Anwohner mit entsprechendem Ausweis parken. Wenn Ihr Auto abgeschleppt wurde, erfahren Sie bei der Polizei, wo Sie es – gegen horrende Gebühren – abholen können.

9 Taxis zur Wiesn-Zeit

Taxis gibt es in München in Hülle und Fülle, nur zweimal im Jahr sind sie knapp: an Silvester und zur Oktoberfest-Zeit. Übrigens: Taxifahrer nehmen stark alkoholisierte Personen in der Nähe der Theresienwiese nicht immer mit.

10 Hotels zur Wiesn-Zeit

Falls Sie zur Wiesn-Zeit (etwa die letzten beiden Septemberwochen) einen München-Aufenthalt planen, sollten Sie bedenken, dass die Hotels nahezu ausgebucht sind. Dies gilt teilweise auch für Luxushotels. Reservieren Sie rechtzeitig.

Falls Ihr Auto abgeschleppt wurde, rufen Sie die Telefonnummer (089) 42 93 01 an oder wenden sich an die Polizei.

Links **Stadtmuseum – sonntags kostenlos** Mitte **Döner-Imbiss im Westend** Rechts **Flohmarkt**

TOP 10 München für wenig Geld

1 Günstiger Eintritt in Museen

Sonntags kann man die staatlichen Museen, z. B. das Bayerische Nationalmuseum, das Museum für Völkerkunde oder die Glyptothek und die Antikensammlungen, für einen Euro Eintritt besuchen, das Münchner Stadtmuseum *(siehe S. 36f)* sogar kostenlos. Dies gilt allerdings nur für die Dauerausstellungen, nicht für Sonderausstellungen.

2 Preiswert essen

Pizza oder Dönerkebab gibt es vielerorts zum Mitnehmen. In den kleinen türkischen Lokalen, Döner-Imbissen oder in asiatischen Schnellrestaurants kann man im Stehen oder Sitzen essen. Empfehlenswert ist auch die Suppenküche am Viktualienmarkt.

3 Günstige Lokale

Die traditionellen Wirtschaften mit bayrischer Küche sind meist recht preiswert. In den meisten Restaurants gibt es mittags Menüs zum Festpreis, die deutlich günstiger sind als Gerichte auf der Abendkarte. Dies gilt übrigens auch für Edel-Lokale. Wenn Sie mittags schon vier Gänge essen wollen, dann nichts wie hin.

4 Preiswert übernachten

Hotels in München sind teuer. Wenn Sie ins Umland ausweichen, wird es preisgünstiger. Eine Alternative sind die Mitwohnzentralen (in den Gelben Seiten zu finden) bzw. Agenturen, die Apartments – auch für wenige Tage – vermieten *(siehe S. 149)*. Im Sommer ist der Campingplatz Thalkirchen (gleich beim Tierpark Hellabrunn) eine weitere Möglichkeit, preisgünstig in Zentrumsnähe zu übernachten. ✆ *Campingplatz München-Thalkirchen • Zentralländstr. 49 • (089) 723 17 07 • www.camping-muenchen.de*

5 Ermäßigungen bei Eintrittskarten

Preisnachlässe auf Eintrittskarten gibt es – vor allem für Studenten und Senioren – an den Abendkassen von Theatern, Konzertsälen und weiteren Veranstaltungsorten.

6 Ermäßigungen beim Nahverkehr

Für München-Besucher gibt es – neben den normalen Fahrscheinen – verschiedene Angebote, mit denen man gut beraten ist. Das Tagesticket (Innen-/bzw. Außenraum) erlaubt Ihnen, einen ganzen Tag lang mit allen Verkehrsmitteln zu fahren. Ein spezielles Angebot für Besucher ist die City-TourCard *(siehe S. 134)*, eine Fahrkarte für alle Verkehrsmittel des MVV plus ermäßigtem Eintritt bei vielen Sehenswürdigkeiten. ✆ *www.mvv-muenchen.de*

7 Flohmärkte

Flohmärkte oder die drei Auer Dulten sind zunächst ein kostenloses Bummelvergnügen mit Jahrmarktstimmung. Auch wenn Sie etwas erwerben, ist es meist sehr günstig *(siehe S. 52f)*.

8 Kostenlose Konzerte

Der sommerliche Konzert-Marathon im Theatron im Olympiapark ist ebenso wie das Pfingst Open Air kostenlos *(siehe S. 47)*. Konzerte bei freiem Eintritt geben auch Studenten in der Hochschule für Musik (Termine: www.musikhochschule-muenchen.mhn.de).

9 (Fast) kostenloses Sightseeing

Besteigen Sie die Tram Nr. 18 oder Nr. 19 am Stachus in Richtung Innenstadt/Osten. Diese Linien führen an einigen der schönsten Ecken Münchens vorbei.

10 Tage der offenen Tür/Lange Nächte

Fast alle Sehenswürdigkeiten und Institutionen haben einmal im Jahr einen Tag der offenen Tür. Informieren Sie sich beim Tourismusamt, welche während Ihres Aufenthalts kostenlos zu sehen sind. Beliebt sind auch: die Lange Nacht der Museen, der Musik … (www.muenchner.de) zum Pauschalpreis. Dann fahren Shuttle-Busse zu den Attraktionen.

Im Sommer gibt es viele Straßen- und Stadtteilfeste in München. Infos etwa auf www.municlix.de

Links **Typische »Krachlederne«** Mitte **Nymphenburger Porzellan** Rechts **Hinterglasmalerei**

TOP 10 Souvenirs

1 Nymphenburger Porzellan

Ob Porzellanfigur oder ein ganzes Service – in der Porzellanmanufaktur von Schloss Nymphenburg *(siehe S. 12f)* wird alles nach historischen Vorlagen angefertigt. Die Teile sind künstlerisch wertvoll und sehr teuer. *Laden der Porzellanmanufaktur Nymphenburg, Odeonsplatz 1 • Karte L3*

2 Pralinen von Elly Seidl

Naschkatzen werden von den handgemachten Pralinen und weiteren »süßen Sünden« Elly Seidls begeistert sein. Nach Einschätzung von Kennern sind sie besser als die Schweizer oder belgische Konkurrenz. *Maffeistr. 1 bzw. Am Kosttor 2 • Karte L4 bzw. M4*

3 Trachtenmode

Klassische Trachtenmode und Landhausmode (die modisch aufgepeppte Variante) sowie die verschiedenen Accessoires wie Gürtel, Charivaris, Fransentücher und Gamsbarthüte sind aus qualitativ hochwertigen Materialien wie Leder, Leinen, Wolle und Loden gefertigt – und daher nicht billig. Unschlagbar: die »Krachlederne«, die klassische Lederhose, die nicht kaputtgeht und durch langes Tragen noch schöner wird. *Loden Frey, Maffeistr. 7–9 • Karte L4 • Trachten Angermaier, Rosental 10 • Karte L5*

4 Reproduktionen in Museumsshops

Nicht nur in New York, Rom oder Berlin – auch in München können Sie in den Läden verschiedener Museen Reproduktionen von Kunstwerken sowie Kunstdrucke, Plakate, Stiche oder auch reproduzierte Designerstücke erwerben.

5 Bierkrüge

Man muss sie nicht auf dem Oktoberfest klauen: Einfache Bierkrüge oder schön gestaltete Krüge mit Zinndeckeln findet man in allen Antiquitätenläden der Stadt, aber auch in den Kaufhäusern der Fußgängerzone. Wenn Sie in einem bayrischen Wirtshaus sitzen und Ihnen der dortige Brauereikrug gefällt, fragen Sie einfach nach, ob Sie ihn hier erwerben können.

6 Technisches Spielzeug

Der Einkaufsort für hochwertige, teilweise singuläre technische Spielsachen ist der Laden des Deutschen Museums (Filiale am Marienplatz). Hier finden Sie von Bausätzen bis zum Roboter alles, was (nicht nur) Kinder begeistert *(siehe S. 8–11)*.

7 Delikatessen

Alois Dallmayr ist eine Münchner Institution. Ob Kaffeeraritäten oder exotische Früchte – die 19 Abteilungen des Stammhauses nahe dem Marienplatz sind ein Schlaraffenland. Restaurant, Café und Austernbar *(siehe S. 83)*.

8 OskarMaria-Geschirr

Für literarisch Interessierte das passende Mitbringsel: die beschrifteten Tassen und Teller des OskarMaria im Literaturhaus. Zu lesen sind darauf witzige und hintersinnige Zitate des bayrischen Schriftstellers Oskar Maria Graf. Sie können im Café gekauft werden. *OskarMaria, Salvatorplatz 1 • Karte L3*

9 Hinterglasmalerei & religiöse Kunst

Hinterglasmalerei mit religiösen Motiven kommt u. a. aus der Gegend um Murnau. Volkstümliche Krippenfiguren stammen aus Oberammergau, einem Zentrum der Kunstschnitzerei. Zu finden sind sakrale und Volkskunst oder Bauernmalerei in Antiquitäten- und Fachgeschäften (Adressen in den Gelben Seiten).

10 Fußball-Memorabilien

Die Shops der beiden Münchner Fußballvereine – der Bayern und der Löwen – liegen in unmittelbarer Nähe zueinander beim Hofbräuhaus und bieten alles, was Fans brauchen. *FC-Bayern-Shop, Orlandostr. 1 • Fan-Shop TSV 1860 München, Orlandostr. 8 • Karte M4*

*Manchmal, wenn auch selten, findet man auf den Auer Dulten oder den Flohmärkten echte Sammlerstücke – **siehe S. 52f***

Links **Einkaufsparadies Dallmayr** Mitte **Schlussverkauf bei Karstadt** Rechts **Hieber am Dom**

TOP 10 Shopping-Tipps

1 Öffnungszeiten
In der City haben die meisten Läden Mo–Sa 9–20 Uhr geöffnet. Immer wieder wird über eine weitere Lockerung bzw. Aufhebung des Ladenschlussgesetzes diskutiert. Ämter, Banken und Postämter haben kürzere Öffnungszeiten (bis 16, 17 oder 18 Uhr).

2 Schlussverkauf & Rabatte
Der saisonale Winter- und Sommerschlussverkauf existiert in alter Form nicht mehr, dafür gibt es verschiedene Rabatt- und Sonderverkaufsaktionen – auch das ganze Jahr über. Halten Sie einfach Ausschau nach »Sale«-Schildern. In normalen Läden gilt der ausgezeichnete Ladenpreis. Bei Großeinkäufen oder in bestimmten Läden können Sie versuchen, den Preis herunterzuhandeln.

3 Bezahlen mit Kreditkarten
Die meisten Geschäfte in der Innenstadt akzeptieren die gängigen Kreditkarten. Bei kleineren Läden ist das teilweise noch nicht der Fall. In fast allen kann man aber inzwischen mit Maestro-/EC-Karte bezahlen.

4 Verbraucherschutz
Für die Lebensmittelüberwachung und den Verbraucherschutz ist das Landratsamt München zuständig. Wenn Sie Probleme mit Produkten – bei Einkauf, Umtausch, Versicherungen etc. – haben, können Sie sich auch an die Münchner Beratungsstelle der Verbraucherzentrale Bayern wenden. ✆ *Landratsamt München, Mariahilfplatz 17, Karte F/G6, (089) 62 21 23 28 bzw. 62 21 28 17 • Verbraucherzentrale München, Mozartstr. 9, Karte E5, (089) 53 98 70*

5 Mehrwertsteuer
Die Mehrwertsteuer in Deutschland beträgt 19 Prozent (auf Lebensmittel 7 Prozent), sie ist üblicherweise in den Ladenpreisen enthalten. Reisende aus Nicht-EU-Ländern können sich die Mehrwertsteuer – gegen Vorlage der entsprechenden Formulare plus Quittung – bei Global Refund (am Flughafen oder in ihrem Heimatland) zurückerstatten lassen.

6 Umtausch
Regulär gekaufte Waren haben bestimmte Garantiefristen und können bei Mängeln umgetauscht werden. Teilweise bekommen Sie auch das Geld zurückerstattet. Achtung: Bei Sonderverkäufen bekommen Sie keinen Ersatz.

7 Mode
Modeläden finden Sie konzentriert in den Shopping-Meilen der Stadt – vor allem in der Fußgängerzone, Sendlinger Straße, Maximilianstraße, Theatinerstraße und in Schwabing links der Leopoldstraße bzw. in der Hohenzollernstraße *(siehe S. 66f)*.

8 Musik
Außer in den Läden großer Ketten wie WOM, Saturn, MediaMarkt und in den CD-Abteilungen der Kaufhäuser finden Sie interessante Musik z. B. beim traditionellen Musikhaus Hieber am Dom (Liebfrauenstr. 1). Hier gibt es auch eine große Auswahl an Noten. Ein Tipp: Die CD-Abteilung bei Ludwig Beck am Rathauseck *(siehe S. 83)* bietet eine gute Auswahl an Klassik (inklusive Neuer Musik).

9 Bücher
Neben Münchens großem Bücherkaufhaus Hugendubel (Hauptfiliale am Marienplatz) finden Sie eine Konzentration von Buchhandlungen rund um die Universität. Für Liebhaber antiquarischer Bücher ist das Antiquariat Kitzinger ein Muss *(siehe S. 91)*.

10 Fabrikverkauf
Factory-Outlets von Markenprodukten sind en vogue. Sie finden Fabrikverkauf meist außerhalb der Stadt in den Gewerbegebieten. Es gibt aber auch einige zentraler gelegene Läden. ✆ *Classic Outlet, Leopoldstr. 20, Karte M1 • Replay Outlet, Hofmannstr. 7a (Sendling) • Loden Frey Outlet, Triebstr. 36–38 (Moosach)*

Märkte & Dulten **siehe S. 52f**

Links **Ratskeller – gutbürgerlich bayrisch** Rechts **Auch kleinere Hotels akzeptieren Kreditkarten**

Top 10 Hotel- & Restaurant-Tipps

1 Hotelreservierung
Sie können Hotelzimmer telefonisch, per Fax oder E-Mail beim jeweiligen Hotel buchen. Zudem bietet das Münchner Tourismusamt über ein Callcenter und in den Tourist-Informationen einen kostenlosen Buchungsservice. ✆ *Tourismusamt München, (089) 233 96 500 (Callcenter)*

2 Hotelkategorien
Die Anzahl der Sterne ist ein Qualitätsmerkmal von Hotels – allerdings auch ein Kostenpunkt. Normalerweise ist im Zimmerpreis der Münchner Hotels das Frühstück inklusive. Er variiert je nach Saison (besonders teuer ist es während des Oktoberfests) und nach Komfort des Zimmers. Viele Hotels bieten günstige Wochenend-Arrangements oder Preissenkungen in der Nebensaison.

3 Hotelwahl
Die Münchner Hotelpreise liegen im Allgemeinen höher als im übrigen Bayern, wobei die auf den Hotelseiten dieses Buchs angegebenen Preise *(siehe S. 144–149)* nur Durchschnittspreise sind. Doch auch in München hat man die Möglichkeit, preisgünstig zu übernachten, etwa in kleinen Hotels, Pensionen, Gäste- und Apartmenthäusern, in einem der immer beliebter werdenen B & Bs oder über Mitwohnzentralen (in den Gelben Seiten).

4 Reservierung für Restaurants
Reservieren sollten Sie in Sterne-Restaurants, in beliebten Lokalen und für Gruppen. Am Wochenende sind für viele Lokale Reservierungen generell empfehlenswert. Achtung: Zahlreiche traditionelle Wirtschaften haben Stammtische, die den Stammgästen vorbehalten sind.

5 Trinkgeld
In den Restaurantrechnungen ist die Bedienung inbegriffen. Dennoch ist es üblich, bis zu zehn Prozent Trinkgeld zu geben.

6 Essenszeiten
Restaurants öffnen meist zur Mittagszeit, manche allerdings auch erst ab 18 Uhr. Lokale, die Mittagessen anbieten, haben manchmal für einige Stunden am Nachmittag geschlossen. Abendlokale sind bis Mitternacht oder später geöffnet. In einigen Restaurants bekommen Sie nach Mitternacht noch etwas zu essen. Die innerstädtischen Biergärten schließen um 23 Uhr. Übrigens: Die meisten Lokale hängen ihre Speisekarte – mit Tageskarte und Menüs – aus.

7 Bayrische Küche
Bayrische Küche finden Sie in der Stadt am ehesten in den traditionellen Wirtshäusern bzw. in den Lokalen, die von Brauereien betrieben werden *(siehe S. 50f)*. Probieren Sie Schweinshaxn oder Krustenbraten mit Knödel und Blaukraut oder Rostbratwürste mit Senf und Sauerkraut, danach als süße Verführung: Bayrisch Creme. Traditionelle Biergartenkost sind »Obazda« (würzige Käsecreme) mit Breze und Münchner Wurstsalat (mit Fleischwurst und Zwiebeln). Typisch bayrisch ist die Brotzeit, eine kalte Mahlzeit mit Wurst, Speck, Käse und Rettich (»Radi«) o. Ä.

8 Andere Küchen
München besitzt wie jede Großstadt Lokale jeder Art – von arabisch bis polynesisch. Besonders beliebt bei den Münchnern ist die italienische Küche.

9 Haute Cuisine
München, lange Zeit Deutschlands »heimliche Hauptstadt«, besitzt eine beträchtliche Anzahl an Spitzenrestaurants und hochpreisigen »Szene-Lokalen«. Einige der Top-Restaurants gehören zu den besten Europas *(siehe S. 64f)*.

10 Dresscode
Je »edler« das Lokal, desto »edler« sollte Ihr Outfit sein. Für Männer heißt das: Jackettpflicht und Turnschuhverbot. Ansonsten müssen Sie sich nicht groß in Schale werfen. In Biergärten reicht Freizeitkleidung.

Infos zu behindertengerechten Hotels & Restaurants **siehe S. 138**

Links und Mitte **Königshof – Gästezimmer und Lobby** Rechts **Eingang zum Hotel Bayerischer Hof**

TOP 10 Luxushotels

1 Mandarin Oriental

Erstklassiger Service in historischem Ambiente nahe der Maximilianstraße. Das Nobelhotel hat 53 Zimmer, 20 Suiten sowie Bankett- und Tagungsräume für 120 Personen. Von der Dachterrasse mit Pool hat man einen grandiosen Blick. Restaurants Mark's und Mark's Corner. *Neuturmstr. 1 • Karte M4 • (089) 29 09 80 • www.mandarinoriental.com • €€€€€*

2 Le Méridien München

Das De-luxe-Hotel beim Hauptbahnhof hat 381 Zimmer und Suiten. Moderner Komfort, exquisiter Service und luxuriöse Ausstattung. Restaurant, Bar, Wellness- und Fitness-Bereich. *Bayerstr. 41 • Karte J4 • (089) 242 20 • www.starwoodhotels.com • €€€€€*

3 Sofitel Munich Bayerpost

Das Fünf-Sterne-Hotel hinter der historischen Fassade eines Postgebäudes bietet einen stilvollen Rahmen für Bankette oder Kongresse mit bis zu 750 Teilnehmern. Großer Spa-Bereich. *Bayerstr. 12 • Karte J4 • (089) 59 94 80 • www.sofitel.com • €€€€€*

4 Hotel Vier Jahreszeiten Kempinski

Eleganz und Luxus zeigen sich hier in der Individualität der Ausstattung. Theater, Oper und exklusive Läden befinden sich in unmittelbarer Nähe. 316 klimatisierte Zimmer und Suiten, ein Wellness-Bereich mit Pool und ein Bistro-Restaurant stehen dem Gast zur Verfügung. *Maximilianstr. 17 • Karte M4 • (089) 212 50 • www.kempinski-vierjahreszeiten.de • €€€€€*

5 Königshof

Das vornehme Hotel befindet sich in zentraler Lage direkt am belebten Stachus. Die 74 Zimmer und 13 Suiten sind luxuriös und mit viel Liebe zum Detail eingerichtet. Das Restaurant gehört zu den Top-Adressen in der Stadt. *Karlsplatz 25 • Karte J4 • (089) 55 13 60 • www.geisel-privathotels.de • für Rollstühle teilweise geeignet • €€€€€*

6 Maritim Hotel

Das First-Class-Hotel beim Hauptbahnhof hat 339 edel ausgestattete Zimmer und elf elegante Suiten. Neun Konferenzräume für 550 Personen stehen zur Verfügung. *Goethestr. 7 • Karte E5 • (089) 55 23 50 • www.maritim.de • €€€€€*

7 Bayerischer Hof

Eine Institution unter den Hotels der Welt – und eine Welt für sich. Das in vierter Generation privat geführte Luxushotel bietet 395 individuell gestylte Zimmer und Suiten, 38 Bankettträume, drei Restaurants (Garden-Restaurant, Palais Keller, Trader Vic's) und falk's Bar, Night-Club, Piano Bar sowie Dachgarten-Pool und das Business-Center Qualimero. *Promenadeplatz 2–6 • Karte K/L4 • (089) 212 00 • www.bayerischerhof.de • für Rollstühle teilweise geeignet • €€€€€*

8 Excelsior

In der Nähe von Hauptbahnhof und Fußgängerzone. Die Ausstattung erinnert an einen idyllischen Landsitz. Geisel's Vinothek ist ein Muss für Weinliebhaber. *Schützenstr. 11 • Karte J4 • (089) 55 13 70 • www.excelsior-hotel.de • €€€€€*

9 Hilton Munich Park

Zentral und ruhig direkt am Englischen Garten. Alle 461 Zimmer und Suiten haben höchsten Komfort. Das Tivoli Restaurant & Club bietet Themenbüfetts. Für Tagungen sind Raumkapazitäten für bis zu 1600 Personen vorhanden. *Am Tucherpark 7 • Karte G3 • (0800) 888 44 888 • www.hilton.de • €€€€€*

10 Palace

Kleineres Luxushotel beim Prinzregententheater. 74 Zimmer und Suiten mit französischem Flair. Garten, Restaurant und Bar sowie Fitness-Bereich mit Dachterrasse. *Trogerstr. 21 • Karte H5 • (089) 41 97 10 • www.daspalace.de • €€€€€*

Wenn nicht anders angegeben, akzeptieren alle Hotels Kreditkarten.

Hilton Munich City – außen und innen

Preiskategorien

Preis für ein Standard-Doppelzimmer pro Nacht mit Frühstück (falls inklusive), Steuern und Service.		
	€	unter 60 €
	€€	60–100 €
	€€€	100–150 €
	€€€€	150–200 €
	€€€€€	über 200 €

Top 10 Businesshotels

1 Hilton Munich City

Das First-Class-Hotel – 481 luxuriöse Zimmer, davon 20 Suiten und eine Präsidenten-Suite – befindet sich direkt beim Gasteig. Alle Zimmer verfügen über Internet-Zugang und Faxgerät. Die Konferenzräume bieten Platz für bis zu 500 Personen. *Rosenheimer Str. 15 • Karte N6 • (089) 480 40 • www.hilton.de • €€€€–€€€€€*

2 Holiday Inn Munich City Centre

Gegenüber dem Gasteig bietet das Hotel 580 Gästezimmer (davon zwölf Suiten) mit schönem Blick vom Isarhochufer auf die City. Veranstaltungszentrum für bis zu 2000 Teilnehmer. 16 Konferenzräume. *Hochstr. 3 • Karte N6 • (0800) 181 36 56 • www.holidayinn.de • €€€€–€€€€€*

3 Westin Grand München Arabellapark

Die 643 Zimmer (davon 31 Suiten) auf 22 Etagen gewähren einen Blick bis zu den Alpen. Das Gourmet-Restaurant »Zen« bietet mit panasiatischer Küche Gaumenfreuden. Es gibt ein Spa mit Indoor-Pool und Fitness-Wintergarten. Drei separate Konferenzetagen für Veranstaltungen mit fünf bis 1250 Personen. *Arabellastr. 6 • (089) 926 40 • www.starwoodhotels.com • €€€–€€€€€*

4 Holiday Inn Munich-Schwabing

Traditionsreiches Haus mit 362 komfortablen Zimmern und Tagungsräumen für 600 Personen. *Leopoldstr. 194 • Karte G2 • (0800) 181 36 56 • www.holidayinn.de • €€€–€€€€€*

5 Marriott Hotel München

Das bekannte Tagungshotel mit 348 Zimmern und 13 Konferenzräumen ist speziell auf Geschäftsleute eingestellt. WLAN gibt es in allen Tagungsbereichen. *Berliner Str. 93 • Karte G1 • (089) 36 00 20 • www.marriott.de • für Rollstühle teilweise geeignet • €€€–€€€€€*

6 Eden Hotel Wolff

Das traditionsreiche Vier-Sterne-Hotel direkt am Hauptbahnhof bietet funktionell ausgestattete Zimmer und Suiten sowie zehn Veranstaltungsräume für bis zu 250 Personen. *Arnulfstr. 4 • Karte E4 • (089) 55 11 50 • www.eden-hotel-wolff-muenchen.de • €€€€–€€€€€*

7 InterCityHotel München

Das Vier-Sterne-Hotel liet direkt am Hauptbahnhof und besitzt 198 schallisolierte, komfortabel ausgestattete Zimmer. Die Tagungsräume haben WLAN. *Bayerstr. 10 • Karte J4 • (0800) 78 46 83 57 • www.intercityhotel.de • für Rollstühle teilweise geeignet • €€€–€€€€€*

8 NH München Neue Messe

Das neue Hotel an der Messe bietet 253 komfortabel eingerichtete Gästezimmer sowie neun Tagungsräume für bis zu 300 Personen. Einrichtungen für Behinderte, Wäscheservice, Garage, Fitness-Center, Safe und WLAN sind vorhanden. *Eggenfeldener Str. 100 • (089) 99 34 50 • www.nh-hotels.de • €€€–€€€€€*

9 Kempinski Hotel Airport München

Die Attraktion des Hotels ist das Palmen-Atrium mit 20 Meter hohen Plamen und freiem Blick auf die Startbahn des Flughafens – eine ideale Kulisse für Empfänge, Ausstellungen oder Präsentationen. Die 389 Gästezimmer sind businessgerecht ausgestattet. *Terminalstr./Mitte 20 • (089) 978 20 • www.kempinski-airport.de • für Rollstühle geeignet • €€€€–€€€€€*

10 Mövenpick Hotel München-Airport

Das topmoderne Vier-Sterne-Tagungshotel befindet sich nur wenige Minuten von den Terminals des Münchner Flughafens entfernt. Es besitzt 165 schallisolierte, komfortabel ausgestattete Zimmer mit WLAN sowie 17 Tagungsräume. *Hallbergmoos, Ludwigstr. 43 • (0811) 88 80 • www.moevenpick-hotels.com • für Rollstühle geeignet • €€€–€€€€€*

Infos zu behindertengerechten Hotels **siehe S. 138**

Links **Hotel Astor** Mitte und rechts **Hotel Königswache**

TOP 10 Mittelklassehotels

1 Hotel Europäischer Hof

Zentral gelegenes Hotel der gehobenen Mittelklasse mit 149 Zimmern, gegenüber dem Hauptbahnhof. Zimmer in vier Kategorien, Frühstücksbüfett, Tiefgarage. Es gibt spezielle Angebote für Kinder. Haustiere sind gestattet. Im Hotel befindet sich ein italienisches Restaurant. *Bayerstr. 31 • Karte J4 • (089) 55 15 10 • www.heh.de • €€–€€€*

2 Alpen Hotel München

Das Hotel liegt in der Nähe der Fußgängerzone und dennoch ruhig. Die 57 Zimmer und Junior-Suiten verfügen über Internet-Zugang und Vier-Sterne-Standard. Im Haus: Restaurant Stefan mit bayrischer und internationaler Küche. *Adolf-Kolping-Str. 14 • Karte J4 • (089) 55 93 30 • www.alpenhotel-muenchen.de • für Rollstühle teilweise geeignet • €€–€€€€*

3 Hotel Astor

Die 46 Zimmer des Hotels in der Nähe des Hauptbahnhofs verfügen über Internet-Zugang und die gängigen Standards eines Vier-Sterne-Hotels. Zum Haus gehören das italienische Bistro Natuzzi, ein Kaminzimmer und ein Weinkeller. *Schillerstr. 24 • Karte J5 • (089) 54 83 70 • www.hotel-astor.de • für Rollstühle teilweise geeignet • €€–€€€€*

4 art hotel munich

Die Zimmer des schönen, zentral gelegenen Jugendstil-Gebäudes sind stilvoll eingerichtet und u. a. mit WLAN ausgestattet. Alle öffentlichen Verkehrsmittel sind in kürzester Zeit erreichbar. *Paul-Heyse-Str. 10 • Karte E5 • (089) 30 90 66 30 • www.arthotelmunich.com • für Rollstühle teilweise geeignet • €€€–€€€€*

5 Leonardo Hotel

Ruhig gelegenes Hotel in der Nähe des Hauptbahnhofs mit 80 modern eingerichteten Zimmern. Bio-Frühstück. Parkmöglichkeiten sind vorhanden. *Senefelderstr. 4 (bei Bayerstr.) • Karte J4 • (089) 55 1540 • www.leonardo-hotels.com • €€€*

6 Hotel Leopold

Traditionsreiches Hotel in Schwabing. Der klassische Stil und der idyllische Garten spiegeln die Atmosphäre eines Familienbetriebs wider. Die 75 Zimmer haben Vier-Sterne-Komfort. Auf Wunsch gibt es Allergikerbetten. *Leopoldstr. 119 • Karte G2 • (089) 36 70 61• www.hotel-leopold.de • für Rollstühle teilweise geeignet • €€€–€€€€*

7 Hotel Königswache

Das kleine Hotel der mittleren Preisklasse liegt in der Nähe der drei Pinakotheken. Mit der U-Bahn ist man sehr schnell im Zentrum. Die Zimmer mit Drei-Sterne-Komfort haben Internet-Anschluss. *Steinheilstr. 7 • Karte J2 • (089) 542 75 70 • www.koenigswache.de • €€€*

8 Cosmopolitan

Nur wenige Schritte von der Leopoldstraße entfernt findet man das Cosmopolitan mit Zimmern im Design von Ligne Roset. Es gibt ein Langschläfer-Frühstücksbüfett bis 11 Uhr. *Hohenzollernstr. 5 • Karte F2 • (089) 38 38 10 • www.cosmopolitanhotel.de • €€€–€€€€*

9 Hotel Herzog

Günstiges Mittelklassehotel in zentraler Lage direkt an der U-Bahn-Station Goetheplatz. 80 geschmackvoll und komfortabel eingerichtete Zimmer, größtenteils mit Balkon und mit Blick auf den idyllischen Innenhofgarten. *Häberlstr. 9 • Karte E6 • (089) 59 99 39 01 • www.hotel-herzog.de • €€–€€€*

10 Ibis München Messe

Das Ibis München ist unmittelbar bei der Neuen Messe München gelegen. Die 100 Gästezimmer sind schlicht und modern ausgestattet. Alle verfügen allerdings über WLAN. Parkmöglichkeiten vor dem Hotel sind vorhanden. *Feldkirchen, Otto-Lilienthal-Ring 2 • (089) 93 92 90 • www.ibishotel.com • für Rollstühle geeignet • €€–€€€*

Wenn nicht anders angegeben, akzeptieren alle Hotels Kreditkarten.

Preiskategorien

Preis für ein Standard-Doppelzimmer pro Nacht mit Frühstück (falls inklusive), Steuern und Service.	€	unter 60 €
	€€	60 – 100 €
	€€€	100 – 150 €
	€€€€	150 – 200 €
	€€€€€	über 200 €

Links **Innenhof des Hotel Opéra** Rechts **Bar des Cortiina**

TOP 10 Hotels mit Flair

1 Advokat

Design-Hotel in elegantem, puristischem Stil. Die schöne Dachterrasse bietet einen wunderbaren Ausblick auf die Innenstadt. Die zentrale Lage macht das Advokat zum perfekten Ausgangspunkt für Shopping und Sightseeing. *Baaderstr. 1 • Karte M5 • (089) 21 63 10 • www.hotel-advokat.de • €€€€*

2 Anna Hotel

Eine Perle in optimaler Lage. Das neue, topgestylte Design-Hotel wird von der Münchner Hoteliersfamilie Geisel betrieben (Hotel Königshof und Excelsior). Ein weiterer Vorteil: Die gleichnamige coole Restaurant-Bar Anna gehört zum Haus. *Schützenstr. 1 • Karte J4 • (089) 59 99 40 • www.annahotel.de • für Rollstühle teilweise geeignet • €€€€–€€€€€*

3 Hotel Opéra

Hübsches Hotel mit viel Charme in einem imposanten Palais im Stadtviertel Lehel. Die reizvollen Zimmer sind individuell und hochherrschaftlich gestaltet. Für Aperitifs und mehr lockt der herrliche, im Stil der Neorenaissance gehaltene Innenhof. Gleich im Nebenhaus lädt das Restaurant Gandl zum lauschigen Dinner. *St.-Anna-Str. 10 • Karte N4 • (089) 210 49 40 • www.hotel-opera.de • €€€€–€€€€€*

4 Hotel Gästehaus Englischer Garten

Reizende Hotel-Pension in denkmalgeschütztem Haus am Englischen Garten. Die 25 Zimmer sind geschmackvoll eingerichtet. Auf der Terrasse im Grünen kann man frühstücken. *Liebergesellstr. 8 (Ecke Keferstr.) • Karte G2 • (089) 383 94 10 • www.hotelenglischergarten.de • €€–€€€*

5 Prinzregent am Friedensengel

Das Prinzregent besticht durch sein elegant-bayrisches Ambiente. Die 65 Zimmer sind individuell mit Antiquitäten ausgestattet. *Ismaninger Str. 42 • Karte P4 • (089) 41 60 50 • www.prinzregent.de • €€€€–€€€€€*

6 Ritzi

Zimmer und Suiten des Ritzi (beim Maximilianeum) wurden mit viel Stilgefühl eingerichtet – entweder thematisch (Afrika, Bali) oder nach einem Farbkonzept. Restaurant und elegante Art-déco-Bar. *Maria-Theresia-Str. 2a • Karte P4 • (089) 41 42 40 89-0 • www.hotel-ritzi.de • €€€–€€€€*

7 Prinz

Das kleine, stilvoll eingerichete Hotel liegt in Gasteig-Nähe auf dem Isarhochufer. Von den meisten Zimmern genießt man einen wunderbaren Stadtblick. Regelmäßig Ausstellungen zeitgenössischer Künstler. *Hochstr. 45 • Karte N6 • (089) 441 40 80 • www.hotel-prinz.de • €€€–€€€€*

8 Romantikhotel Insel Mühle

Das Romantikhotel in einer ehemaligen Mühle (14. Jh.) besitzt rustikal-freundliche Zimmer, die in hellem Holz ausgestattet sind. An der schönen Terrasse plätschert der Mühlbach vorbei. *München-Untermenzing, Von-Kahr-Str. 87 • (089) 810 10 • www.inselmuehle-muenchen.de • für Rollstühle teilweise geeignet • €€€–€€€€*

9 Splendid-Dollmann

Das Hotel residiert in einem stilvollen Stadthaus (19. Jh.). In den Zimmern hängen Gemälde. Viele kulturelle Highlights und die Maximilianstraße liegen in Gehweite. *Thierschstr. 49 • Karte N4 • (089) 23 80 80 • www.hotel-splendid-dollmann.de • €€€–€€€€€*

10 Cortiina Hotel

Das stilvolle Stadthotel für Individualisten eröffnete 2001. Die 33 Zimmer sind mit naturbelassenen Hölzern, Leinenstoffen, Naturstein, Leder, aber auch moderner Technologie ausgestattet. In der Bar trifft sich die Münchner Szene zum Cocktail. *Ledererstr. 8 • Karte L4 • (089) 242 24 90 • www.cortiina.com • €€€–€€€€*

Infos zu behindertengerechten Hotels **siehe S. 138**

Links und Mitte **Hotel Jedermann** Rechts **Hotel Blauer Bock**

Top 10 Preiswerte Hotels

1 Hotel Lex
Freundliches Hotel mit einfachen, modern ausgestatteten Zimmern mit Internet-Zugang. Für Langzeitaufenthalte gibt es Apartments. Die Pinakotheken liegen in Gehweite. *Brienner Str. 48 • Karte K3 • (089) 5427260 • www.hotel-lex.de • €€*

2 Hotel Eder
Hotel der Standardklasse in einer ruhigen Nebenstraße nahe Hauptbahnhof und Fußgängerzone. Die 30 Zimmer verfügen über Telefon und TV (auch Drei- und Vier-Bett-Zimmer erhältlich). Familiär geführtes Haus mit persönlichem Service. *Zweigstr. 8 • Karte J4 • (089) 55 46 60 • www.hotel-eder.de • €€*

3 Hotel Blauer Bock
Familiär geführtes Hotel mit Einzelzimmern und Suiten beim Stadtmuseum. Altmünchner Atmosphäre. Im Haus liegt das gleichnamige Traditionslokal. Parkmöglichkeiten. *Sebastiansplatz 9 (beim St.-Jakobs-Platz) • Karte K/L4 • (089) 23 17 80 • www.hotelblauerbock.de • €€–€€€*

4 Hotel-Garni Flora
Das Hotel befindet sich in einem denkmalgeschützten, renovierten Gebäude aus der Zeit um 1900 im Zentrum. Die einfach eingerichteten Zimmer (auch Drei- und Vier-Bett-Zimmer) verteilen sich auf drei Etagen. Parkplätze sind verfügbar. *Karlstr. 49 • Karte K3 • (089) 59 70 67 • www.hotel-flora.de • €€*

5 Hotel Jedermann
Das seit 40 Jahren familiär geführte Haus wurde schon dreimal zu einem der beliebtesten Hotels in Deutschland (Mitsubishi Hotelführer) gewählt. Die Mehrzahl der 55 Zimmer liegt ruhig zum hellen Innenhof hin oder ist mit schallisolierten Fenstern ausgestattet. Viele der Zimmer haben Internet-Zugang, einige Klimaanlage. *Bayerstr. 95 • Karte E4–5 • (089) 54 32 40 • www.hotel-jedermann.de • €€–€€€*

6 Hotel Eisenreich
Kleines Hotel der Standardklasse in der Nähe der Neuen Messe. Mit der nahen U-Bahn ist man schnell im Zentrum. Die Zimmer sind mit Kabel-TV und Internet-Zugang ausgestattet. Kostenfreie Parkplätze im Hof sind begrenzt vorhanden. *Baumkirchner Str. 17 • (089) 43 40 21 • www.hoteleisenreich.de • €€–€€€*

7 Hotel Olympia
Das preiswerte Drei-Sterne-Hotel liegt im Süden Münchens in unmittelbarer Nähe des Naherholungsgebiets Forstenrieder Park. Es bietet 34 Zimmer mit Kabel-TV und WLAN. Parkmöglichkeiten sind vorhanden. Haustiere können mitgebracht werden. *Maxhofstr. 23 • (089) 75 40 63 • www.hotel-olympia-muc.de • €€*

8 Hotel Aurora
Drei-Sterne-Hotel in verkehrsgünstiger Lage in der Nähe von A8 und A99. Mit der S-Bahn ist man in etwa 15 Minuten in der Innenstadt. Die 20 Zimmer sind komfortabel eingerichtet mit Kabel-TV und WLAN. Auf Anfrage ist ein PC im Zimmer möglich. *Limesstr. 68a • (089) 89 73 69 30 • www.hotel-garni-aurora.de • €€*

9 Hotel Lämmle
Das preisgünstige Hotel der Standardklasse liegt in der Nähe des Westparks. Die 24 Zimmer sind einfach, aber modern ausgestattet. Alle verfügen über Kabel-TV. Parkmöglichkeiten sind vorhanden. Haustiere sind hier willkommen. *Friedenheimer Str. 137 • Karte B5 • (089) 57 15 29 • www.hotellaemmle-muenchen.de • €€*

10 Hotel Helvetia
Einfaches, aber komfortables Hotel beim Hauptbahnhof. Die 43 schallisolierten Zimmer (auch Drei-Bett-Zimmer) haben Satelliten-TV und Internet-Zugang. Es gibt ein reichhaltiges Frühstücksbüfett. *Schillerstr. 6 • Karte J4 • (089) 590 68 50 • www.helvetia-hotel.com • €–€€*

Wenn nicht anders angegeben, akzeptieren alle Hotels Kreditkarten

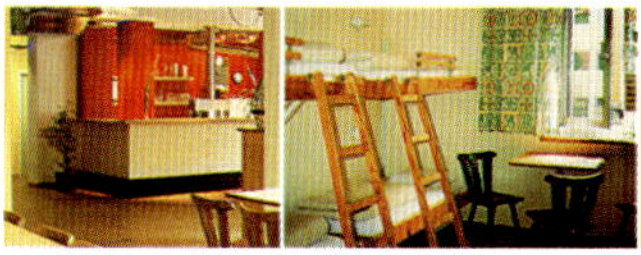

Bar und Hochbettzimmer im 4 you München

Preiskategorien

Preis für ein Standard-Doppelzimmer pro Nacht mit Frühstück (falls inklusive), Steuern und Service.	€	unter 60 €
	€€	60–100 €
	€€€	100–150 €
	€€€€	150–200 €
	€€€€€	über 200 €

TOP 10 B & Bs, Herbergen & Co.

1 Pension Am Kaiserplatz

Stimmungsvolle Pension mit zehn Zimmern – mitten in Schwabing in ruhiger Lage. Einige Zimmer haben eine Dusche, ansonsten gibt es ein Etagenbad. Die Pension ist meist Monate im Voraus ausgebucht. Reservieren Sie also frühzeitig. *Kaiserplatz 12 • Karte F2 • (089) 34 91 90 • €*

2 Hotel Mona Lisa

Das kleine Hotel liegt beim Englischen Garten im Stadtviertel Lehel. Die sieben Zimmer verfügen über Telefon, TV und Minibar. Alle Zimmer sind individuell eingerichtet. Auf persönlichen Service legt das Mona-Lisa-Team großen Wert. *Robert-Koch-Str. 4 • Karte N4 • (089) 21 02 83 80 • www.hotelmonalisa.de • €€*

3 Pension Greiner

Kleine Pension zwischen Leopoldstraße und Englischem Garten. Die neun freundlichen Zimmer sind überwiegend mit Dusche und WC ausgestattet. Reichhaltiges Frühstücksbüfett. Haustiere sind willkommen. *Ohmstr. 12 • Karte M1 • (089) 380 18 80 • www.pensiongreiner.de • €€*

4 Jugendherberge München-Neuhausen

Jugendherberge unweit des Rotkreuzplatzes, zehn U-Bahn-Minuten von der Innenstadt entfernt. Etagenbäder, Etagenduschen, Frühstücksbüfett, Halb- und Vollpension. Übernachtung nur mit JH-Ausweis. *Wendl-Dietrich-Str. 20 • Karte C3 • (089) 2024449-0 • www.muenchen-city.jugendherberge.de • €*

5 Easy Palace Hostel & Hotel

Jugendgästehaus beim Goetheplatz (Filiale in der Schützenstr. 7). Einzel- und Doppelzimmer mit Dusche/WC und Mehrbettzimmer. Bar, Restaurant, 24-Stunden-Rezeption, Internet-Zugang und Fahrradverleih. *Mozartstr. 4 • Karte E5 • (089) 558 79 70 • www.easypalace.de • für Rollstühle teilweise geeignet • €–€€*

6 4 you München

Das ökologische Jugendgästehaus beim Hauptbahnhof bietet 60 Zimmer mit und ohne Bad/WC, Frühstücksbüfett, Halb- und Vollpension. Keine Altersbegrenzung. Kinderbetreuung im Haus. *Hirtenstr. 18 (Querstraße der Arnulfstr.) • Karte E4 • (089) 55 21 66-0 • www.the4you.de • für Rollstühle geeignet • €–€€*

7 Hotel Gästehaus Forum am Westkreuz

Das Apartmenthaus liegt direkt an der S-Bahn-Station Westkreuz (15 Fahrminuten ins Zentrum). Die Apartments sind mit Kochnische/Küche und Bad/WC ausgestattet. Fast alle haben Balkon, Dachterrasse und Kellerraum. Frühstücksbüfett. Im Forum selbst befinden sich 28 Geschäfte und zwei Restaurants. *Friedrichshafener Str. 17 • (089) 83 99 00 • www.gaestehausimforum.de • €€–€€€*

8 Concept Living Munich

Modern möblierte Apartments mit Küche, Bad, DVD und Internet-Zugang sowie wöchentlicher Reinigung und Wäschewechsel. Sie liegen im Viertel Giesing. Es stehen sechs Apartment-Typen zur Verfügung. Tiefgarage. Frühstücksservice wird extra berechnet. *Pfälzer-Wald-Str. 2 • (089) 66 00 89 10 • www.concept-living-munich.de • €–€€*

9 Bed & Breakfast München

Alternative zu Hotelzimmern: Die Vermittlungsagentur bietet gegen Provision Apartments und Gästezimmer mit und ohne Frühstück für Tage, Wochen oder Monate an. *(089) 168 87 81 • www.bed-breakfast-muc.de*

10 Mr. Lodge

Breit gefächertes Angebot von möblierten Ein-Zimmer-Wohnungen bis zu exklusiven Business-Suiten. Tägliche Aktualisierung der Website. Die Angebote können im Internet besichtigt werden. *(089) 34 08 23-0 • www.mrlodge.de*

Infos zu behindertengerechten Hotels **siehe S. 138**

Bayrisch für Anfänger

Das Bayrische (Bairische, Bayerische) ist eine ziemlich deftige Mundart, wobei man als Besucher wissen sollte, dass manche »derb« wirkenden Äußerungen keineswegs unfreundlich gemeint sind. Beispielsweise drückt ein Statement wie »Der is scho a Hundling« einen gewissen Respekt vor einer gewieften Person aus – trotz des »Schimpfworts« Hund(ling).

Der Dialekt hat ein paar Eigentümlichkeiten in der Aussprache. Neben einer Vorliebe für Ellipsen (Strudl statt Strudel oder Schmarrn statt Schmarren) und für Diphthonge (Oachkatzlschwoaf = Eichhörnchenschwanz) sprechen die Einheimischen oft das »V« als »F« aus, so etwa bei Karl Valentin oder Viktualienmarkt. Typisch bayrisch ist die Floskel »fei« (kommt wohl von »fein«), die meist eine bekräftigende Funktion hat, etwa in »Pass fei auf« (»Pass ja auf«, »Sieh dich besser vor«). Verstärkt werden kann sie durch ein nachgestelltes »gell«: »Pass fei auf, gell.« Aus »Ü« ist im Bayrischen oft ein »I« geworden (etwa in Hittn = Hütte) – möglicherweise einer der Gründe, warum Einheimische nicht »Tschüs« sagen, sondern eher »Servus«, »Pfia di« oder – das nahe Italien lässt grüßen – »Ciao«.

Eine weitere Eigenart aller Süddeutschen ist es, Namen mit dem bestimmten Artikel zu versehen (etwa »der Huber« oder »Da kommt ja die Huberin«) und im Plural nicht die hochdeutsche Höflichkeitsform zu gebrauchen. Beispiel: »Wo kommt Ihr her?« statt »Wo kommen Sie her?« Das ist nicht abwertend oder unhöflich gemeint, sondern einfach als »bayrischer Plural« – vor allem auf dem Land – gebräuchlich.

Im Übrigen gibt es im Freistaat Bayern ganz verschiedene Dialektvarianten: Neben einem gemäßigten »weicheren« Münchnerisch steht der harte niederbayrische Dialekt. Im Allgäu wird eine Mischung aus Alemannisch und Schwäbisch gesprochen, während die Franken (die sich nicht unbedingt als Bayern verstehen) natürlich Fränkisch sprechen. Oft von Urlaubern übersehen, da sie nicht gerade in einer Ferienregion leben: die bayrischen Pfälzer in der Oberpfalz.

Doch machen Sie sich keine Sorgen in Bezug auf Ihren Bayern-Urlaub: Man wird Sie verstehen. Für ausländische Besucher gilt: Viele Einheimische sprechen auch Englisch, vor allem die jüngeren Leute.

Ausdrücke und Redensarten

Amigo	span. »Freund«; Bezeichnung für jemanden, der aufgrund von Vetternwirtschaft Karriere macht oder Aufträge zugeschanzt bekommt; in München gab es diverse »Amigo-Affären« (Bestechungsaffären), zuletzt im Zusammenhang mit der neuen Allianz Arena
Bagaasch	bezeichnet eine Gruppe unsympathischer Zeitgenossen
Brettl	Diminutivform von Brett im Sinn von Bühne (»Bretter, die die Welt bedeuten«), (Kabarett-)Bühne; seit Anfang des 20. Jahrhunderts ein Forum für die Volksschauspieler und Volkssänger Münchens sowie für politisches Kabarett. Ein berühmter Schwabinger, der Brettl-Lieder (für die »Elf Scharfrichter«) schrieb, war der Schriftsteller Frank Wedekind
Bussi	Küsschen; »Bussi-Gesellschaft« bezieht sich auf die Münchner Promi-Szene, die sich bei jedem Event mit Küsschen rechts, Küsschen links begrüßt
deppert	dumm, blöd
Dirndl	weibliche Tracht
Fotzn	Achtung: Dies ist keine abwertende Bezeichnung für Vagina, sondern bedeutet Ohr-/Mundfeige.
Gaudi	Spaß, Freude an etwas
Grant	grantig sein, mürrisch sein (wobei das bisweilen auch ein positiver Zustand ist, eine Art der emotionalen Abwehr, um den anderen erst mal kennenzulernen)
Großkopfada	»Großkopf«, Aufschneider, »Bonze«, jemand mit viel Geld oder Macht, etwa ein Politiker
Gschbusi	Liebschaft (weiblich), Freundin
gschert	eigentlich »geschoren«: ungehobelt, taktlos (in einigen Fällen auch positiv gemeint)
Gschwerl	negative Bezeichnung für eine Gruppe von Menschen, etwa Politikergschwerl, Kulturgschwerl, Promigschwerl etc.
Gstanzln	»Stanzen«, Couplets; Lieder mit gereimten Texten, wie sie die Münchner Volkssänger vortrugen
hinterfotzig	gemein, hinterhältig
Hundling	gewiefter, gerissener Kerl, jemand, der mit allen Wassern gewaschen ist
ja mei	quasiphilosophische Äußerung (etwa »nun ja« oder »so ist die Welt«), die zustimmend, neutral oder auch ablehnend sein kann, je nach Tonfall und Kontext
Jessesmaria-undjosef	»Jesus, Maria und Josef«, Ausruf des Erstaunens/Erschreckens, Superlativ von »Um Gottes willen«
Mia san mia	»Wir sind wir« – Ausdruck der Erhabenheit über jede Kritik
Preiß/Preißn	Preuße/Preußen, auch für Norddeutsche bzw. allgemein für Nichtbayern verwendet
Schmarrn	Unsinn, Unfug (auch: die Mehlspeise Kaiserschmarren)
Schnürlregen	Regen, der nicht aufhören will und quasi in »Schnüren« fällt

Spezl/Spezi(s) männlicher Freund, Kumpel (Spezi auch: Mixgetränk)

Spezlwirtschaft Vetternwirtschaft (siehe auch: Amigo)

Watschn Ohrfeige (siehe auch: Fotzn)

Wer ko, der ko »Wer kann, der kann eben« – Ausspruch, der einem Münchner Lohnkutscher zugeschrieben wird, als er rasant die Kutsche des Kronprinzen überholte (was bei Strafe verboten war)

Wiesn Oktoberfest; es wurde kurzerhand nach dem Veranstaltungsort, der Theresienwiese, benannt

Wolpertinger Fabeltier, das aus einer Mischung mehrerer Tiere – beispielsweise Hase, Huhn, Ente und Rehbock – besteht. Ausgestopfte Exemplare sind im Jagd- und Fischereimuseum zu bewundern

Zuagroaste zugezogene Nichtbayern

Grußformeln

Griaß Gott Grüß Gott = Guten Tag

Pfia Gott/ Wiederschaun »Behüte dich Gott«, Auf Wiedersehen

Servus lat. »Diener«, »stets zu Diensten«; sowohl zur Begrüßung als auch zum Abschied verwendbar

Essen

Apflstrudl Apfelstrudel

Auszogene rundes Schmalzgebäck, in Fett herausgebackener Brandteig

Breze/Brezn Brezel

Brotzeit Vesper, kalte Zwischen- oder auch Abendmahlzeit, oft »zünftig« auf einem Holzbrett serviert

Dampfnudl Mehlspeise aus Hefeteig

Fleischpflanzl Frikadelle

Hendl (Brat-)Hähnchen

Knödl(n) Klöße; es gibt sie in allen Varianten – als Kartoffelknödl(n), Semmel(n)knödel(n) etc.

Leberkäs spezielles bayrisches Fleischerzeugnis, das meist »abgebräunt« (angebraten) in der Semmel oder mit Kartoffelsalat gegessen wird

Milli(rahm) Milch, Milchrahm (= Sahne)

Obazda Frischkäsezubereitung aus Camembert, Zwiebeln, Paprika, Kümmel und Butter (in allen Biergärten erhältlich)

Radi (weißer) Rettich, wird dünn in Scheiben geschnittten in Biergärten gegessen

resch knusprig (etwa das Hendl)

Semm(e)l normales Brötchen

Schmankerl Delikatesse

Schmarrn Kaiserschmarren (auch: Unsinn)

Schweinsbraten Schweinebraten; bei der bayrischen Variante besitzt er eine Speckkruste und wird beim Braten mit Bier übergossen

Schweinshaxn bayrisches Nationalgericht

Steckerlfisch auf Kohleglut geräucherter Fisch, der auf einen Stecken aufgezogen ist und so in der Glut steckt

Tellerfleisch gekochtes Rindfleisch

Weißwurst bayrisches Wursterzeugnis, das mit süßem Senf gegessen, genauer: »gezutzelt« (mit den Zähnen aus der Pelle genagt) wird

Rund ums Bier & andere Getränke

Halbe ein halber Liter Bier

Jagatee »Jägertee« (Rum mit etwas Tee)

Maß ein Liter Bier im Maßkrug; die in Biergärten oder auf der Wiesn ausgeschenkte Menge

Noagerl Getränkerest (z. B. im Bierglas)

Radler helles Bier mit Zitronenlimonade, üblicherweise als Radlermaß ausgeschenkt (auch: Radfahrer)

Russnmaß Weißbier mit Zitronenlimonade

Spezi Mixgetränk aus Coca-Cola und Orangenlimonade (auch: männlicher Freund, Kumpel)

Stamperl Schnapsglas (voll Schnaps)

Weißbier Weizenbier (wird in typischen Halblitergläsern serviert)

Sightseeing

Lehel Münchner Stadtteil, gesprochen »Lechel«

Max zwo Kurzbezeichnung für das Maxmonument, das Denkmal von Maximilian II. auf der Maximilianstraße

Stachus Münchner Bezeichnung für den Karlsplatz

Tram(bahn) Straßenbahn

z'Minga in München

Textregister

Danksagung & Bildnachweis

Autorin
Dr. Elfi Ledig arbeitet als Autorin und Redakteurin für Sachbuch- und Reiseführer-Verlage. Sie ist zudem Chefin vom Dienst bei einem Münchner Gesundheits- und Wellness-Magazin. Die Autorin lebt in München.

Bei Dorling Kindersley, München:
Programmleitung
Dr. Jörg Theilacker
Redaktion
Gerhard Bruschke, München
Redaktionsassistenz
Birgit Walter
Gestaltung & Layout
Dr. Alex Klubertanz, München
Weitere Texte
Brigitte Maier, Georg Ledig
Weitere Fotos
Julian Puttins, Georg Ledig, Wendelin Lomeg
Register
Dr. Bettina Jung, München
Fact Check
Bärbel Sobeck

Bei Dorling Kindersley, London:
Senior Cartographer
Casper Morris
Senior DTP Designer
Jason Little
Production Controller
Louise Daly
Picture Researcher
Brigitte Arora, Romaine Werblow
Revisions Coordinators
Leah Theater, Hugo Wilkinson
Publishing Managers
Helen Townsend, Kate Poole
Publisher
Douglas Amrine

Bildnachweis
o = oben, om = oben Mitte, or = oben rechts, ol = oben links, m = Mitte, mr = Mitte rechts, ml = Mitte links, mro = Mitte rechts oben, mlo = Mitte links oben, mru = Mitte rechts unten, mlu = Mitte links unten, u = unten, ul = unten links, um = unten Mitte, ur = unten rechts.

Wir haben uns bemüht, alle Copyright-Inhaber ausfindig zu machen. Der Verlag entschuldigt sich, falls Copyright-Inhaber unbeabsichtigt übersehen worden sein sollten, und bittet diese, sich mit dem Verlag in Verbindung zu setzen.

Die Herausgeber bedanken sich bei folgenden Unternehmen, Institutionen und Fotografen:
4 you München: 149or, 149ol; Allianz Arena: Herzog/de Meuron 72ol; Bavaria Filmstadt GmbH: 55u, 68u, 108om; Bayerische Landesbank: 136ol; Bayerischer Hof: 59u, 144or; Blutenburgtheater: 44or; Club Morizz: 62om, 62u; Cortiina Hotel: Fabrice Dallanese 147or; Deutsche Eiche: 62ol; Geisel Hotels: 64or, 65o, 144ol, 144om; Griesbräu zu Murnau: 119ol; Hilton Munich City: 145or, 145ol; Hotel Astor: 146ol; Hotel Jedermann: 148ol, 148om; Hotel Königswache: 146om, 146or; Hotel Residenz Passau: 143or; Internationales Dokumentarfilmfestival: 54ol; LEGOLAND Deutschland GmbH: 69ol, 69r, 138ol; Lenbach: 64om, 64u; Mathäser: Jörg Hempel, Aachen 54or, 55ur; Max-Emanuel-Brauerei: 93ol, 93or; Muffathalle: 58u; Münchener Biennale: 46or; Münchner Filmfestwochen GmbH: 46u; Pasinger Fabrik: 44ol; Porzellan & Pinselstrich: 101or; Pusser's: 60u; Ratskeller München: 143ol; Josef Schwab, Starnberg: 32u; Tantris: 64ol; Theater 44: 45o; Weinhaus Neuner: 85o; Zirkus Krone: 68om.

Fremdenverkehrsamt Mühldorf: 74om. Kurverwaltung Garmisch-Partenkirchen: 117o, 117u, 119or, 125m. Tourismusamt München: 4–5; Bjarne Geiges 7or, 25om; Robert Hetz 1. Tourismusverband Starnberger Fünf-Seen-Land: 7ur, 32/33m, 70u, 73o. Tourist-Information Bad Tölz: 68or, 74or, 74u, 75o, 75r, 124or, 126ol, 138om.

A1 Pix: 3ul.
Alpines Museum, München: 99ol.
Archiv Wolfgang Lehner/ Wendelin Lomeg: 45r, 51r, 53or, 54u, 55ro, 59r, 61ro, 61 ru, 65r, 73r, 135ol.
Artothek: Bayer & Mitko 6mlu; *Schlaraffenland,* 1566, Pieter Brueghel 14–15m, 16om; Blauel/Gnamm *Raub der Töchter des Leukippos,* 1618, Peter Paul Rubens 15ol; *Spiel der Wellen,* 1883, Arnold Böcklin 16or, 37m, 97m; Joachim Blauel *Alexanderschlacht,* 1529, Albrecht Altdorfer 14um; *Willem van Heythuysen,* um 1625, Frans Hals 15ul; *Entkleidung Christi,* ca. 1608, El Greco 15um; *Frühstück im Atelier,* 1868, Édouard Manet 16ul, 37ol; Toni/ Ott 34om.
Bar Centrale, München: 84ol.
Bau, München: 63or.
Bayerische Seenschifffahrt: 32mlo.
Bayerische Verwaltung der Staatlichen Schlösser, Gärten und Seen: 3ol, 6 Freisteller, 12um, 12ur, 20–21m, 28um, 29or, 29ol, 29u, 30ol, 30or, 31or, 31mr, 34ol, 71m, 106ur, 106ur, 107or.
Bayerisches Nationalmuseum: 36or, 37ur.
Alois Dallmayr: 142ol.
Deutsches Museum München: 6ol, 8ol, 8m, 8um, 8or, 9ol, 9or, 9mr, 9mru, 9mlu, 10or, 10ol, 11mro, 11mlu, 10om, 10u.
Deutsche Bahn AG: 133ol.
DK Images: 74ol, 104om, 107r, 107ur; Demetrio Carrasco 125or.
Deutsche Presse-Agentur GmbH: 2ol; picture alliance/ Peter Kneffel 3or; picture alliance/Scholz 116mr.
Flughafen München: 132or, 133or.
Vera Gaudermann: 14mlo, 16ml, 17o, 17u, 18/19m, 19mr, 24/25m, 24mr, 25mr, 25u, 27mru, 38om, 42om, 44u, 50ol, 50om, 50or, 51o, 52ol, 52or, 54om, 58ol, 58om, 58or, 60ol, 60om, 60or, 62or, 66ol, 66om, 66or, 67o, 83om, 83or, 84ol, 84om, 84or, 88o, 90ol, 90om, 91ol, 91or, 92ol, 92om, 92or, 94/95, 99u, 105o, 108ol, 108or, 109ol, 109om, 109or, 110ol, 110om, 110or, 111ol, 138or, 139om, 140ol, 140om, 140or, 142om, 142or, 148or.
Haus der Bayerischen Geschichte, Bildarchiv: 34or.
Heimatmuseum Bad Tölz: 124mr.
Hussfeld + Zang: 109om
IFA-Bilderteam: Hollweck 22/23.
IFA-Images: 48/49, 52om, 53r, 56/57, 80o, 81ul, 81r, 82om, 130/131.
Landeshauptstadt München/Münchner Stadtmuseum: 35r, 86mr.
Georg Ledig: 103or, 116ol, 120ol, 120mr, 123o
Wendelin Lomeg: 100om, 101om, 102ol, 102or, 103ol, 127o.
Werner Nikolai: 74ol.
Projects Unlimited: Christoph Knoch 83ol.
Julian Puttins: 22l, 22mr, 22ul, 23o, 23mro, 23m, 23ul, 24l, 46m, 47r, 139or.
Herbert Schwinghammer: 97u.
Staatliches Museum Ägyptischer Kunst, München: 21mr.
Städtische Galerie im Lenbachhaus: *Entwurf für den Umschlag des Almanachs Der Blaue Reiter,* Wassily Kandinsky © ADAGP, Paris und DACS, London 2005 118mr.
Stadtmuseum, München: 89ol.
Oda Sternberg: 42ol.
Zefa Visual Media: Damm 7mru; Santos 26–27m.

Umschlag:
Vorderseite: Alamy Images: Alan Copson Pictures ul, Martin Siepmann mlu; Getty Images: Rainer Martini (Hauptbild).
Buchrücken: DK Images: Dorota und Mariusz Jarymowicz u.
Rückseite: Alamy Images: Cody Cuncan or; DK Images: Dorota und Mariusz Jarymowicz om, ol

Alle anderen Bilder
© Dorling Kindersley London.
Weitere Informationen unter
www.dkimages.com

Straßenverzeichnis München (Auswahl)

Ackermannstraße	E2
Adalbertstraße	K/L1
Agnesstraße	F3
Ainmillerstraße	F2
Akademiestraße	L/M1
Albrechtstraße	D3
Alter Messeplatz	D5
Am Kosttor	M4
Am Platzl	M4
Amalienstraße	L2
Arcisstraße	K1–2
Arnulfstraße	B3–E4
Augustenstraße	J1–2
Baaderstraße	L6
Balanstraße	G6
Barer Straße	K3–L1
Bayerstraße	J4
Bismarckstraße	F2
Blumenstraße	K5
Blutenburgstraße	D3
Bordeauxplatz	H5
Breisacher Straße	H5
Brienner Straße	J2–K3
Buttermelcherstraße	L5
Clemensstraße	F2
Dachauerstraße	A1–D3
Damenstiftstraße	K4
Dienerstraße	L4
Dietlindenstraße	G2
Dom-Pedro-Straße	C/D2
Einsteinstraße	H5
Elisabethstraße	E/F2–3
Elvirastraße	D4
Erhardtstraße	M6
Feilitzschstraße	G2
Franziskanerstraße	G6
Franz-Joseph-Straße	F3
Frauenstraße	L5
Fraunhoferstraße	L6
Friedenstraße	H6
Friedrichstraße	F3
Frundsbergstraße	C/D3
Gabelsberger Straße	J/K2
Galeriestraße	M3
Ganghoferstraße	D5
Gärtnerplatz	M5
Georgenstraße	L/M1
Geschwister-Scholl-Platz	M2
Giselastraße	M/N1
Goethestraße	E5
Gollierplatz	D5
Gollierstraße	C/D5
Grütznerstraße	P5
Gyßlingstraße	H2
Hackenstraße	K5
Hansastraße	C5
Hedwigstraße	D3
Heimeranstraße	D5
Herzog-Heinrich-Straße	E5
Herzog-Wilhelm-Straße	J4–5
Herzogspitalstraße	K4
Herzogstraße	F2
Hildegardstraße	M4
Hinterbärenbadstraße	C6
Hochstraße	N6
Hofgartenstraße	L/M3
Hofgraben	L/M4
Hohenzollernstraße	E/F2
Holzstraße	K6
Horemansstraße	D3
Hotterstraße	K4
Ifflandstraße	H3
Im Tal	L/M5
Implerstraße	D6
Innere Wiener Straße	P5
Isartorplatz	M5
Ismaninger Straße	P4
Johann-Fichte-Straße	G1–2
Josephspitalstraße	K4
Kaiserstraße	F2
Kapuzinerstraße	E6
Kardinal-Faulhaber-Straße	L4
Karlsplatz (Stachus)	J4
Karlstraße	J/K3
Karolinenplatz	K3
Kaufingerstraße	K/L4
Kaulbachstraße	M1
Kazmairstraße	C/D5
Keferstraße	G2
Klenzestraße	K/L5–6
Königinstraße	M/N1–2
Königsplatz	J2
Landsberger Straße	A–D4
Landshuter Allee	D1–4
Ledererstraße	L4
Lenbachplatz	K4
Leonrodplatz	D2–3
Leonrodstraße	D3
Leopoldstraße	M1
Lerchenfeldstraße	N3
Liebigstraße	N3–4
Lilienstraße	M/N6
Lindwurmstraße	J5–6
Lothringer Straße	G6
Löwengrube	K4
Ludwigstraße	M2
Luisenstraße	J2–3
Maffeistraße	L4
Maria-Theresia-Straße	P4
Mariahilfplatz	F/G6
Mariannenplatz	N5
Marienplatz	L4
Marienstraße	M5
Marsstraße	D4
Marstallplatz	M4
Max-Joseph-Platz	L4
Max-Planck-Straße	P4–5
Max-Weber-Platz	P5
Maximiliansplatz	K3
Maximilianstraße	M4
Menzinger Straße	A/B2
Metzstraße	P6
Möhlstraße	H4
Müllerstraße	K/L5
Münchner Freiheit	G2
Neuhauser Straße	K4
Neureutherstraße	K1
Neuturmstraße	M4
Nussbaumstraße	J5
Nymphenburger Straße	C/D3
Oberanger	K/L5
Odeonsplatz	L3
Ohmstraße	M1
Orffstraße	D3
Orleansstraße	G/H5–6
Osterwaldstraße	H1
Ottostraße	K3
Pariser Straße	P6
Paul-Heyse-Straße	E5
Perusastraße	L4
Pestalozzistraße	K6
Pettenkoferstraße	J5
Petuelring	E1
Pfisterstraße	L4
Platz der Freiheit	D3
Poccistraße	D6
Prälat-Zistl-Straße	L5
Prannerstraße	K/L3–4
Preysingstraße	P5
Prinzregentenstraße	N3
Promenadeplatz	K/L4
Rablstraße	G5
Reichenbachstraße	L5
Residenzstraße	L3–4
Rheinstraße	F2
Ridlerstraße	C/D5
Romanplatz	B3
Romanstraße	B/C3
Rosenheimer Straße	N/P6
Rosenstraße	L4
Rotkreuzplatz	C3
Rumfordstraße	L/M5
Salvatorplatz	L3
Schellingstraße	K1–L2
Schillerstraße	J4–5
Schleißheimer Straße	J1
Schulstraße	C3
Schützenstraße	J4
Schwanthalerstraße	J4
Schwere-Reiter-Straße	E2
Sedanstraße	P6
Sendlinger Straße	K5
Sonnenstraße	J4–5
Sophienstraße	J3
Sprunerstraße	D2
St.-Anna-Straße	N4
St.-Jakobs-Platz	K4
Steinstraße	P5–6
Sternstraße	N4
Stiglmaierplatz	E4
Thalkirchner Straße	J6
Theatinerstraße	L4
Theresienhöhe	D5
Theresienstraße	J1
Theresienwiese	D5
Thierschstraße	N4
Türkenstraße	L1–2
Ungererstraße	G1–2
Veterinärstraße	M2
Volkartstraße	C3
Weinstraße	L4
Weißenburger Straße	P6
Wendl-Dietrich-Straße	C3
Westendstraße	B/C/D5
Widenmayerstraße	N/P3–4
Wittelsbacherstraße	F6
Wörthstraße	P5–6
Zellstraße	N4
Zenettistraße	E6
Zeppelinstraße	M6
Zieblandstraße	K1
Zirkus-Krone-Straße	D4
Zweibrückenstraße	M5

BMW Welt
BMW Welt
BMW Museum
BMW Werk München
www.bmw-welt.com
Freude am Fahren